"中观经济学"系列教材

陈云贤　主编

MINSHENG JINGJI GAISHUO

民生经济概说

顾文静　编著

中山大学出版社
·广州·

版权所有　翻印必究

图书在版编目（CIP）数据

民生经济概说/顾文静编著.—广州：中山大学出版社，2022.7
"中观经济学"系列教材/陈云贤主编
ISBN 978-7-306-07566-6

Ⅰ.①民… Ⅱ.①顾… Ⅲ.①人民生活—经济学—中国—教材
Ⅳ.①F126

中国版本图书馆 CIP 数据核字（2022）第 104673 号

出 版 人：王天琪
策划编辑：嵇春霞
责任编辑：陈　芳
封面设计：曾　斌
责任校对：舒　思
责任技编：靳晓虹
出版发行：中山大学出版社
电　　话：编辑部 020-84110283，84113349，84111997，84110779，84110776
　　　　　发行部 020-84111998，84111981，84111160
地　　址：广州市新港西路 135 号
邮　　编：510275　传　真：020-84036565
网　　址：http://www.zsup.com.cn　E-mail：zdcbs@mail.sysu.edu.cn
印 刷 者：佛山市浩文彩色印刷有限公司
规　　格：787mm×1092mm　1/16　18 印张　304 千字
版次印次：2022 年 7 月第 1 版　2022 年 7 月第 1 次印刷
定　　价：72.00 元

如发现本书因印装质量影响阅读，请与出版社发行部联系调换

"中观经济学"系列教材

编委会

主　编　陈云贤

副主编　李善民　徐现祥　鲁晓东

编　委　（按姓氏笔画排序）

　　　　　才国伟　王贤彬　王顺龙　刘　楼

　　　　　李建平　李粤麟　陈思含　顾文静

　　　　　顾浩东　徐　雷　徐现祥　黄秋诗

"中观经济学"系列教材

总 序

1955年，威廉·阿瑟·刘易斯（William Arthur Lewis）面对世界各国的经济发展情况，指出了一个矛盾的现象，即著名的"刘易斯悖论"——"政府的失败既可能是由于它们做得太少，也可能是由于它们做得太多"[①]。如今，面对中国经济改革开放的成功，新制度经济学者运用产权理论、交易费用理论、制度变迁理论和县际竞争理论等进行了解释；新古典经济学者做出了政府有针对性地选择新古典的"药方"，并采取渐进的实施方式等的解释；发展经济学者做出了对外开放论、后发优势论、"二元经济"发展论和经济发展阶段论等的解释；转轨经济学者做出了由易到难推进、通过利益补偿化解改革阻力、通过"价格双轨制"演绎市场关系、通过分权转移改革成本和由局部制度创新带动全局制度创新等的解释。[②] 笔者认为，关于政府与市场的关系，或政府在中国经济改革开放进程中的作用，经济学同人做出了积极的探讨和贡献，但不管是刘易斯还是各主流经济学者，他们的研究仍然存在碎片化和外在性问题。[③] 纵观经济学说发展的历程，不难发现以下三点：第一，19世纪及以前的经济学基本上把市场作为配置资源的唯一力量，认为政府只是维护市场自由竞争的政府，是在经济生活中无所作为的政府；第二，20世纪以来的经济学对市场配置资源的唯一性提出了质疑，并开始探讨政府在市场失灵时的相关作用，以及应当采取的措施和策略；第三，在世界各国经济得到发展尤其

---

① Lewis W A. "Reflections on Unlimited Labour". in Marco L E (ed.). *International Economics and Development*. New York: Academic Press, 1972, p.75.

② 黄剑辉：《主要经济学流派如何阐释中国改革开放》，载《中国经济时报》2018年6月14日第A05版。

③ 陈云贤：《市场竞争双重主体论——兼谈中观经济学的创立与发展》，北京大学出版社2020年版，第16~31页。

是在中国经济改革开放取得显著成效的今天，经济学理论的研究仍然远远滞后于或外在于经济实践的发展。现实经济运行中反馈出来的多种问题，并没有完全表明"市场失灵"或"政府失灵"，而是更多地反映了传统经济学体系或传统市场理论的缺陷。当然，也可以这样认为，深化探讨政府与市场的关系，将开启现代经济学体系的构建或拓展现代市场理论的空间。中观经济学学科也由此产生。

中国经济改革开放的全过程，始终贯穿着如何处理好政府与市场的关系问题。20世纪50年代，中国实施高度集中的计划经济体制，把政府作为配置资源的唯一主体。1978年开始，中国实施从农村到城市的经济体制改革：一方面，扩大企业自主权，承接发达国家和新兴工业化国家及地区的产业转移，开展"三来一补"外资企业投资，等等；另一方面，开始建立股份制企业和现代企业制度，它既厘清了政府与（国有）企业的产权关系，又界定了政府与企业在资源调配中各自的作用。中国经济在继20世纪80年代劳动密集型轻纺工业迅速发展，以及90年代资本密集型的原材料、能源等基础工业和交通、市政、水利等基础设施建设迅速发展之后，21世纪开始，中国东部地区地方政府作为市场竞争主体的现象屡屡出现。战略性新兴产业在前10年也得以起步腾飞。中国经济改革开放的实践进程存在四个方面的现象。第一，其焦点集聚在使市场在资源配置中起决定性作用和更好地发挥政府作用的问题上。第二，中国经济的发展，企业是市场竞争主体，但区域政府作为市场竞争主体的现象也屡见不鲜。第三，区域政府在经济领域发挥着扶植产业发展、参与城市建设、保障社会民生的重要作用。第四，区域政府承担了三大经济角色：一是通过掌控资本，以国有企业的股东方式参与项目和市场竞争；二是通过财政政策、货币政策和法律等政策手段，调控产业发展、城市建设和社会民生；三是监督管理市场，维护市场秩序。因此，中国在实践中逐渐成长的市场经济呈现出有为政府与有效市场相融合的效果。作为有为政府，其不仅在有效保障社会民生方面促成了社会稳定、优化了经济发展环境，而且在引领、扶持和监管产业发展方面推进了市场"三公"（公开、公平、公正）原则的落实、提高了社会整体生产效率，还通过直接参与城市建设推动了经济社会的全面可持续发展。有为政府结合有效市场体现出的市场充分竞争、法制监管有序、社会信用健全的客观要求，表现出中国政府在尊重市场规律、维护经济秩序、参与市场竞争的进程中，正逐步沿着中国特色社会主义市场经济方向演进。因此，深化认识现代市场理论、破解政府与市场关系的难题以及探讨经济学体系改革，应该更加注重对系统性和内在性问题的研究。

一、现代市场经济具有纵横之分

（一）现代市场经济横向体系

传统的市场理论主要聚焦于产业经济。亚当·斯密（Adam Smith）在批判了重商主义和重农学派之后，其《国富论》[①]重点着笔于产业经济来研究商品、价格、供求、竞争与市场。约翰·梅纳德·凯恩斯（John Maynard Keynes），试图通过政府撬动城市基础设施投资建设来解决工人失业和有效需求的问题，但又囿于用产业经济的市场理论去解释城市化进程中的政府行为作用而难以自圆其说。[②] 对此，有关理论提出，应重视对生成性资源领域的研究。在世界各国城镇化进程中，城市经济的形成与发展就是一个例子。它可以解释作为公共物品提供者的政府为什么既是市场规则的维护者，又可以成为城市基础设施投资的参与者和项目的竞争者；也可以解释作为城市基础设施的公共物品，为什么有一部分能够转化为市场体系中的可经营性项目而不断地助推区域经济发展等一系列问题。[③]

生成性资源领域不仅涉及城市经济资源，而且涉及国际经济资源（如深海资源、太空资源、极地资源和深地资源等）的投资开发事宜。在这个高投资可能带来高回报率的领域，大国之间已经展开竞争。针对这种情况，"航天经济学"应该如何立意？如何发展？预估成效几何？可以说，在城镇化进程中以基础设施为主体的城市经济投资开发，以及深海经济、太空经济、极地经济和深地经济等的投资开发，同样面临此类问题。生成性资源具有动态性、经济性、生产性和高风险性四大特征，其投资开发受到前期投资额大、建设周期长、成本高、市场窄小以及可能面临失败或遭遇突发性事件等的影响。因此，在投资开发生成性资源的过程中，一方面需要不断地拓展市场领域，另一方面亟须有与产业经济不同的投资主体和

---

① ［英］亚当·斯密：《国富论》，郭大力、王亚南译，商务印书馆1972年版。
② ［英］凯恩斯：《就业、利息和货币通论：倡导减税、扩大政府财政支出》，房树人、黄海明编译，北京出版社2008年版。
③ 陈云贤：《市场竞争双重主体论——兼谈中观经济学的创立与发展》，北京大学出版社2020年版，第211～229页。

游戏规则用以解读。在现代市场经济横向体系（包括产业经济、城市经济、国际经济）中，不仅有产业经济中的市场主体——企业，而且有城市经济中的市场主体——区域政府，还有在国际经济中提供准公共物品的市场主体、在太空资源和深海资源等领域的投资开发者——政府或企业。这就是说，第一，市场不仅仅存在于产业经济中，而且存在于其他经济形态中；第二，在现代市场经济横向体系中，存在企业和区域政府双重竞争主体；第三，企业作为竞争主体，主要集中在产业经济领域，区域政府作为竞争主体主要集中在城市经济等领域；第四，产业经济是市场经济中的基础性领域，城市经济和国际经济等是市场经济中的生成性领域，二者既相互独立又相互联系，分属于现代市场经济中不同区间的竞争体系。由此可见，多区间的市场竞争体系构成了现代市场经济横向体系的内在性。

（二）现代市场经济纵向体系

与传统市场体系相比，现代市场经济纵向体系强调市场功能结构的系统性，其至少包括六个方面的内容。第一，市场要素体系。它既由各类市场（包括商品市场、要素市场和金融市场等）构成，又由各类市场的最基本元素，即价格、供求和竞争等构成。第二，市场组织体系。它由市场要素与市场活动的主体或管理机构构成，包括各种类型的市场主体、各类市场中介机构和市场管理组织。第三，市场法制体系。规范市场价值导向、交易行为、契约行为和产权行为等法律法规的整体构成了市场法制体系，它包括与市场相关的立法、执法、司法和法制教育等。第四，市场监管体系。它是建立在市场法制体系基础上的、符合市场经济需要的政策执行体系，包括对机构、业务、市场、政策法规执行等的监管。第五，市场环境体系。它主要包括实体经济基础、现代产权制度和社会信用体系三大方面。对这一体系而言，最重要的是建立健全市场信用体系和以完善市场信用保障机制为目标的社会信用治理机制。第六，市场基础设施。它是包含各类软硬件的完整的市场设施系统。其中，市场服务网络、配套设备及技术、各类市场支付清算体系、科技信息系统等都是成熟市场经济必备的基础设施。

现代市场经济纵向体系及其六个子体系具有五大特点。其一，现代市场经济纵向体系的形成是一个渐进的历史过程。其二，现代市场经济纵向体系的六个子体系是有机统一的。其三，现代市场经济纵向体系的六个子体系是有序的。其四，现代市场经济纵向体系的六个子体系的功能是脆弱的。其原因在于：首先是认识上的不完整，其次是政策上的不及时，最后是经济全球化的冲击。其五，现代市场经济纵向体系六个子体系的功能将全面作用于现代市场横向体系的各个领域。这就是说，在历史进程中逐渐完整的现代市场体系，不仅会在世界各国的产业经济中发挥作用，而且伴随着各类生成性资源的开发和利用也会逐渐在城市经济、国际经济（包括深海经济和太空经济等）中发挥作用。区域政府作为城市经济的参与主体，在资源生成领域的投资、开发、建设中首先成为第一投资主体，同企业作为产业经济的参与主体一样，必须同时受到现代市场经济纵向体系六个子体系功能的约束，并在现代市场经济不断提升与完善的过程中逐渐发挥作用。

二、成熟的有为政府需要超前引领

成熟的有为政府应该做好超前引领，即企业做企业该做的事，政府则做企业做不了、做不好的事。二者都不能缺位、虚位。政府的超前引领，就是遵循市场规则，依靠市场力量，做好产业经济的引导、调节、预警工作，做好城市经济的调配、参与、维序和民生经济的保障、托底、提升工作。这需要政府运用规划、投资、消费、价格、税收、利率、汇率、法律等政策手段，进行理念、制度、组织、技术等创新，有效推动供给侧或需求侧结构性改革，形成经济增长的领先优势，推动企业科学可持续发展。

在理论上，政府超前引领与凯恩斯主义的政府干预有着本质性区别：一是行为节点不同，二是调节侧重点和政策手段不同，三是政府的职能角色不同，四是运行模式不同，等等。

现实中，世界各国多数区域正处于经济转轨、社会转型或探索跨越"中等收入陷阱"的关键时期，中国政府通过超前引领促进产业转型、城市升级，已为世界各国区域发展探索出一条成功的路径。

每个国家或区域都存在非经营性、可经营性、准经营性三类资源，而如何配置这三类资源则界定了有为政府的类型。对于非经营性资源（民生经济），政府的配套政策应遵循"公平公正、基本托底、有效提升"原则；对于可经营性资源（产业经济），政府的配套政策应体现"规划、引导、扶持、调节、监督、管理"原则；对于准经营性资源（城市经济乃至太空经济、深海经济等），政府的配套政策应遵循"既是竞争参与者，又是调配、监督者"的原则。也就是说，国家或区域政府在配置上述三类资源的过程中，应根据各类资源的不同特点，配制与之相匹配的政策，以促进社会经济的均衡、高质量发展，而这类政策即政府行为就是有为政府的应有之义。中国改革开放40多年来，围绕着区域三类资源的有效配置，促进区域经济增添活力、环境优化、科学可持续发展，区域政府之间竞争与合作、超前引领、有所作为的事例比比皆是。

首先，它表现为区域政府之间开展项目竞争、产业链配套竞争和进出口竞争。这直接决定区域经济的发展水平。

第一，区域政府之间开展项目竞争。这主要包括三类：一是国家重大项目，包括国家科技重大专项、国家科技支撑计划重大项目、国家重大科技基础设施建设项目、国家财政资助的重大工程项目和产业化项目；二是社会投资项目，比如高技术产业、新兴产业、装备制造业、原材料产业以及金融、物流等服务业；三是外资引进项目，比如智能制造、云计算与大数据、物联网、智能城市建设等。区域政府之间展开项目的竞争，一则可以直接引进资金、人才和产业；二则可以凭借项目政策的合法性、公共服务的合理性来有效解决区域内筹资、融资和征地等问题；三则可以通过项目落地，引导开发区域土地、建设城市设施、扩大招商引资、带动产业发展、优化资源配置、提升政策能力，最终促进区域社会经济的可持续发展。因此，项目竞争成为我国区域政府的竞争重点和发展导向，项目意识、发展意识、效率意识、优势意识、条件意识、政策意识和风险意识成为我国区域政府竞争市场化的必然要求。

第二，区域政府之间开展产业链配套竞争。一般来说，每个区域都有自己的产业基础和特色——多数取决于本区域内的自然资源禀赋。如何保持和优化区域内的资源禀赋并汇聚区域外的高端资源，产业结构优化、产业链有效配置是其关键，向产业高端发展、形成产业集聚、引领产业集群是其突破点。我国区域政府的产业链配套竞争主要从两个方面展开：一是在生产要素方面。低端或初级生产要素无法形成稳定持久的竞争力，只有引进并投资于高端生产要素，如工业技术、现代信息技术、网络资源、交通设施、专业人才、研发智库等，才能建立起强大且具有竞争优势的产业。二是在产业集群、产业配套方面。区域竞争力理论告诉我们，以辖区内现有产业基础为主导的产业有效配套，能减少企业交易成本、提高企业盈利水平。产业微笑曲线告诉我们，价值最丰厚的地方集中在产业价值链的两端——研发和市场。培植优势产业，构建配套完整的产业链条，按照产业结构有的放矢地招商引资，是我国各区域可持续发展的重要路径。

"中观经济学"系列教材
总　序

第三，区域政府之间开展进出口竞争。在开放型的国际经济体系中，一个国家的区域进出口竞争成为影响各区域竞争力的重要环节之一。这主要体现在四个层面：一是在加工贸易与一般贸易的发展中，各个区域政府力图减少加工贸易占比、提高一般贸易比重，以增强区域商品和服务贸易的原动力；二是在对外投资上，各个区域政府力图推动企业布局海外，竞争海外项目，以促使本区域的利益布局和市场价值链条延伸至海外；三是在资本输出上，各个区域政府力图推进资本项目可兑换，即在国际经常项目投资便利化的情况下，采取各项措施以促进货币资本流通、货币自由兑换便利化等；四是在进口方面，尤其是对高科技产品、项目、产业的引进，各个区域政府全面采取优惠政策措施，予以吸引、扶持，甚至不惜重金辅助对其投入、布点和生产。进出口竞争的成效成为影响我国各个区域经济增长的重要因素之一。

其次，它表现为区域政府之间开展基础设施建设竞争，如人才、科技竞争和财政、金融竞争等。这由区域政府推动的经济政策措施决定。

第一，区域政府之间开展基础设施建设竞争。它包括城市基础设施的软硬件乃至现代化智能城市的开发运用等一系列项目建设。硬件基础设施包括高速公路、铁路、港口、航空等交通设施，电力、天然气等能源设施，光缆、网络等信息化平台设施，以及科技园区、工业园区、创业孵化园区、创意产业园区等工程性基础设施；软件基础设施包括教育、科技、医疗卫生、体育、文化、社会福利等社会性基础设施；现代化智能城市包括大数据、云计算、物联网等智能科技平台。一个区域的基础设施体系支撑着该区域社会经济的发展，其主要包括超前型、适应型和滞后型三种类型。区域基础设施的供给如能适度超前，将不仅增加区域自身的直接利益，而且会增强区域竞争力，创造优质的城市结构、设施规模、空间布局，提供优质服务，从而减少企业在市场竞争中的成本，提高其生产效益，进而促进产业发展。也就是说，我国各个区域基础设施的完善程度将直接影响该区域经济发展的现状和未来。

第二，区域政府之间开展人才、科技竞争。这一领域的竞争，最根本的是要树立人才资源是第一资源、科学技术是第一生产力的理念；最基础的是要完善本土人才培养体系，加大本土人才培养投入和科技创新投入；最关键的是要创造条件吸引人才，引进人才，培养人才，应用人才。衡量科技人才竞争力的主要指标包括该区域科技人才资源指数、每万人中从事科技活动的人数、每万人中科学家和工程师人数、每万人中普通高校在校学生人数、科技活动经营支出总额、科技经费支出占区域生产总值比重、人均科研经费、科技拨款占地方财政支出百分比、人均财政性教育经费支出、地方财政性教育支出总额、高校专任教师人数等。我国各个区域政府通过努力改善、提升相关指标来提高本土的人才和科技竞争力。

第三，区域政府之间开展财政、金融竞争。区域政府之间的财政竞争包括财政收入竞争和财政支出竞争。区域政府财政收入的增长主要依靠经济增长、税收和收费收入等的增加。财政支出是竞争的关键，包括社会消费性支出、转移性支出和投资性支出。其中，财政投资性支出是经济增长的重要驱动力。财政支出竞争发生在投资性支出领域，包括区域政府的基础设施投资、科技研发投资、政策性金融投资（支持亟须发展的产业）等。在财政收支总体规模有限的条件下，我国各个区域政府积极搭建各类投融资平台，最大限度地动员和吸引区域、国内乃至国际各类金融机构的资金、人才、信息等金融资源，为本区域的产业发展、城市建设、社会民生服务。各个区域政府在各种优惠政策上也积极开展竞争，如财政支出的侧重、吸纳资金的金融手段等。

最后，它表现为区域政府之间开展政策体系竞争、环境体系竞争和管理效率竞争。这由区域政府表现出来的经济管理效率所决定。

第一，区域政府之间开展政策体系竞争。它分为两个层次：一是各个区域政府对外的政策体系；二是各个区域政府对内出台的系列政策。由于政策本身是公共物品，具有非排他性和易效仿性的特点，因此，有竞争力的政策体系一般包含五大特征：一是求实性，即符合实际的，符合经济、社会发展要求的；二是先进性，即有预见性的、超前的、创新性的；三是可操作性，即政策是清晰的、有针对性的和可实施的；四是组织性，即由专门机构和人员负责与执行的；五是效果导向性，即有检查、监督、考核、评价机制的，包括发挥第三方作用，有效实现政策的目标。我国各个区域政府政策体系的完善程度对该区域的竞争力具有极大的影响。

第二，区域政府之间开展环境体系竞争。此处的环境主要指生态环境、人文环境、政策环境和社会信用体系等。发展投资与保护生态相和谐、吸引投资与政策服务相配套、追逐财富与回报社会相契合、法制监督与社会信用相支撑等，均是各个区域政府竞争所必需、必备的发展环境。良好的环境体系建设成为各个区域政府招商引资、开发项目、促进经济持续发展的成功秘诀,这已被我国一些区域的成功经验所证明。

第三,区域政府之间开展管理效率竞争。我国各个区域政府的管理效率是其行政管理活动、速度、质量、效能的总体反映。它包括宏观效率、微观效率、组织效率、个人效率四类。就行政的合规性而言,各个区域政府在管理效率竞争中应遵循合法性标准、利益标准和质量标准;就行政的效率性而言,各个区域政府应符合数量标准、时间标准、速度标准和预算标准。各个区域政府的管理效率竞争,本质上是组织制度、主体责任、服务意识、工作技能和技术平台的竞争。我国经济发达区域的政府运用"并联式""一体化"的服务模式,在实践中开创了管理效率竞争之先河。

在此,决定我国各个区域政府竞争的目标函数是各个区域的财政收入决定机制,决定我国各个区域政府竞争的指标函数是各个区域的竞争力决定机制。而影响各个区域政府竞争目标函数和指标函数的核心因素则是各个区域的经济发展水平,其包含三个要素——项目投资、产业链配套和进出口贸易;关键支持条件是各个区域的经济政策措施和经济管理效率,前者包括基础设施投资政策,人才、科技扶持政策和财政、金融支持政策,后者包括政策体系效率、环境体系效率和管理体系效率。笔者将其称为区域政府的"三类九要素竞争理论"①,如图1所示。

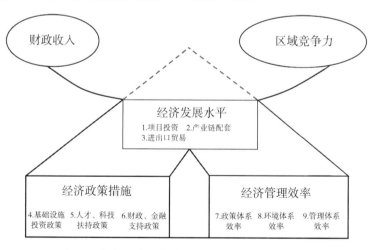

图1 各个区域政府的"三类九要素竞争理论"

---

① 陈云贤:《市场竞争双重主体论——兼谈中观经济学的创立与发展》,北京大学出版社2020年版,第108~115页。

从图 1 中可知，中国经济改革开放 40 多年的实践表明，区域政府也是现代市场经济的主体。一方面，它通过项目投资、产业链配套和进出口贸易等竞争提升区域经济发展水平，通过基础设施投资、人才科技争夺和财政金融扶持等政策措施提升区域竞争力，通过政策体系、环境体系和管理体系配套改善区域营商环境，从而推动区域的产业发展、城市建设和社会民生投入持续增长。另一方面，随着区域经济社会的发展，需要有为政府超前引领。政府超前引领是区域竞争与发展的关键。竞争需要创新，创新就是竞争力，持续的创新就是持续的竞争力，而政府超前引领则是中国乃至世界各国区域政府竞争的核心。其中，"理念超前引领"是区域经济发展处于要素驱动阶段时的重要竞争力，"管理超前引领"是区域经济发展处于投资驱动阶段时的竞争关键，"制度与技术超前引领"是区域经济发展处于创新驱动阶段时的竞争制胜点，"全面超前引领"是区域经济发展处于财富驱动阶段时的竞争必然选择。

三、市场经济存在双重主体

综上分析可知：第一，区域政府与企业都是资源调配的主体。如罗纳德·哈里·科斯（Ronald Harry Coase）所述，企业是一种可以和市场资源配置方式相互替代的资源配置机制，其对拥有的资源按照利润最大化原则进行调配。[1] 相应的，区域政府也拥有一定的公共资源，其运用规划引导、财政预算支出、组织管理和政策配套，形成区域资源调配的主体。第二，区域政府与企业都以利益最大化为初始目标。其中，区域政府作为独立的竞争主体，其主要行为目标是财政收入的最大化。区域政府通过开展理念、技术、管理和制度创新，并通过一系列政策和措施对项目投资、产业链配套和进出口贸易进行引导与调节，促使区域的投资、消费、出口等增长来发展地区生产总值和增加税收等，以达到提高区域内财政收入水平的目的。第三，区域政府竞争与企业竞争成为区域经济发展的双驱动力。企业竞争是产业经济发展的原动力，区域政府竞争则是区域经济发展的原动力。如前所述，区域政府通过项目投资、产业链配套、进出口贸易三要素的竞争来提升区域经济发展水平，通过对基础设施投资、人才科技争夺、财政金融扶持三措施的竞争来提升区域经济政策水平，通过政策、环境、

---

[1] Coase R H. "The Nature of the Firm". *Economica*, 1937, 4 (16), pp. 386 – 405.

管理三体系的配套竞争来提升区域经济管理效率,从而形成区域间"三类九要素"的竞争与合作,推动区域经济的可持续增长。第四,区域政府行为与企业行为都必须遵循市场规则。企业通过对市场规律的不断探索和对市场形势的准确判断来调配企业资源。区域政府对产业经济实施产业政策,在城市经济发展中充当投资者角色和对民生条件不断改善与提升的过程中,也要遵循市场规则,只有如此,才能促使该区域的经济社会不断发展,走在区域间的前沿。

为此,市场竞争"双重主体"的关系表现在三个方面。

(一)企业竞争主要在产业经济领域展开,区域政府竞争主要在以城市经济为主的资源生成领域展开

企业竞争在产业经济领域展开的过程中,任何政府都只能是企业竞争环境的营造者、协调者和监管者,从政策、制度和环境上维护企业开展公开、公平、公正的竞争,而没有权力对企业的微观经济事务进行直接干预。区域政府间"三类九要素"的竞争,是围绕着企业竞争生存的条件、环境、政策和效率等配套服务展开的。区域政府间的竞争以尊重企业竞争为前提,但不会将企业竞争纳入区域政府竞争层面。因此,在现代市场经济体系中,区域政府竞争源于现代市场体系的健全和完善过程中,政府对区域内重大项目落地、产业链完善、进出口便利和人才、科技、资金、政策、环境、效率等的配套所产生的功能。企业与区域政府共同构成市场经济双重竞争主体。企业竞争是基础,区域政府竞争以企业竞争为依托,并对企业竞争产生引导、促进、协调和监管作用,它们是两个不同层面既各自独立又相互联系的双环运作体系,如图2所示。

图2 市场竞争"双重主体"的关系

图2表明了区域政府竞争与企业竞争之间互不交叉,但二者相互支撑、紧密连接,是两个无缝衔接的独立竞争体系。区域政府竞争与企业竞

争的有效"边界划分",是我们处理好这两个竞争体系关系问题的关键。

(二) 企业竞争的核心是在资源稀缺条件下的资源优化配置问题,区域政府竞争的核心是在资源生成基础上的资源优化配置问题

笔者认为,企业竞争行为及其效用研究是在微观经济运行中对资源稀缺条件下的资源优化配置的研究,其研究焦点是企业竞争中的主要经济变量即价格决定和价格形成机制问题,其研究的内容及其展开形成了供给、需求、均衡价格理论,消费者选择理论,完全竞争与不完全竞争市场理论,以及一般均衡、福利经济学、博弈、市场失灵和微观经济政策论,等等。而区域政府竞争行为及其效用研究是在中观经济运行中对资源生成基础上的资源优化配置的研究,其研究焦点是影响区域政府竞争的主要经济变量即区域财政收入决定与财政支出结构机制问题,其研究的内容及其展开形成了资源生成理论、政府双重属性理论、区域政府竞争理论、竞争型经济增长理论、政府超前引领理论、经济发展新引擎理论以及市场竞争双重主体理论和成熟市场经济"双强机制"理论等。它们与宏观经济主体——国家共同构筑成现代市场体系竞争的双重主体脉络图,如图3所示。①

现代市场经济的驱动力不仅有来自微观经济领域的企业竞争,而且有来自中观经济领域的区域政府竞争。它们是现代市场经济体系中的双重竞争体系,共同构成现代市场经济发展的双驱动力,推动着区域经济或一国经济的可持续发展。

(三) 企业竞争与区域政府竞争的结果,都出现了"二八定律"现象

美国哈佛大学迈克尔·波特(Michael E. Porter)教授在其《国家竞争优势》一书中描绘了企业竞争发展的四阶段论,即要素驱动阶段、投资驱动阶段、创新驱动阶段和财富驱动阶段②;有关理论清晰地阐述了区域政府竞争的递进同样存在四阶段论,即产业经济竞争导向的增长阶段、城市经济竞争导向的增长阶段、创新经济竞争导向的增长阶段和竞争与合作经

---

① 陈云贤:《市场竞争双重主体论——兼谈中观经济学的创立与发展》,北京大学出版社2020年版,前言第Ⅳ页。
② [美] 迈克尔·波特:《国家竞争优势》,李明轩、邱如美译,中信出版社2007年版,第63~68页。

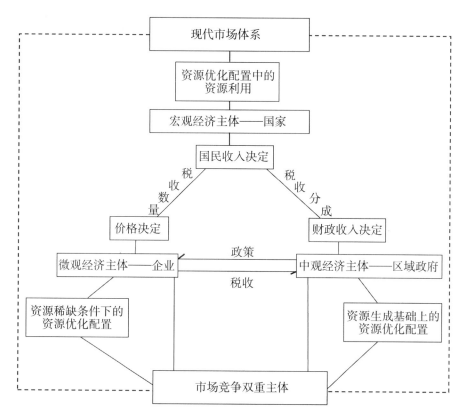

图 3　市场竞争双重主体理论结构体系

济导向的增长阶段。[①] 从经济学理论的分析和中国乃至世界各国经济发展实践的进程看,不管是企业竞争还是区域政府竞争,其实际结果都呈现梯度推移状态,并最终表现出"二八定律"现象。即两类竞争主体在其竞争进程中围绕目标函数,只有采取各种超前引领措施,以有效地推动企业或区域在理念、技术、管理和制度创新上发展并实现可持续增长,最终才能脱颖而出,成为此行业或此区域的"领头羊",而那些滞于超前引领和改革创新的企业或区域将会处于落后状态。此时,在经济发展的梯度结构中,处于领先地位的 20% 的企业或区域将占有 80% 的市场和获得 80% 的盈利,而处于产业链发展中的 80% 的中下游企业和经济发展中的 80% 的

---

① 陈云贤:《市场竞争双重主体论——兼谈中观经济学的创立与发展》,北京大学出版社 2020 年版,第 128~152 页。

滞后区域将可能只占有20%的市场或获得20%的收益。"二八定律"现象会呈现在企业竞争或区域政府竞争的结果上，如图4所示。

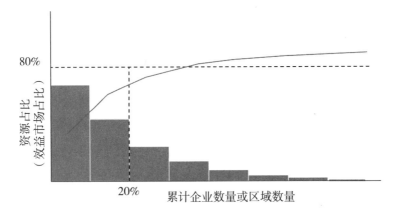

图4 "二八定律"现象

注：图中黑色方块表示资源占比份额，弯实线表示企业（区域）数量（这是一个动态的增长过程）。

当然，在现实经济发展中，随着企业竞争和区域政府竞争的双轮驱动，将在客观上历史地形成世界各国经济社会日益丰富的思想性公共产品、物质性公共产品、组织性公共产品和制度性公共产品，它们将为落后企业或区域带来更多的发展机会，并使企业或区域经济增长成果更多地体现出普惠性、共享性，即企业间发展或区域间发展都将从非均衡逐步走向均衡。但经济学理论和经济实践的发展清晰地告诉我们，此时的均衡应该是经济发展梯度结构的均衡，而非经济发展平面结构的均衡。

四、区域竞争呈现三大定律

在中国乃至世界各国，现代市场经济的双重竞争体系——企业竞争与区域政府竞争，成为一国推动产业发展、城市建设和社会民生的双驱动力。它们在实际经济运行中呈现出三大定律。

一是二八效应集聚律。二八效应集聚律是"二八定律"在区域政府竞争过程中的一个翻版。此定律表现出三大特征：第一，企业竞争与区域政府竞争同生共长。也就是说，微观经济在研究资源稀缺条件下的资源优化配置问题时企业是资源调配的主体，中观经济在研究资源生成基础上的资源优化配置问题时区域政府是资源调配的主体（宏观经济在研究资源优化配置前提下的资源利用问题时国家是资源利用的主体）；二者在现代市场经济纵横体系中，各自在产业经济和城市经济领域发挥着不同作用，在现代市场经济的竞争体系中同生共长。第二，企业竞争与区域政府竞争的发展轨迹不同。企业竞争在经济发展的要素驱动阶段、投资驱动阶段、创新驱动阶段和财富驱动阶段的运行轨迹，主要体现为企业完全竞争、垄断竞争、寡头垄断竞争和完全垄断竞争的演变与争夺过程，企业完全竞争的轨迹在区域经济发展各个阶段的递进过程中呈现出"由强渐弱"的迹象；而区域政府竞争从一开始就表现在产业经济竞争导向的增长阶段，而后逐渐进入城市经济竞争导向的增长阶段、创新经济竞争导向的增长阶段和竞争与合作经济导向的增长阶段，因此区域政府竞争的范围及其"三类九要素"竞争作用在区域经济发展各个阶段的递进过程中呈现的是"由弱渐强"的轨迹。第三，企业竞争与区域政府竞争最终形成"二八定律"现象。也就是说，在中国乃至世界各国区域经济的发展过程中，或者说在市场经济条件下，区域经济发展首先表现的是竞争型的经济增长，区域经济增长呈现出梯度发展趋势，产业链集聚、城市群集聚、民生福利提升等都主要集中在先行发展的区域中。二八效应集聚律表现为随着不同经济发展阶段的历史进程，中国和世界各国区域经济的发展在企业竞争和区域政府竞争的双轮驱动下，正逐渐出现先行发展区域或先行发达国家的产业集群、城市集群和民生福利越来越集中的现象，中国乃至世界经济发展的结果呈现出梯度格局。

二是梯度变格均衡律。此定律的作用表现在三个阶段：第一阶段，区域的资源配置领域出现资源稀缺与资源生成相配对阶段。资源稀缺是企业竞争的前提条件，资源生成是区域政府竞争的前提条件，当经济发展从企业竞争延伸到区域政府竞争、从微观经济延伸到中观经济、从产业资源延伸到城市资源，甚至逐步涉及太空资源、深海资源、极地资源的时候，世界各国区域经济均衡发展将迈出实质性的步伐。第二阶段，区域的资源生成领域出现正向性资源（原生性资源和次生性资源）与负向性资源（逆生性资源）相掣肘阶段。正向性资源领域的开发将为企业竞争和区域政府竞争提供新的平台，并助推区域经济发展和不断创造出新的区域经济增长点；而负向性资源领域的产生则给区域经济增长或人类社会的和谐带来诸多弊端。二者相互掣肘，促使区域经济均衡化发展。第三阶段，区域的经济增长目标由单一转向多元的阶段。此阶段也是实际经济运行中从要素驱动阶段、投资驱动阶段向创新驱动阶段和财富驱动阶段演进的过程。此时，经济增长的目标不仅仅是追求投资、消费和出口的均衡，而是更多地追求产业、生态、民生事业的均衡。产业发展、城市建设、社会进步的均衡和一国各区域宜居、宜业、宜游的全面均衡，对经济增长多元化目标的追求与有效配套相关政策措施的实施，将促进区域经济均衡化发展。梯度变格均衡律既表现为某一区域产业发展、城市建设和社会民生进步的均衡性趋势，又表现为区域间产业发展、城市建设和社会民生进步的均衡性趋势。区域间产业发展、城市建设和社会民生进步的均衡性趋势，在实践中表现出来的是梯度结构的均衡性，我们称之为梯度均衡，它是我们需要在经济学领域认真思考并采取有效分析方法去深化研究的课题。

三是竞争合作协同律。既然区域间（国家之间）经济发展的均衡性趋势呈现梯度结构的均衡状态，竞争合作协同律作为客观的必然性就将主要集中在区域间经济发展的三大协同上。第一，政策协同性。企业竞争对产业资源起调节作用；区域政府竞争对城市资源和其他生成性资源起调节作用；政府参与某一具体项目的竞争将由其载体——国有企业或国有合资企业或国有股份制企业介入其中。因此，企业竞争中的产业政策适度和竞争中性原则运用问题，区域政府竞争中的系列政策配套与措施推动问题，以及区域间（国家之间）新型工业化、新型城镇化、智能城市开发、科技项目投入、基础设施现代化和农业现代化等推进过程中的政策协同性问题，就显得特别重要。企业竞争和区域政府竞争的结果要求各竞争主体政策的协同性，是一种客观必然现象。第二，创新协同性。它表现在三个方面：一是科技重大项目的突破带来资金投入大、周期长、失败可能性高和风险大等一系列问题，需要各竞争主体的创新协同；二是科技新成果的突破需要综合运用人类智慧，需要各竞争主体的创新协同；三是跨区域、跨领域、跨国域的思想性、物质性、组织性和制度性公共产品不断出现和形成，需要各竞争主体的创新协同。在中国乃至世界各国区域经济发展模式转换和社会转型的深化阶段，区域间的创新协同性也是客观趋势所在。第三，规则协同性。区域间经济竞争规则（公平与效率）、区域间共同治理规则（合作与共赢）、区域间安全秩序规则（和平与稳定）等，也将随着区域经济发展阶段的深化而客观地出现在各竞争主体的议事日程中。竞争合作协同律，实质上就是在区域经济发展的不同阶段，各竞争主体为了共同的发展目标,依靠各种不同产业、投资、创新平台,汇聚人才、资本、信息、技术等要素,实现竞争政策的协同、创新驱动的协同和竞争规则的协同,从而突破竞争壁垒、有效合作、共同发展。该定律促进了中国和其他各国区域间的经济同生共长,发展合作共赢,并且这将成为一种客观必然趋势。

五、成熟市场经济是有为政府与有效市场相融合的经济

政府与市场的关系一直以来都是传统经济领域争论的核心问题之一,其焦点便是政府在市场经济资源配置中的作用及其对产业发展、城市建设、社会民生的影响。

当我们回到现代市场体系的市场要素、市场组织、市场法制、市场监管、市场环境、市场基础设施六大功能结构中,当我们直面当代世界各国必须要面对的可经营性资源、非经营性资源、准经营性资源的有效配置时,就会发现,政府与市场的关系并不是简单的一对一的矛盾双方的关系。"弱式有效市场""半强式有效市场"和"强式有效市场"的划分,既是可量化的范畴,更是历史的真实进程;"弱式有为政府""半强式有为政府"和"强式有为政府"的界定,既是世界各国在现实市场经济中的真实反映,又可解决迎面而来的政府与市场关系的一系列疑难杂症。有为政府与有效市场的组合在理论上至少存在九种模式,具体内容如图5所示。

注 模式1:"弱式有为政府"与"弱式有效市场";模式2:"弱式有为政府"与"半强式有效市场";模式3:"弱式有为政府"与"强式有效市场";模式4:"半强式有为政府"与"弱式有效市场";模式5:"半强式有为政府"与"半强式有效市场";模式6:"半强式有为政府"与"强式有效市场";模式7:"强式有为政府"与"弱式有效市场";模式8:"强式有为政府"与"半强式有效市场";模式9:"强式有为政府"与"强式有效市场"。

图5 有为政府与有效市场的九种组合模式

模式1中，政府对经济基本没能发挥调控作用，市场发育也不完善，市场竞争机制常被隔断，法制欠缺，秩序混乱，这类主体通常为中低收入国家。模式2在现实经济中难以存在，因为"半强式有效市场"必定存在市场法制体系和市场监管体系，它不可能由"弱式有为政府"去推动。模式3纯属理论上的一种假定，现实中世界各国并没有实际案例加以支持。模式4表明政府在非经营性资源调配上可以较好地履行职责，提供基本公共产品；同时，政府也开始具备对可经营性资源的调配和相应扶持能力，但对市场发展趋势把握不好，市场运行中出现的问题还有待成熟的市场去解决。这种模式类似于中国改革开放的1978—1984年期间，属于市场经济初期的运行调控模式。模式5属于半成熟市场经济模式，其一方面表明政府规划、引导产业布局以及扶持、调节生产经营与"三公"监管市场运行的机制和力度在加强，另一方面表明市场监管机制、法律保障机制、环境健全机制等在推进。此状况出现在市场经济发展处于中期阶段的国家。中国在加入世界贸易组织（WTO）之前就类似这一模式。模式6与现在的美国很对应。美国政府依靠市场配置资源的决定性力量来获取高效市场收益，在非经营性资源的调配中发挥着重要作用，碍于制度和理念的限制，对可经营性资源的调配和准经营性资源的开发或者界定模糊，或者言行不一，或者难以突破，整体经济增长、城市提升弱于其规划，缺乏系统性与前瞻性。模式7在目前的现实中还难以存在。"强式有为政府"的功能作用起码也是与"半强式有效市场"相对应的。计划经济国家不属于此模式类型。模式8与现阶段的中国相类似，其发展方式通常被世人看作政府主导型的逐渐成熟的市场经济，其经济成就也是世界瞩目的，但又面临着市场竞争、市场秩序、市场信用以及市场基础设施进一步提升与完善的更大挑战。模式9是政府与市场组合的最高级模式，也是最佳模式。它是世界各国经济运行中实践探索和理论突破的目标，也是真正成熟的市场经济所应体现的目标模式。

综上可见，"政府有为"是指：①能对非经营性资源有效调配并制定配套政策，促使社会和谐稳定，提升和优化经济发展环境；②能对可经营性资源有效调配并制定配套政策，促使市场公开、公平、公正，有效提高社会整体生产效率；③能对准经营性资源有效调配并参与竞争，推动城市建设和经济社会全面可持续发展。政府有为，是对上述三类资源功能作用系统的有为，是对资源调配、政策配套、目标实现三者合一的有为。"有为政府"的标准有三个：标准一，尊重市场规律，遵循市场规则；标准二，维护经济秩序，稳定经济发展；标准三，有效调配资源，参与区域竞争。"市场有效"是指：①市场基本功能（包括市场要素体系和市场组织体系）健全；②市场基本秩序（包括市场法制体系和市场监管体系）健全；③市场环境基础（包括市场环境体系和市场基础设施）健全。市场有效，是对现代市场体系六大功能整体发挥作用的表现，是对生产竞争、市场公平、营商有序三者合一的反映。"有效市场"的标准有三个：标准一，市场充分竞争；标准二，法制监管有序；标准三，社会信用健全。

现实中，世界各国的有为政府至少需要具备三个条件：①与时俱进。这里主要强调的是政府有为亟须"跑赢"新科技。科技发展日新月异，其衍生出来的新业态、新产业、新资源、新工具将对原有的政府管理系统产生冲击。新科技带来了生产生活的新需求和高效率，同时也带来了政府治理应接不暇的问题。因此，政府如果要在产业发展、城市建设、社会民生三大职能中，或在非经营性资源、可经营性资源、准经营性资源等三类资源调配中有所作为，其理念、政策、措施应与时俱进。②全方位竞争。即有为政府需要超前引领，运用理念创新、制度创新、组织创新和技术创新等，在社会民生事业（完善优化公共产品配置，有效提升经济发展环境）、产业发展过程（引领、扶持、调节、监管市场主体，有效提升生产效率）和城市建设发展（遵循市场规则，参与项目建设）中，必须全要素、全过程、全方位、系统性地参与竞争。它以商品生产企业竞争为基础，但不仅仅局限于传统概念层面上的商品生产竞争，而是涵盖实现一国经济社会全面可持续发展的目标规划、政策措施、方法路径和最终成果的全过程。③政务公开。包括决策公开、执行公开、管理公开、服务公开、结果公开和重点事项（领域）信息公开等。政务公开透明有利于推动和发挥社会各方的知情权、参与权、表达权和监督权，优化与提升产业发展、城市建设、社会民生等重要领域的资源调配效果。透明、法制、创新、服务型和廉洁型的有为政府将有利于激发市场活力和社会创造力，造福各国，造福人类。

至此，可以说，政府和市场的关系堪称经济学上的"哥德巴赫猜想"。而有为政府和有效市场的有机结合造就了中国改革开放40多年来在产业发展、城市建设、社会民生方面的巨大成效，中国经济改革开放的成功，以及在实践中摸索出来的中国特色现代市场经济具有纵横体系、成熟有为政府需要超前引领、市场竞争存在双重主体、区域竞争呈现三大定律、成熟市场经济是有为政府与有效市场相融合的经济等有关理论，不仅为中国特色社会主义市场经济探索了方向，也为世界各国有效解决政府与市场关系的难题提供了借鉴。

自2019年以来，北京大学、复旦大学、中山大学等十多所高校先后开设了"中观经济学"课程。中山大学等高校已在理论经济学一级学科下设置"中观经济学"作为二级学科，形成相对独立的专业，划分和确定研究方向，招收硕博研究生，建设相关且独特的必修课程体系，从学科体系建设层面系统阐释和研教中观经济学原理。此外，中山大学还专门设立了中观经济学研究院。"中观经济学"系列教材的出版，必将进一步推动并完善该学科的建设和发展。

中山大学对此套教材的出版高度重视，中山大学中观经济学研究院组织编写，成立了以陈云贤为主编，李善民、徐现祥、鲁晓东为副主编的"中观经济学"系列教材编委会。本系列教材共10本。10本教材的撰写分工如下：陈云贤、王顺龙负责《资源生成理论》，陈云贤、顾浩东负责《区域三类资源》，刘楼负责《产业经济概说》，陈思含负责《城市经济概说》，顾文静负责《民生经济概说》，徐雷负责《竞争优势理论》，徐现祥、王贤彬负责《政府超前引领》，李粤麟负责《市场双重主体》，才国伟负责《有为政府与有效市场》，李建平负责《经济增长新引擎》。陈云贤负责系列教材的总体框架设计、书目定编排序、内容编纂定稿等工作。

"中观经济学"系列教材是中山大学21世纪经济学科重点教材，是中山大学文科重点建设成果之一。它作为一套面向高年级本科生和研究生的系列教科书，力求在主流经济学体系下围绕"中观经济学"的创设与发展，在研究起点——资源生成理论、研究细分——区域三类资源（产业经济概说、城市经济概说、民生经济概说）的基础上，探索区域政府竞争、政府超前引领、市场双重主体、有为政府与有效市场相融合的成熟市场经济以及经济增长新引擎等理论，以破解世界各国理论与实践中难以解答的关于"政府与市场"关系的难题。本系列教材参阅、借鉴了国内外大量专著、论文和相关资料，谨此特向有关作者表示诚挚的谢意。

祝愿"中观经济学"系列教材的出版以及"中观经济学"学科建设与理论的发展，既立足中国，又走向世界！

2022 年 3 月

目　录

序言 ·· 1

第一章　社会民生与非经营性资源 ·················· 1
第一节　社会民生的内涵 ···························· 1
第二节　非经营性资源的内涵 ························ 3
第三节　非经营性资源配置的理论基础 ············· 11
本章小结 ··· 18
思考讨论题 ·· 19

第二章　非经营性资源的配置模式 ················ 24
第一节　四种非经营性资源的配置模式 ············ 24
第二节　中国社会主义实践中的非经营性资源配置模式历史沿革
 ··· 40
第三节　非经营性资源市场化配置及监管模式 ····· 45
本章小结 ··· 57
思考讨论题 ·· 58

第三章　社会民生与经济增长 ······················ 61
第一节　社会民生与经济增长的关系 ··············· 61
第二节　世界主要国家的社会民生支出状况 ······· 71
第三节　社会民生的经济与社会效应 ·············· 80
本章小结 ·· 106
思考讨论题 ······································· 107

第四章　成熟市场经济的非经营性资源配置 …………… 112
第一节　成熟市场经济"双强机制"理论 ……………… 112
第二节　成熟市场经济下的非经营性资源配置 ………… 139
第三节　美国社会民生资源配置政策 …………………… 150
本章小结 …………………………………………………… 164
思考讨论题 ………………………………………………… 165

第五章　非经营性资源配置的均等化 ……………………… 172
第一节　非经营性资源配置均等化的内涵 ……………… 172
第二节　非经营性资源配置均等化理论 ………………… 176
第三节　非经营性资源配置的均等化测量 ……………… 180
本章小结 …………………………………………………… 196
思考讨论题 ………………………………………………… 197

第六章　非经营性资源配置的区域政府竞争 ……………… 203
第一节　区域政府竞争理论 ……………………………… 203
第二节　区域政府非经营性资源配置的竞争表现 ……… 224
第三节　构建全球民生经济发展新引擎 ………………… 239
本章小结 …………………………………………………… 243
思考讨论题 ………………………………………………… 244

参考文献 ……………………………………………………… 247

后记 …………………………………………………………… 255

序　言

　　《民生经济概说》是"中观经济学"系列教材中的一册，是在陈云贤教授《中观经济学》《区域政府竞争》和《市场竞争双重主体论——兼谈中观经济学的创立与发展》等著作的基础上写作而成的。本书把《中观经济学》中的非经营性资源及其配置等内容单独抽离出来，作为民生经济发展及政府民生政策的理论基础，对民生经济、民生福祉、民生资源，以及民生资源配置、民生经济保障对产业经济、城市经济发展的促进作用等方面做了较为系统的梳理和论述。本书既有对世界民生经济发展的介绍，也有对中国民生经济及其政策的具体阐述；既是对习近平新时代中国特色社会主义思想理论的具体应用，也是对未来经济学理论发展道路的一次新的尝试性的探索。

　　本书共包括六章。第一章阐述了社会民生与非经营性资源的内涵，对非经营性资源的特点与性质进行了介绍，奠定了非经营性资源配置的理论基础。第二章针对非经营性资源配置，介绍了不同的资源配置模式，并对中国社会主义实践中的非经营性资源配置模式的历史沿革进行了梳理，对非经营性资源市场化配置及监管模式也做了分析。第三章针对性地分析了社会民生与经济增长之间的关系，用数据论证了经济发展与社会民生的互动规律，还对世界主要国家的社会民生支出状况以及新冠肺炎疫情影响下的中国民生支出状况进行了介绍。关于社会民生的经济与社会效应，也在这部分展开了充分的论述。第四章介绍了成熟市场经济的非经营性资源配置模式，以中国为例阐述了成熟市场经济条件下的社会民生管理模式，还对美国社会民生资源配置政策进行了介绍。第五章对非经营性资源配置的均等化问题进行了专题论述，阐述了非经营性资源配置均等化对地区经济差距的影响、非经营性资源配置的均等化测量、中国目前为实现非经营性资源配置均等化做出的实践探索等内容。第六章阐述了非经营性资源配置的区域政府竞争表现，以及构建全球民生经济发展新引擎的构想。

　　本书是在陈云贤教授的指导下完成的，陈教授为北京大学经济学博士，同时也是广发证券公司的创始者，曾先后主政广东顺德、佛山，并就任广东省副省长。这种从学术到企业再到政府的独特经历使得陈云贤教授能以独特的视角审视和研究现代经济学体系，其理论研究的价值不仅限于经济学界中的经济学理论研究，而对现实经济问题的研究也具有一定的启示作用。

　　本书适合于大学经济和管理类专业使用，在学生修完微观经济学和宏观经济学之后进行开设，可用于本科高年级同学和研究生授课，也可以在工商管理硕士（Master of Business Administration，简称 MBA）、公共管理硕士（Master of Public Administration，简称 MPA）等学位课中设置，对于政府人员和企业高级管理人员的经济学培训也具有重要的参考价值。在本书的写作过程中，我们参阅了大量的相关书籍和文献，在此一并致谢。本书观点较传统经济学具有一定的突破性，但书中也难免有疏漏和不足之处，恳请使用本书的老师和学生提出批评和建议，以使本书不断充实完善。同时，祝愿通过众多学者的努力，有更多的适应现代市场经济理论和实践发展的创新思维的书籍问世，为培养更多高素质的复合型人才做出积极贡献。

顾文静

2022 年 2 月

第一章　社会民生与非经营性资源

本章共分为三节。第一节围绕民生的概念，阐述了社会民生的由来以及民生与政府的关系。第二节集中阐述非经营性资源的内涵、特点与性质，强调非经营性资源与可经营性资源、准经营性资源的本质区别，引出政府与非经营性资源的关系。第三节对非经营性资源配置的理论基础做了集中论述，包括马克思主义政治经济学、习近平新时代中国特色社会主义思想、市场失灵理论、"公共产品"理论、发展经济学、制度经济学"交易成本"理论、资源生成理论等。

第一节　社会民生的内涵

一、关于民生

中国传统一般认为民生是指老百姓的基本生计。20世纪20年代，孙中山把"民生"上升到"民生主义"，成为孙中山所倡导的三民主义（民族主义、民权主义、民生主义）之一，其对民生问题较为经典的解释是："民生就是人民的生活——社会的生存、国民的生计、群众的生命便是。""民生就是政治的中心，就是经济的中心和种种历史活动的中心。""民生就是社会一切活动中的原动力。"① 孙中山对民生的界定基本上是从广义的角度来立论的，凡是同民生有关的，包括直接相关和间接相关的事情都属于民生范围内的事情。该概念充分强调民生问题的高度重要性和高度综合性，但不足之处在于范围太大，几乎可以延伸到经济、社会、政治、文化等任一领域，反而不能突出民众的基本发展机会、基本发展能力和基本

---

① 孙中山：《孙中山选集》，人民出版社1981年版，第802页、825页、835页。

权益保护的状况。同时，由于其不易操作和把握，反倒容易冲淡人们对于直接、切身、具体、真正的民生问题的关注和改善，使民生问题难以同改善民生的具体政策和措施有效地结合起来。所以，在具体政策层面和实际生活领域，人们更多使用的是民生的狭义概念，即民生，主要是指民众的基本生存和生活状态，以及民众的基本发展机会、基本发展能力和基本权益保护的状况。

二、关于社会民生

社会民生就是把保障和改善中低收入社会成员的生存发展条件作为主线贯穿于生产、分配、消费等经济运行的全过程，通过理顺劳动力、土地、资本等生产要素的比价关系，实现资源合理配置，提高社会整体经济效率，提升社会总福利水平的经济发展模式。发展社会民生，也是追求效率和公平的统一。

社会民生问题，简单地说，就是与百姓生活密切相关的问题，最主要表现在吃穿住行、养老就医、子女教育等生活必需上面。民生问题也是公众最关心、最直接、最现实的利益问题。教育、就业、收入分配和社会保障这四大问题都是民生的基本问题。

从民生状态的层次上可以将社会民生分为三个层面。

第一个层次是指民众基本生计状态的底线。这一层面上的民生问题主要侧重民众基本的生存状态，主要包括社会救济、最低生活保障状况、义务教育、基本公共卫生和基本住房保障等，要保证每个公民有尊严地活着。

第二个层次是指民众基本的发展机会和发展能力。基本生存仅仅是维持人最低水平地活着，但人需要有追求更好生活的基本条件和机会，这就意味着社会应当为民众提供起码的发展平台和发展前景，比如有促进充分就业的相关举措、有基本的职业培训机会，并要消除就业歧视，为每一位公民提供公平合理的社会流动渠道，以及与之相关的基本权益保护，比如享有平等的劳动权、财产权、社会事务参与权等。

第三个层次是指民众基本生存线以上的社会福利状况。这一层面上的的民生问题是要提升民众生活质量和民众幸福感，以社会福利的提供水平为标志。这是最高层次的民生状态。比如更多更普遍的免费教育、更高水平的大众医疗福利、更舒适的社会文化环境、更优惠的购房政策，以及更全面的保护社会成员的权利等。

这三个层次的民生状态，是逐层递进的关系，首先要保障基本生存，然后才是拥有更多的平等发展机会，最终目标是有较高的生活质量、幸福感的持续提升。

三、社会民生与政府的关系

社会民生的第一个层次——民众基本生计状态的底线，是最基本的民生问题，也是政府对民众需负的最基本的责任。比如说就业问题、基本的住房问题、贫困人口最低生活保障、基本养老和医疗保障、失业保障、社会救助问题，这些问题政府必须承担起责任；第二、第三层次的民生，社会和市场也可以发挥作用，但要分清政府、社会、市场在社会民生中的不同职责，各司其职，形成合力，解决好民生问题。

基本社会民生问题必须由政府来解决，其中如收入差距问题，连市场都无法妥善解决，可以看作市场失灵的表现之一。市场机制存在某种程度的个人价值和社会价值的矛盾，比如基于个人效用最大化原则的帕累托最优概念与社会公平原则不一定完全一致，效率与公平的定义和划分在社会各阶层中也参差不齐，仅依靠市场机制无法解决整个社会对公平与效率的均衡判断，也无法解决个人价值与社会价值取向的矛盾。另外，还有一些基础科学的发展、基础设施的投资建设等，虽然外部效应较大，并且社会效益巨大，但其具有一定的公共产品属性，导致市场的激励作用不够充分，若完全依赖市场则难以实现有效供应。民生关注公平和未来长远发展的基础，所以政府必须兼顾公平和效率，把民生建设的责任担起来。

第二节　非经营性资源的内涵

一、关于非经营性资源

资源从不同角度可以做不同的分类，从中观经济学的角度看，资源可以以中观经济学的研究主体——区域政府为中心进行划分。区域政府既承担着对本区域进行宏观调控的职能，又与其他区域展开充分竞争，兼具宏观调控的"准国家"角色和参与市场竞争的"准企业"角色。不同角色

的定位决定了在区域政府的视角下，资源承担着不同的职能。

对世界各国政府来说，稳定、发展和对突发事件的处置，是其三大任务。对各国区域政府来说，经济增长、城市建设、社会民生是其三大职能。区域政府实施其三大职能，实质上表现为对区域现实和可能拥有的各类有形资源和无形资源的一种经济学分类、一种资源调配和一种政策匹配措施。

a类资源：与社会民生相对应的资源——在市场经济中称为非经营性资源。它以各区域社会公益、公共产品为主，包括经济（保障）、历史、地理、环境，形象、精神、理念，应急、安全、救助，以及区域其他社会需求。西方国家对应此类资源的管理机构主要为社会企业。在中国，政府对应此类资源的管理部门或组织机构有：①财政、审计，文史、参事、档案，民政、社保、扶贫，妇女、儿童、残联、红十字会，民族、宗教、侨务，等等；②地质、地震、气象；③应急、安全、人防、人民武装、公安、司法、监察，消防、武警、边防、海防，等等。世界各国此类管理形同名异，但与此类资源相匹配的政策原则主要是"社会保障，基本托底；公正公平，有效提升"，对这点的实践认识也很一致。

b类资源：与经济增长相对应的资源——在市场经济中称为可经营性资源。它以产业资源为主，包括第一产业、第二产业、第三产业。由于各国区域经济地理和自然条件不同，三次产业发展比率不一。许多国家区域精细发展第一产业，优化发展第二产业，加快发展第三产业，也不断获得成功的案例。对此，与之相匹配的政策原则应该是"规划、引导、扶持、调节，监督、管理"。

c类资源：与城市建设相对应的资源——在市场经济中称为准经营性资源。它以城市资源为主，包括用于保证区域经济、社会活动正常进行的公共服务系统和为生产、生活提供公共服务的软硬件基础设施，比如公用工程、交通邮电、供电供水、园林绿化、环境保护、项目开发，以及教育、科技、文化、卫生、体育、新闻出版、广播影视等。之所以称其为准经营性资源，是因为它们的开发和管理，既可由政府来实施——此时它是公益性的，是非经营性资源；也可由市场来推动——此时它是商品性的，是可经营性资源。它由政府或由市场来开发、运营、管理，其资源管理取决于区域政府财政状况、市场需求和社会民众的可接受程度。

虽然准经营性资源在某些时刻、某种条件下可以被视为非经营性资源,但本书所研究的非经营性资源专指a类资源,即单纯与社会民生相对应的资源。准经营性资源何时被视为非经营性资源,可参考本丛书中的相关书籍。

二、非经营性资源的特点与性质

政府具有天然的担负社会民生职责的使命,必须为社会提供使之维持基本正常运转的公共产品。完成民生职责所需要的资源可以统称为非经营性资源。

(一)非经营性资源的特点

非经营性资源主要用于民生领域的供给配置,如社会经济救助、城市公园、路灯、桥梁、图书馆、学校、医院、城市道路、国防等。这些非经营性资源是人类长期生活积累创造的为公众所共有的财产,它能为人类的生存和发展创造必要的条件,是关系社会公共利益、关系人民群众生活质量、关系国民经济和社会可持续发展的资源。

非经营性资源具有如下明显的特征。

一是公共性。非经营性资源是非专有的资源,具有不可分性,即必须向所有人提供或不向任何人提供,资源属于政府管辖区域内的全体公民。非经营性资源的使用权也属于公众,服务于社会民生及社会公众利益。

二是外部性,也称外部效果。非经营性资源具有整体性,具有公共属性的非经营性资源遭到破坏时,将影响到非经营性资源的整体价值,并且对其他使用者也会产生负面影响。

三是非竞争性。非经营性资源不会因为被某部分公民作为民生保障所使用后,而使另一部分公民不能再使用这部分非经营性资源来满足其民生需求。比如政府的财政资源用于民生开支的这部分,区域政府管辖范围内的公民都有权分享民生投入所带来的社会福利,不会出现这部分福利资源被某些公民享受了,其他公民的社会福利资源就被抢了的状况。同一个非经营性资源每增加一名消费者,所带来的边际成本等于零。值得注意的是,提供一个新的非经营性资源所带来的边际成本是大于零的。在免费社会福利的例子中,我们能没有成本地增加享受社会福利的人,但生产一种新的社会福利产品仍是涉及成本的。

四是非排他性,即受益的可分性。非排他性本身的含义是指某人在付

费消费一种商品时，不能排除其他没有付费的人消费这一商品，或者排除的成本很高。这类物品如果由市场提供，每个消费者都不会自愿掏钱去购买，而是等着他人去购买，然后自己顺便享用它所带来的利益，这就是经济学中的"搭便车"现象。解决的最佳办法就是都不付费而一起享用，那么这类物品的资源配置就属于非经营性资源的配置范畴，在使用上具有非排他性，即集体中每个人对其都有使用权。非经营性资源在一定区域和一定时间内对其所有成员来说都可以共同使用，不能因为某些人使用而不允许其他人使用。比如国防服务难以区分已付费和未付费的人，只能同时保护国内所有人，因此具有非排他性。国防建设的资源就属于非经营性资源，需要政府出面提供。为了减少对其使用上的冲突，提高公共非经营性资源的使用效果，大家就必须共同遵守一定的规则。这种规则是在充分听取所有成员或代表一定范围内利益群体的意见的基础上制定的。

五是稀缺性。非经营性资源一样是稀缺资源，稀缺性导致社会上的个人或利益集团竞相追逐对非经营性资源的支配权，因为一旦拥有了这种资源的所有权或使用权，就意味着获得了某种带有垄断性特征的利益。所以，政府必须保证非经营性资源的合理、公平分配。

六是社会性。非经营性资源的效益是经济、社会和生态三者效益的综合体，评价非经营性资源的价值不仅要偏重于其经济价值，更要偏重于其社会价值，即追求其经济价值的背后，也应当追求包括生态价值、环境价值在内的社会价值。非经营性资源的最大社会价值就是维护公共利益，增进公共福利，让人们不受地位、种族、富裕程度和城乡差别的限制，同时能够让更多的社会成员享有非经营性资源，并得到公平公正的非经营性资源配置。

（二）非经营性资源的性质

非经营性资源具有三方面的属性，即自然属性、经济属性和法律属性。基于不同的属性，非经营性资源的分类方式存在差异，非经营性资源管理的出发点和着力点也不同，管理机制与管理目标必然也大相径庭，因此，有必要深入认识非经营性资源的各种属性。

1. 非经营性资源的自然属性

按照在自然界的存在状态及人类开发利用的直接目的，可以将全部自然资源划分为空间资源、物质资源、能量资源三类。空间资源主要包括以下四类：一是土地，陆地表面及地上、地下空间，是种植业、牧业、林业的发展空间，也是陆上交通运输，以及其他绝大部分产业的发展空间和人类生活的场所；二是水体，以海洋为主的水体是渔业和航运业的发展空间；三是大气层，它既是航空业的发展空间，又是人类的生存空间；四是太空（大气层外空间），这是航天业的发展空间，也是属于全球人类的共有资源。在当前技术经济条件下，人类能够利用的物质资源可以进一步被划分为非生物资源和生物资源，前者包括水、矿产、土壤等，后者则包括动植物和其他生物物种。能量资源以运动着的自然物质为载体，主要包括太阳能及其带来的光能、热能，还有水能、风能、潮汐能和地热能等。

2. 非经营性资源的经济属性

根据资源在社会生产特别是物质生产中的不同作用及其消耗补偿特点，可将非经营性资源分为可再生资源和不可再生资源。可再生资源是可以用自然力保持或增加蕴藏量的自然资源，在合理使用的前提下可以自我生产。例如，动植物资源等，只要不过量掠夺，这些资源就可以一代代繁殖和修复、生长下去。不可再生资源又称可耗竭资源，是指不能运用自然力增加蕴藏量的自然资源，它的初始禀赋是固定的，并且不具备自我繁殖能力，某一时点的任何使用，都会减少以后时点的可供使用，比如煤、石油、天然气等能源资源。

而在现实中，许多非经营性资源往往是可再生资源与不可再生资源的混合。比如土地，本身是可再生的，土地面积不会因生产或生活活动而消耗或减少，但土地上层的土壤或耕作层是不可再生的，因自然灾害和人为破坏而流失或毁损的耕地，不可能通过自然过程恢复。基于非经营性资源的经济属性，在公共管理过程中，可以针对不同资源的经济属性区别资源占用的经济补偿方式。可再生资源消耗后能够即时补偿，适宜采用租赁方式，即根据使用的数量对非经营性资源的部分权利（如使用权、承包经营权等）确定租金，而不必干涉承租人占用资源后实现的生产经营规模。为了有效保护可再生资源，非经营性资源的租赁时间宜长不宜短，因为租赁时间过短，承租人极有可能产生短视行为，在短时间内不顾资源的修复生长而疯狂掠取资源，致使资源在很长一段时间内难以修复。例如，中国的林权证一般有效期为30～70年，特殊情况还可以延长，这样能够有效避免使用人的短视行为，有利于林业资源的保护。不可再生资源则适宜采用补偿方式，即不仅要根据占用资源数量的多少，还要根据消耗资源的多少来确定租金。当资源消耗不易计量时,可以用产量或产品销售收入代替资源消耗。例如,占用耕地补偿制度就是国家实行的一项保护耕地的法律制度,它是指非农业建设经批准占用耕地,占用多少,就必须开垦多少与所占用的耕地数量和质量相当的耕地,没有条件开垦或者开垦的耕地不符合要求的,应依法交纳耕地开垦费,专款用于开垦新的耕地。占用耕地补偿制度是实现耕地占补平衡的一项重要法律措施。耕地占补平衡是占用耕地单位和个人的法定义务。

3. 非经营性资源的法律属性

非经营性资源的法律属性体现在其财产权利关系上,建立明晰的非经营性资源的产权制度,有利于非经营性资源的保护和管理。例如,关于非经营性资源的所有权归属问题。无论是空间资源、能源资源,还是物质资源中的非生物资源,完全是自然的产物,在政治上涉及国家主权,理论上应当属于全社会公有。但非经营性资源所有者享有的并非完整的所有权,所有者权能的行使受到国家法律的限制,是一种"永久占有、使用权"。又如,对于物质资源中的生物资源而言,可能是自然的产物,也可能是人类生产活动的产品,作为生活载体的空间资源是自然的产物,依附于其上的生物资源是人类生产活动的产品,政府中的非经营性资源管理职能和产业管理职能也许就应当在这里划分和衔接。

非经营性资源本质上属于公共产品。根据效用上是否具有可分割性、消费上是否具有竞争性和受益上是否具有排他性等特性,产品可以分为公共产品和私人产品两类。公共产品是指能满足效用的不可分割性(即效用为整个社会成员所共享,而不能将它分割为若干部分,分别归属于某些个人独享)、消费的非竞争性与受益的非排他性三个条件中任何一个(或一个以上)的产品。非经营性资源一般能够满足其中的部分条件,在一定程度上体现公共产品的特性。

三、政府与非经营性资源

(一)政府对非经营性资源的运营方式

政府是非经营性资源的配置者,并通过非经营性资源的配置提供民生产品。通常而言,非经营性资源全部由政府进行运营配置,尤其是国防、公共卫生、供水、供电等投资极大或涉及国民经济命脉的项目,都是由政府进行直接投资和运营的。而对某些非经营性资源,如道路、桥梁、医院、学校、社会福利等,在政府财力足够且政府运营效率相对较高的情形下,也可以采取政府直接生产提供的方式。但在政府财力有限而私人部门资本充足且运营效率较高的情况下,也可以采用 BOT(Build-Operate-Transfer,建设—经营—转让)等方式,由政府通过契约授予企业(包括外国企业)一定期限的特许专营权,许可其融资建设和经营特定的非经营性资源(公用基础设施),并准许其通过向用户收取费用或出售产品以清偿贷款,回收投资并赚取利润;特许权期限届满时,该非经营性资源及其产出无偿移交给政府。中国很多高速公路、污水处理设施都是采取类似的模式,这种模式能聚集社会资本,加快民生产品的供应。

(二) 政府对非经营性资源的配置原则

对于非经营性资源,在市场达不到的领域,政府应责无旁贷地全面承担起此类资源的配置、管理和发展事务,按照"基本托底、公平公正、有效提升"的原则配套政策,确保基本保障。这也就是为什么作为取之于民、用之于民的财政要弱化其建设性财政职能、强化其公共(公益性)财政作用。

非经营性资源的配置原则实质就是社会公共产品的保障原则,或者说是"民生托底、公平公正、社会福祉政策"的实施原则。社会公共产品因其消费的非排他性和非竞争性,很难通过市场交易实现"谁生产谁获益"的基本利益原则,对于以赚取利润最大化为主要宗旨的企业难以提供利益激励,所以社会公共产品的提供无法获得市场的认可,生产动力严重不足。但这些社会公共产品又涉及民生福祉、公共利益,对于整个社会和国民经济而言具有重大的战略意义,所以这部分非经营性资源的配置必然要由政府完成,也就是主要采用公共生产和公共提供的方式免费供给公共产品或服务。

为解决公共问题、达成公共目标、实现公共利益、规范和指导有关机构和团体或个人的行动,政府需要通过一系列法律法规、行政规定或政府规划等对社会利益进行权威性分配,集中反映和促成社会利益。这些以公共利益为价值取向和逻辑起点的公共政策形成了非经营性资源配置的政策生态。要做到社会公平、社会稳定、社会基本保障,在非经营性资源的配置上,政府最基本的政策或措施应该包括公共产品投资政策、转移支出政策、公共产品定价政策等。公共产品投资政策是指政府直接对涉及公共利益的基础设施和非经营性资源的配置进行投资，提供全部财政支撑来保证公共设施和非经营性资源的配置、运行。转移支出政策则是通过社会保障、财政补贴等相应手段，对涉及社会公共安全、民生福利等的项目进行货币化投入，并制定降低税费负担的一系列政策措施，确保社会危机阶段的社会平稳和维持民众的基本福利。公共产品的定价政策因公共产品的提供目的不同、种类不同、运营和管理等方面的要求不同也有所不同。例如，对于国防、外交、司法、公安、行政管理、生态环境保护等这些政府负有义不容辞的责任的纯公共产品，政府必须用税收来保证其全额费用，实行零价格政策。

（三）政府对非经营性资源的政策配套

非经营性资源的政策配套也应该沿着"基本托底、公平公正、有效提升"的配置原则来制定。分配社会资源、规范社会行为、解决社会问题、促进社会发展是政策配套的主要目的。

基本托底的原则要求政策配套必须对社会基本民生问题给予解决。建立社会保障机制，完善社会养老保险制度、基本医疗保险制度、失业救助和培训制度、生育和工伤保险制度，以及救灾赈济制度，切实对老年人口、贫困人群、失业群体等社会弱势群体进行系统救助，将社会资源有意识地放在社会民生发展和社会稳定平台的构筑上。促进社会发展的政策配套需要立足全球的开阔视野，印度著名学者阿马蒂亚·森（Amartya Sen）指出："医疗保健、教育、社会保障等等的扩展，对生活质量及其提升直接做出贡献。有充分的证据表明，即使收入水平相对较低，一个为所有的人提供医疗保健和教育的国家，实际上可以在全体人民的寿命和生活质量上取得非常突出的成就。"[①]

公平公正、有效提升的原则要求政府在分配社会资源上从社会发展的长远战略着手，进行社会资源规划的超前引领，比如可通过对土地资源的合理规划和战略布局，实现土地资源的优化配置和集约利用，以保证土地资源的可持续利用。规范社会行为的政策主要是从法律上进行产权的界定

---

① ［印度］阿马蒂亚·森著：《以自由看待发展》，任赜、于真译，中国人民大学出版社2013年版，第266页。

和保护，保障合同的实施、公共产品和服务的监管及提供，并在社会文化及价值观的营造上给予政策上的激励。

中国共产党十六届三中全会提出了"坚持以人为本，树立全面、协调、可持续的发展观，促进经济社会和人的全面发展"的科学发展观，通过实施科教兴国战略、人才强国战略、可持续发展战略，着力把握发展规律、创新发展理念、转变发展方式、破解发展难题，提高发展质量和效益，实现又好又快发展，为发展中国特色社会主义打下坚实基础。

第三节　非经营性资源配置的理论基础

一、马克思主义经济学关于非经营性资源配置的论述

马克思主义经济学没有像西方经济学那样明确提出资源配置问题，但是马克思主义经济学劳动价值理论从社会必要劳动时间、等价交换、市场需求诸方面阐述了商品经济中的资源配置模式；马克思主义经济学的剩余价值非常明确地指出市场经济企业合理配置资源的标准就是看它是否带来剩余价值或利润。能带来剩余价值，资源配置就是合理的，反之就不合理。关于非经营性资源配置，马克思主义经济学从历史唯物主义出发，提出建立在公有制基础上的计划经济体制可以避免私有制市场经济难以避免的经济危机、通货膨胀、盲目投资、资源浪费等弊端，实现社会产品的极大丰富，消除贫困并改善民生。也就是资源都转化为非经营性资源，完全由社会主义生产关系下的政府按计划配置，真正改善民生，使每个人都能真正成为自然和历史的主人，成为真正自由的人。从某种程度上说，关注民生、改善民生是贯穿于马克思主义形成和发展的一条内在主线。

二、习近平新时代中国特色社会主义思想民生问题中的非经营性资源配置理念

中国改革开放的实践告诉我们："计划经济不等于社会主义，资本主义也有计划；市场经济不等于资本主义，社会主义也有市场。计划和市

都是经济手段。"① 习近平新时代中国特色社会主义思想特别强调:"社会主义市场经济,就是要坚持我们的制度优越性,有效防范资本主义市场经济的弊端。我们要坚持辩证法、两点论,继续在社会主义基本制度与市场经济的结合上下功夫,把两方面优势都发挥好,既要'有效的市场',也要'有为的政府',努力在实践中破解这道经济学上的世界性难题。"② 在资源配置上,习近平新时代中国特色社会主义思想要求必须把公有制经济与非公有制经济、按劳分配与按要素分配、有效市场与有为政府有机结合,实现各种体制机制和要素的优势互补与系统集成,形成推动发展的强大合力,从而推动经济朝着更高质量、更有效率、更加公平、更可持续、更为安全的方向发展。关于社会民生,习近平新时代中国特色社会主义思想认为必须始终坚持以人民为中心的发展思想,注重从统筹政治、社会、经济的角度研究经济问题,不断深化对社会主义生产规律的认识,无论是资源配置,还是财富增长,都要紧紧围绕如何更好地满足人民群众日益增长的美好生活需要展开。改革开放40多年来,中国的社会生产力、综合国力和人民生活水平大幅度提高。坚持以经济建设为中心与坚持以人民为中心的发展思想,是一个有机联系的整体认识,这其中既蕴含着"发展是解决中国一切问题的基础和关键"的战略判断,同时又体现着发展必须依靠人民、为了人民,发展成果由人民共享的价值立场。

从以上习近平新时代中国特色社会主义思想关于市场与政府关系、经济发展与民生问题关系的论述可以看出,可经营性资源、准经营性资源和非经营性资源都是经济发展的基础,非经营性资源配置问题关系到社会主义发展战略和根本目的的实现问题,必须给予相当的重视。

三、西方经济学市场失灵理论对非经营性资源的论述

市场机制在古典经济学中被视为非常完美的资源配置方式,可以在价格机制的作用下自动实现供求均衡,保持资源配置的最佳效率。但经济发展的实践证明,完全的市场机制并不能避免供求失衡的经济危机,仅通过价格机制这只看不见的"手"无法实现资源的最佳配置与效率最高。市场

---

① 邓小平:《邓小平文选》(第3卷),人民出版社1993年版,第373页。
② 中共中央文献研究室编:《习近平关于社会主义经济建设论述摘编》,中央文献出版社2017年版,第64页。

失灵就意味着自由的市场均衡背离了帕累托最优。

换句话说，微观经济学说明，在一系列理想的假定条件下，自由竞争的市场经济可导致资源配置达到帕累托最优状态，但理想化的假定条件并不符合现实情况，现实中存在不完全竞争的领域，对于公共产品、外部影响、信息不完全等问题，单纯靠市场机制并不能得到合理的解释与解决。

西方经济学的主流观点认为市场失灵有其内在的深刻原因。

第一，完全竞争市场主要存在于理论假定中，现实状况要复杂得多。一方面，市场经济中也存在垄断、过度竞争等人为因素，这种人性所导致的市场效率的损失不是市场机制自身能够消除的。另一方面，市场价格的调节也不是如理论分析那样及时有效，价格变动会有时滞，也会遇到价格底线，所以非均衡状态才是市场的常态，市场机制难以实现真正的均衡，诸如失业等资源浪费现象完全靠市场解决是不现实的。

第二，个人价值和社会价值的矛盾。基于个人效用最大化原则的帕累托最优概念与社会公平原则不一定完全一致。所谓效率与公平的定义和划分在社会各阶层中也参差不齐，仅依靠市场机制无法解决整个社会对公平与效率的均衡判断，也无法解决个人价值与社会价值取向的矛盾。

第三，市场机制不一定适用于一切经济领域。比如一些经济研究与开发、基础设施投资等外部效应较大的领域，具有一定的公共产品属性，社会效益巨大但市场的激励作用却不够充分，若完全依赖市场，则难以实现有效供应。

第四，市场经济的信息完备性和对称性也与现实不符。私人的信息获得是有限的，而且信息在私人交易中会发生扭曲；市场行为主体所掌握的信息也是不对称的。

第五，市场无法解决外部性问题。1890年，阿尔弗雷德·马歇尔（Alfred Marshall）的著作《经济学原理》中首次出现了"外部经济"（external economy）①。到了20世纪20年代，马歇尔的学生、公共财政学的奠基人阿瑟·塞西尔·庇古（Arthur Cecil Pigou）在其名著《福利经济学》

---

① 外部经济：又叫外在经济，是指由于消费或者其他人和厂商的产出所引起一个人或厂商无法索取的收益。亦指当整个产业的产量（因企业数量的增加）扩大时（企业外部的因素），该产业各个企业的平均生产成本下降，因而有时也称为外部规模经济（external economy of scale）。

中进一步研究和完善了外部性问题（externality）①。庇古认为，在经济活动中，如果某厂商给其他厂商或整个社会造成无须付出代价的损失，那就是外部不经济。当这种情况出现时，依靠市场是不能解决这种损害的，这就需要政府进行适当干预。对外部性的分析如下：①外部性是指产品的私人消费或生产产生的社会溢出收益或成本。也就是说，外部性的存在会使得完全竞争状态下的资源配置偏离帕累托最优。②不仅生产活动可以产生外部性，消费活动也能产生外部性。例如，当某种商品的生产涉及正外部性时，市场决定的产量就会太少，价格会太高，政府就会试图扩大其供给；反之，政府则会试图减少其供给。

鉴于市场本身的局限性，需要有一定的措施进行干预和调整。尤其是当前科学技术迅速发展，出现了革命性变化，生产的社会化程度大大提高，各部门、各地区以及国际的经济联系更加密切，政府对经济运行的干预进一步加强，计划的作用明显增大。同时，随着经济的不断发展，资源问题、环境问题等更加突出，人类的生存条件问题面临严峻局面。这些都要求政府和国际社会对经济和社会发展进行统一协调，加强计划性。因此，资源配置中就必然包括由政府掌控的非经营性资源的配置问题。

四、"公共产品"理论对政府配置非经营性资源的论述

"公共产品"的定义由保罗·萨缪尔森（Paul A. Samuelson）于1954年在《经济学与统计学评论》第11月号上发表的《公共支出的纯理论》中提出，所谓纯粹的公共产品是指这样的物品，即每个人消费这样的物品，都不会导致别人对该产品消费的减少。为了辨别公共产品（公共资源）与私人产品，经济学家们提出了"非排他性"和"非竞争性"这两个概念或标准，也就是说，公共产品具有很强的非排他性和非竞争性。纯粹的公共产品因边际消费者的边际成本为零，且排除任何人享受某种公共产品在技术上的不可行或成本的高昂，因此，政府应利用其公众委托的权力向社会提供这些公共产品，如通过政府投资向公众提供防务、公共设施等。市场中还有多种竞争程度介于公共产品和竞争性产品之间的准公共产品，这部分产品中的一部分通常由政府投资提供，或由政府投资与私人共

---

① 外部性问题：是某个经济主体对另一个经济主体产生一种外部影响，而这种外部影响又不能通过市场价格进行买卖。

同投资提供。

一般来说，如果竞争受到限制、存在外部性、涉及公共产品、市场欠缺，以及信息受到限制，资源就没有达到有效配置。即使整个经济处于完全竞争状态，只要存在外部性、涉及公共产品，那么整个经济的资源配置就不能达到帕累托最优，就需要政府在资源配置中发挥作用。因此，从根本上说，政府或财政的资源配置职能是为应对市场失灵而产生的。由于市场的资源配置功能不全，不能有效提供全社会所需要的公共产品和非经营性资源，因而就需要政府利用其权威来对资源配置加以调节和管理，使社会资源和要素依循有利于提高效率的方向重新组合，非经营性资源配置问题的研究也就成为必然。

五、发展经济学对政府在非经营性资源配置中作用的论述

（一）20世纪50—70年代第一代发展经济学家主张政府通过计划和规划主导资源配置

这一时期的发展经济学家们认为，发展中国家没有可靠的市场价格体系，企业家有限，需要进行大的变革，而国家是变革的主要行为主体。

20世纪50年代，发展经济学家对政府和计划较为推崇，而对市场价格体系较为排斥。他们主张发展中国家的政府应该促进资本积累，利用剩余劳动储备，实施进口替代以放松外汇管制，通过规划和计划协调资源配置来完成经济的结构性转换和实现经济增长。例如，1952年威廉·阿瑟·刘易斯（William Arthur Lewis）对这一时期发展中国家的经济发展实践所给出的建议——落后国家政府要做的如建立产业中心、农业革命，严格地管理外汇，以及制定非经营性资源配置和经济立法等工作，在发达国家可以通过企业家去完成，而在发展中国家，政府要做的工作太多。属于上述主张的模型还包括华尔特·惠特曼·罗斯托（Walt Whitman Rostow）的"增长的阶段"、罗格纳·纳克斯（Ragnar Nurkse）的"平衡的增长"、保罗·罗森斯坦-罗丹（Paul Rosenstein-Rodan）的"大推动"理论、刘易斯的劳动无限供给和二元部门模型等，其核心都是资本积累。他们认为，资本积累才能保障国内生产总值（GDP）的增长，才能保障在人口不断增长的前提下实现人均收入的增长，从而达到发展的目的。他们中的结

构主义者更是强调刚性、滞后、短缺与剩余、供给和需求缺乏弹性、结构性通胀和出口悲观论，对市场价格体系进行批判，主张政府应更多地通过计划、规划等手段介入资源配置。

20世纪60年代，发展经济学家开始关注人力资本，认识到人对发展起着决定性作用，具备一定知识、拥有良好健康状态和技能的人力资本，可以促进全要素生产率的提高。

尽管发展经济学家们对自己的理论持乐观态度，但在这些理论指导下的许多发展中国家大规模贫困、失业与就业不足等问题依然存在，绝对贫困和收入分配不平等情形仍在增加。为了解释这些现象，许多人开始指责政策导致的扭曲和公共政策导致的非市场失效、忽视农业、国有企业的效率低下、进口替代政策的负面影响和国际收支逆差。

20世纪60年代末至70年代初，产业规划和综合计划的缺陷变得更加突出，此时的批判指向计划的缺陷、不充分信息、意外的国内经济活动失序、制度缺陷和公共政策系统的缺点等政府失灵。

（二）20世纪80年代以来第二代新古典主义发展经济学家主张政府在弥补市场失灵和新市场失灵领域发挥有效作用

20世纪80年代以来的第二代发展经济学家，将发展经济学作为新古典主义经济学基本原理之上的应用性学科，从第一代发展经济学家们高度概括的宏大模型转向分解型的基于生产单位和家庭的微观研究。他们强调人力资本，认为技术进步是资本积累的索洛模型①的补充，并对解释国家在发展上的差异性给予更多的关注。

目前，关于政府和市场的关系，发展经济学家们认为政府和市场并不是可供选择的资源配置机制，政府是构成经济体制的必要因素，它的作用在于有时可以替代其他制度因素，有时则是其他制度因素的补充。在政府发挥作用的领域，他们认为政府去做它能做得最好的事，伴随的挑战是如何以最小的代价获取政府行动的好处；政府在处理新市场失灵（不完全信息和高成本、不完备市场、动荡的外部性、规模收益递增、多重均衡和路

---

① 索洛模型描述了一个完全竞争的经济、资本和劳动投入的增长引起产出的增长。这一生产函数与储蓄率不变、人口增长率不变、技术进步不变的假设结合，形成了一个完整的一般动态均衡模型。索洛模型强调资源的稀缺性，强调单纯物质资本积累带来的增长极限，在人口增长率不变和技术进步不变条件下的稳态零增长正是这一思想的体现。

径依赖性、交易成本等)、提供公共产品、减少贫困和改善收入分配、提供社会基础设施、保护环境等方面，具有广泛的功能。

六、制度经济学"交易成本"在资源配置中的作用

20世纪60年代之前，经济理论界基本上因袭庇古的传统，认为在处理外部性过程中应该引入政府干预的力量，对外部性产生者或课税或给予补贴。这一传统被美国经济学家、1991年诺贝尔经济学奖得主罗纳德·哈里·科斯（Ronald Harry Coase）于1960年发表的论文《社会成本问题》所打破。科斯提出了被乔治·约瑟夫·斯蒂格勒（George Joseph Stigler）命名和形式化的著名的"科斯定理"，其含义是产权的界定是市场交易的必要前提。科斯认为：①如果产权被明晰地界定，且所有的交易成本为零，那么，资源的利用效率与谁拥有产权无关；②如果产权能被清晰地界定且交易成本为零，那么，帕累托最优条件（或经济效率）将能够实现。由科斯定理不难推断，在解决外部性时可以用市场交易形式替代法律程序以及其他政府管制手段。尽管科斯定理有一些局限性，但总的说来，它主张利用明确的产权关系来提高经济效益，解决外部性给资源最优配置造成的困难，尤其是解决公共资源配置中出现的严重外部性问题，具有不可低估的重要意义。科斯在他的《社会成本问题》中指出，在交易费用为正的情况下，一种制度安排与另一种制度安排的资源配置效率是不同的。这个结论被道格拉斯·诺思（Douglass C. North）教授更为简洁地概括为，当交易费用为正时，制度是重要的。这句话体现了制度经济学的基本观念：制度结构和制度变迁是影响经济效率及经济发展的重要因素。①

七、资源生成理论与非经营性资源

（一）资源生成理论的内涵

资源生成理论由陈云贤于2019年9月在《中观经济学》（第二版）中提出。按照书中的定义，所谓资源生成理论是指由政府投资开发生成的资源，既可以由政府继续经营，也可以选择由市场进行经营，这类资源可

---

① 参见［美］诺思著《制度、制度变迁与经济绩效》，杭行译，韦森译审，格致出版社2014年版，第10页。

以被称为"生成性资源",除了以基础设施投资开发为主题的城市经济之外,还有今后亟待开发的深海经济、太空经济、极地经济等,都需要政府的先行介入,才可能成为一个繁荣的经济市场。

这一理论的提出进一步扩展和细化了政府可以进行资源配置的领域。区域政府所掌握的这部分"稀缺资源"可在政府投资下创造性地形成一种新型的可供市场配置的资源,这种由政府投资开发而形成的新型资源开拓了一个相当于政府创造的新的市场。这种资源既不同于市场可以直接开发利用的纯商业的稀缺资源(经营性资源),也不同于由政府提供资源配置的社会性资源(非经营性资源),而是介于非经营性资源和可经营性资源之间的准经营性资源,即由政府投资开发生成的资源。

(二)资源生成理论与非经营性资源

资源生成具备动态性、经济性和生产性三个特点。资源生成的动态性体现为这类资源在非经营性资源和可经营性资源之间的过渡性,其可以通过政府投资开发而由原来的非经营性资源变为准经营性资源。这个时候,政府可以选择继续经营,也可以将其交给市场作为可经营性资源来配置。然后,随着政府投资开发的不断进行,生成性资源也在不断增多,这意味着为市场提供更多的可经营性资源的可能。所以,资源生成是一个动态的过程。生成性资源是各类市场主体投资的产物,其可以作为准经营性资源进行新的资源配置,所以具备经济性。而且,资源生成的过程实质上是一个新市场的缔造过程,可以创造出更多、更新的价值,所以也具备非常大的生产性。

❋ 本章小结 ❋

社会民生就是把保障和改善中低收入社会成员的生存发展条件作为主线贯穿于生产、分配、消费等经济运行的全过程,通过理顺劳动力、土地、资本等生产要素的比价关系,实现资源合理配置,提高社会整体经济效率,提升社会总福利水平的经济发展模式。发展社会民生,也是追求效率和公平的统一。民生问题,简单地说,就是与百姓生活密切相关的问题,主要表现在吃穿住行、养老就医、子女教育等生活必需条件上面。民生问题也是公众最关心、最直接、最现实的利益问题。教育、就业、收入分配和社会保障这四大问题都是民生的基本问题。

基本社会民生问题必须由政府来解决,其中包括收入差距问题,仅依靠市场机制无法解决整个社会对公平与效率的均衡判断,无法解决个人价值与社会价值取向的矛盾。此外,还有一些基础科学的发展、基础设施的投资建设等,虽然外部效应较大,并且社会效益巨大,但因其具有一定的公共产品属性,导致市场的激励作用不够充分,若完全依赖市场则难以实现有效供应。民生关注公平和未来长远发展的基础,所以政府必须兼顾公平和效率,把民生建设的责任担起来。

与社会民生相对应的资源,在市场经济中称为非经营性资源,它以各区域社会公益、公共产品为主。政府对非经营性资源的政策配套应该沿着"基本托底、公平公正、有效提升"的配置原则来制定。分配社会资源、规范社会行为、解决社会问题、促进社会发展是政策配套的主要目的。中国共产党十六届三中全会提出了"坚持以人为本,树立全面、协调、可持续的发展观,促进经济社会和人的全面发展"的科学发展观,通过实施科教兴国战略、人才强国战略、可持续发展战略,着力把握发展规律、创新发展理念、转变发展方式、破解发展难题,提高发展质量和效益,实现又好又快发展,为发展中国特色社会主义打下坚实基础。

思考讨论题

1. 非经营性资源的内涵是什么?
2. 社会民生包括哪些内容?
3. 如何理解非经营性资源与社会民生的关系?
4. 非经营性资源与市场失灵理论有何关联?
5. 资源生成理论与社会民生之间有何关联?
6. 阅读以下材料并思考:中观经济学视角下的区域政府角色是什么?如何理解区域管理超前引领这一理论?

政府超前引领有利于可持续发展

党的十八届三中全会指出,科学的宏观调控,有效的政府治理,是发挥社会主义市场经济体制优势的内在要求。必须切实转变政府职能,深化行政体制改革,创新行政管理方式,增强政府公信力和执行力,建设法治

政府和服务型政府。

"政府要实现超前引领,即让企业做企业该做的事,让政府做企业做不了和做不好的事。二者都不能空位、虚位。"广东省政府党组成员、北京大学客座教授陈云贤博士在接受南方日报专访时表示,政府的超前引领作用,就是政府遵循市场规则、依靠市场力量,发挥对产业经济的导向、调节、预警作用,对城市经济的调配、参与、维序作用,对民生经济的保障、托底、提升作用,有效推动供给侧或需求侧结构性改革,形成经济增长领先优势和科学可持续发展。

陈云贤介绍,他从2004年开始研究区域政府超前引领的经济学理论,并大胆提出了区域政府也是市场竞争主体的理论。陈云贤和邱建伟合著的《论政府超前引领》2013年在北京大学出版社出版。该书从区域政府三大职能、区域配置三类资源、区域管理双重角色、区域发展超前引领等几个方面进行了论述。日前,全球知名的学术出版社劳特利奇出版社出版了《论政府超前引领》的英文版。

谈区域政府职能经济发展、城市建设和社会民生

南方日报:政府要实现超前引领,首先要对其职能进行准确定位,请问区域政府应当具备哪些主要职能?

陈云贤:综观世界各国政府,稳定、发展、对突发事件的处置,是其三大任务。

综览各国区域政府,经济发展、城市建设、社会民生,是其三大职能。中国的改革开放,区域政府在其中做出努力的探索,发挥出积极的作用。

关于经济发展。早在2005年,广东顺德政府结合实际,科学提出并实施"三三三"产业发展战略——引导和扶持第一、第二、第三产业协调发展;在每一个产业中,引导和扶持三个以上的支柱行业;在每一个行业中,引导和扶持三个以上的龙头企业;完善产业链,形成产业集群,促进可持续发展。

西方发达国家也在加大措施引导、促进和调节经济产业发展。美国NNMI计划(National Networks of Manufacturing Innovation),即美国制造业

创新网络建设,就是美国实施其"再工业化"战略的重要举措之一。

关于城市建设。面对土地供需矛盾凸显,佛山市政府在实践中不断摸索,于2007年和2009年连续出台有关"三旧"改造文件。"政府推动、市场运作、企业参与"的城乡"三旧"改造,迅速改善了区域建设面貌,大大提升了土地使用效率,同时促进了土地利用结构和产业结构的调整与完善,被广东和国家推广为"佛山经验"。

关于社会民生。广东省政府提出2017年十件民生实事,可谓件件具体,事事落实。

谈区域配置资源
不同资源配置需要灵活运用政策

南方日报:政府要面对和处理的资源有多种,应该如何区分对待呢?

陈云贤:21世纪是经济发展、城市建设、社会民生同生同长、协同繁荣的世纪。政府三大职能的发挥,实践中表现为对区域资源的一种调配、一种管理、一种政策。

与经济发展相对应的资源——在市场经济中称为可经营性资源。世界各国政府机构有同有异,但对此类资源调配政策原则主要是"搞活"——规划、引导,扶持、调节,监督、管理。这点理论认识已很明白。

与社会民生相对应的资源——在市场经济中称为非经营性资源。它以各区域社会公益、公共产品为主。世界各国此类管理形同名异,但对此类资源调配政策原则主要是——社会保障、基本托底;公正公平,有效提升。这点实践认识也很一致。

与城市建设相对应的资源——在市场经济中称为准经营性资源。它以各区域城市资源为主。其主要为用于保证国家或区域社会经济活动正常进行的公共服务系统和为社会生产、居民生活提供公共服务的软硬件基础设施。我们之所以称这类资源为准经营性资源,是因为这一部分在西方经济学中还是"模糊板块",在传统经济学中归类为政府与企业的"交叉领域"——既可由企业来承担,也可由政府来完成。

理论和实践告诉我们:一、对于可经营性资源,应发挥、遵循市场配置资源的规则,尽可能地通过市场化手段、措施和方法,把其交给企业、交给社会、交给国内外各类投资者，政府按"规划、引导，扶持、调节，监督、管理"原则配套政策；二、对于非经营性资源，即在企业达不到的领域，政府应责无旁贷地、全面地、确保基本保障地承担起此类资源的调配、管理和发展事务，按照"公平公正、基本托底、有效提升"的原则配套政策；三、对于准经营性资源，我们则应根据区域发展、财政状况、资金流量、企业需求和社会民众的接受程度与承受力等因素，来确定其是按可经营性资源来开发调配，还是按公益性事业来运行管理。

谈区域政府角色
"双重角色"辩证统一

南方日报：面对三大职能和几种不同资源，区域政府应当扮演怎样的角色？

陈云贤：从经济学的角度看，三大职能就是各政府对本区域经济三类事务的一种管理或制度安排，或对本区域经济三类资源的一种调配或优化，并配套相关政策，以求用最小成本获取最好经济发展和最佳社会稳定，使广大民众安居乐业。

首先，区域政府存在"准企业"或"准微观"角色。区域政府对可经营性资源配置的规划、引导、扶持和对准经营性资源配置的参与、竞争，使其成为本区域社会非政府主体的集中代理，并通过理念创新、制度创新、组织创新和技术创新等方式，与其他区域展开竞争，以获取本区域经济利益最大化。此时，区域政府扮演着"准企业""准微观"的角色。

其次，区域政府存在"准国家"或"准宏观"角色。区域政府对可经营性资源配置的调节、监督、管理和对非经营性资源配置的基本托底、公平公正、有效提升，使其成为本区域社会国家政府的集中代理，并通过规划、投资、消费和价格、税收、利率、汇率、法律等手段调控经济和通过社会基本保障、公共服务等方式促进稳定。此时，区域政府扮演着"准国家""准宏观"的角色。

再次，区域政府"双重角色"是辩证统一的。区域政府，其"双重角色"有其内在自身属性——一是制度供给，包括政策供给和法规供给等，以保障各类公共产品和服务的公平公正有效实施；一是经济调节，包括经济发展和城市建设等，以引导产业升级城市转型，以促进经济社会协调可持续发展。二者辩证统一。

谈区域管理超前引领
与凯恩斯主义存在本质区别

南方日报：请问区域政府超前引领理论有何创新之处？与传统的经济学理论有何不同？

陈云贤：区域政府肩负三大职能，调配三类资源，发挥双重作用，其理念的超前引领、制度的超前引领、组织的超前引领和技术的超前引领，至关重要。

超前引领与凯恩斯主义存在本质区别。新古典经济学的最主要特征是：政府干预，侧重需求；超前引领与古典、新古典经济学的联系与区别是：政府引领（干预）＋侧重供给＝市场决定资源配置，政府发挥引导、调节、监督作用，政府超前引领作用于经济活动全方位全过程。

超前引领实现了五大观点突破与中观经济学形成。通过对区域政府经济活动的分析，重新定位区域政府职能，经济学分类区域资源配置，研究区域政府在微观和宏观层面的双重角色与特殊作用，它将书写出现代市场经济理论和创建出现代经济学新体系。其蕴含着五大理论创新——政府"超前引领"理论、区域政府"双重角色"理论、市场竞争"双重主体"理论、成熟市场经济"双强机制"理论（即"有为政府"＋"有效市场"＝成熟市场经济）、中观经济学体系确立与发展。中观经济着眼点在区域政府、区域资源配置、区域竞争力、区域可持续发展。它的运行形成中观经济学，其与微观经济学、宏观经济学一起，共同构筑起现代经济学的完整体系，引领着世界各国经济实践和理论的提升与发展。

（资料来源：《南方日报》2017年8月16日，中国青年网，http：//news.youth.cn/jsxw/201708/t20170816_10525212.htm，有修改。）

第二章　非经营性资源的配置模式

本章共分为三节。第一节分别对政府配置非经营性资源模式、市场配置非经营性资源模式、非营利性组织配置非经营性资源模式、PPP配置非经营性资源模式进行了阐述。第二节对中国社会主义实践中的非经营性资源配置模式的历史沿革做了介绍，包括新民主主义社会向社会主义过渡时期的非经营性资源的混合式配置阶段、社会主义探索时期的资源有计划式配置阶段、资源的有计划市场配置阶段、有效市场与有为政府共同发挥资源配置作用的时期。第三节对非经营性资源市场化配置及监管模式做了探讨，包括非经营性资源市场化配置的理论基础和风险分析、中国非经营性资源市场化配置监管模式及存在的问题、非经营性资源市场化配置监管模式的选择和制度完善、非经营性资源市场化配置的路径选择。

第一节　四种非经营性资源的配置模式

非经营性资源配置方式的实质是对政府和市场之间的关系的不同论述。政府与市场的关系的不同解读形成了不同的非经营性资源的配置方式。

一、政府配置非经营性资源模式

从古典经济学视角来看，市场是配置资源的最佳方式，拥有最高的配置效率，政府在配置资源上必须受到市场的限制与约束，其职能的合理性仅限于弥补市场失灵。而非经营性资源具有非竞争性和非排他性，且又涉及国计民生问题，从亚当·斯密（Adam Smith）到保罗·萨缪尔森（Paul A. Samuelson），经济学家们普遍认为市场无法有效对非经营性资源进行配置，而政府是非经营性资源天然的、唯一的配置者，且主要从民生等公共支出和税收角度研究非经营性资源配置问题。1954年萨缪尔森发表的《公共支出的纯理论》揭示了非经营性资源与市场机制之间的矛盾，以及非经营性资源的特征，为人们从资源属性角度判断非经营性资源的公共性提供了依据。政府如何有效配置非经营性资源、处理好公平和效率的关系、稳定宏观经济都是政府配置非经营性资源需要着重考虑的问题。

非经营性资源的非排他性容易造成在使用时不可避免的"搭便车"问题，如果交给市场配置，会导致非经营性资源配置的减少，因此，非经营性资源应由政府配置。总的来说，政府配置非经营性资源是出于宏观资源配置效率较优的角度，即解决市场失效问题，非经营性资源的配置也要由公共税收来承担。因此，非经营性资源配置主要在西方财政学的经济学框架内进行研究，是公共经济学的重要内容。

在这方面比较著名的案例就是"灯塔效应"——在海上航行的船只都离不开灯塔的指引，但很多船长都不愿意为了自己的航行而去修建一个所有船只共用的灯塔。因为消费者都不愿意一个人支付公共商品的费用而让别人都来消费，这不符合市场等价交换的原则。所以，这类非经营性资源的配置必须由政府来进行。

一些经济学家像约翰·斯图亚特·穆勒（John Stuart Mill）、亨利·西奇威克（Henry Sidgwick）、庇古认为灯塔应该由政府来提供，收费困难使得私人建造灯塔不可能赢利。但是，他们之间也有一定的分歧，穆勒、西奇威克、庇古三人认为如果能够合理解决灯塔收费困难的问题，他们也不反对由私人经营灯塔。而萨缪尔森的观点不同，他认为即便解决了灯塔收费难的问题，但出于资源最优配置的原则，灯塔由政府提供依然是最佳选择，因为即使灯塔管理者可以通过雷达跟踪向每一个附近的使用者收费，然而这一事实本身并不能保证灯塔服务能像根据市场价格而提供的私有物品那样，以社会最优的方式提供出来，因为容许更多的船只使用灯塔的社会成本是零附加成本。因此，由于避免付费而远离灯塔水域的任何船只代表着社会的经济损失——即使向所有船只收费，其价格的总和也并不会大于灯塔的长期开支。如果灯塔从社会的观点看来是值得建造和维修的——它不一定是应该的——较为高深的著作能够说明为什么这种社会的物品应该以最优的方式给予一切人。这段话可以解释为，如果一条船经过该海域使用的成本为X，另增加一条船驶过时，灯塔产生的成本仍为X，边际成本并未因船只数量的增多而有所增加。如果要向船只收费，某些船只就会绕道前行，但这样一来，有资源给你用，你不用，这也是一种资源的浪费、社会的经济损失。因此，要求船只付费不是一种最优的灯塔提供方式，由政府来免费提供才是。①

从萨缪尔森等人的"灯塔"资源配置论述中可以看到，非经营性资源的配置主体应为政府。

二、市场配置非经营性资源模式

随着实践的推移，现实中出现了政府提供非经营性资源存在的种种弊端。从经验上看，由政府提供公共产品容易导致两方面的问题："垄断提供的无效率"和"供给能力不足"。公共产品的无效率现象在主观上源于政府部门的官僚主义行为，即政府在提供公共产品的过程中会产生质量低下、行动迟缓、效率低迷和态度恶劣等现象。美国经济学家戴维·奥斯本（David Osborne）认为，20世纪30年代和40年代设计的官僚体系，中央集权、层次繁多，在变化迅速、信息丰富、知识密集的90年代已不能有效运转了，在人们的印象中，政府部门几乎成为行动迟缓、效率低下、刻板以及无人情味的代名词。② 在这种状态下，政府无法有效地进行非经济性资源配置。配置能力不足主要源于现代政治结构设计的特点和政府自身财政资源的有限。现代政治设计使得减税和增加公共产品的供给成为政治生活的常态，二者的矛盾导致政府财政困境日益加剧，政府配置非经营性资源的能力日益受到限制。在时代背景方面，随着后工业社会的来临，社会变得高度复杂和不确定，人们对公共产品的需求增加，政府作为公共产品单一提供者的角色受到挑战，如低效率、短缺和质量低下等，很多经济学家又重新思考政府配置非经营性资源的效率问题以及市场配置非经营性资源的可能性。其中以科斯的《经济学中的灯塔》的论述最有代表性。③

科斯通过翻阅灯塔建造史，发现早期的灯塔居然大多数都是由私人修建的。他在《经济学中的灯塔》一文中对灯塔的财政和管理做了广泛深入

---

① 参见［美］丹尼尔·施普尔伯编《经济学的著名寓言：市场失灵的神话》，罗君丽等译，广西师范大学出版社2018年版，第44～98页。

② 参见［美］戴维·奥斯本、［美］特德·盖布勒著《改革政府：企业家精神如何改革着公共部门》，周敦仁等译，上海译文出版社2013年版。

③ 参见［美］丹尼尔·施普尔伯编《经济学的著名寓言：市场失灵的神话》，罗君丽等译，广西师范大学出版社2018年版，第44～98页。

的探讨,把灯塔制度的演变梳理为以下几个阶段。

17世纪之前,英国沿岸几乎没有灯塔,用来导航的只是各式各样的航标,包括教堂和尖塔、房屋和树丛、浮标和信标等。为了航海安全,船主们请求政府多建一些灯塔,但是被当时负责海洋业务的领港公会以经费不足为由拒绝,于是船主和货运主们向英国国王请愿,声称自己将从灯塔获得极大的好处,愿意为此缴纳税费,希望国王允许他们修建灯塔。请愿得到了批准,从1610年到1675年,船主们共建造了10座灯塔。而领港公会没有建成任何灯塔。

随着蒸汽时代的来临,航海大潮兴起,私人建造灯塔的热情愈加高涨。到了1820年,英国总共有46个灯塔,其中34个由私人建造。但是1836年,政府却又通过法案,决定逐步收购私营灯塔。但原因并非私营灯塔不赚钱,需要政府解决困境,正相反,这时候的灯塔不仅不亏,而且灯塔价格高得惊人,其中最贵的是Skerries灯塔,价码竟高达445000英镑,加上航船数量爆发式增加,经营灯塔的私人企业收入非常丰厚。所以,此时代表政府的领港公会开始逐渐收购私人灯塔的用意主要在于增加政府收入。领港公会提出的集中管理理由包括:灯塔交给市场管理容易导致秩序紊乱;灯塔对海军和商业至关重要,由私人管理不合适;灯塔由私人来建,往往是在海难事故发生之后才建,且速度慢;征税较高,不利于航运业的发展。但是,政府收购灯塔的事实表明,集中管理也并没有降低灯塔税。

现有的格局基本上是1898年形成的。领港公会负责灯塔的建造和维修、灯塔税的缴纳和报表管理,港口的税务局负责具体的征税,商业部负责管理船员缴纳的灯塔税。灯塔税属于通用灯塔基金,从该基金中划拨领港公会的开支,同时,由商业部决定灯塔税的标准,其税收收入维持支出。还有一个民主协商性质的机构——灯塔咨询委员会,相关利害主体可以献计献策。1898年英国的《商业船运法》对收费的办法做了详细规定,按吨位,分内航、外航和航次等,还规定了不收费的情况等。

从灯塔制度的演进历史中不难发现,灯塔虽然是非经营性资源,但并非只能由政府提供服务。科斯在他的另一篇文章《社会成本问题》中又讲到一个典型的例子:某工厂的烟尘给邻近的财产所有者带来有害影响,以庇古为代表的一些经济学家提出的解决方案是要求工厂主对烟尘所引起的损害负责赔偿,或者根据工厂排出烟尘的不同容量及其所致损害的相应金额标准对工厂主征税,或者最终责令该厂迁出居民区。与这种单向性思维(指的是由于工厂甲的烟尘给附近居民乙带来的损害,因此就只考虑如何去制止甲)不同,科斯则考虑到该问题具有相互性,即避免对乙的损害也将会使甲遭受损害,必须解决的真正问题是:是允许甲损害乙,还是允许乙损害甲?关键在于两种损害之间的一个比较权衡。科斯的这种思维上升到哲学的高度,可以称为"改良主义哲学"。科斯的改良主义哲学是最简单实用的哲学,因为它不受固有理论框架的束缚,该发挥市场作用的时候就发挥市场的作用,该运用政府的手段的时候就运用政府的手段。

科斯理论的本质是产权理论,灯塔之所以可以由私人配置且不存在配置不充分的情况,是因为产权的明晰性,而政府的作用仅限于产权的确定和提供形式规则的确立,也就是,在产权明晰的情况下,非经营性资源是可以由私人提供的。

以此为开端,市场配置非经营性资源问题研究受到重视。肯尼思·戈尔丁(Kenneth D. Goldin)对萨缪尔森的非经营性资源的判断准则进行了挑战,他认为,产品和服务是否为非经营性资源取决于产品和服务的配置方式是平等消费还是选择性消费,也就是非经营性资源可以分为平等消费和选择性消费,前者为不付费消费,后者则为付费消费。[1] 戈尔丁认为,选择性消费的非经营性资源是可以由私人提供的。哈罗德·德姆塞茨(Harold Demsetz)认为只要非经营性资源可以收费,那么市场也可以配置非经营性资源。[2] 史密兹(Schmidtz)认为市场可以通过订立契约,根据一致性原则来配置非经营性资源,从而解决"搭便车"问题。

近年来,市场配置非经营性资源问题的研究又有了新的进展,主要是因为一些学者认为政府失灵,如低效、腐败等侵占了大量公共资源,只有私有化才能彻底解决这些问题。[3] Niskanen 认为,官僚追求政府预算最大化的经济行为,必然导致某些非经营性资源配置过度,高于其最佳水平。[4] 改革官僚政治,是提升非经营性资源配置的核心内容。应将官僚机构置于

---

[1] Goldin K D. "Equal Access VS Selective Access: A Critique of Public Goods Theory". *Public Choice*. 1979, 29 (spring).

[2] Demsetz H. "Information and Efficiency: Another Viewpoint". *Journal of Law and Economics*, Vol. 12, Apr, 1969, pp. 1–22.

[3] Krauze A. "Let the Public Sector Go Free". *New Statesman*. 2000 (129), p. 5.

[4] Niskanen W A. *Bureaucracy and Representative Government*. Chicago: Aldine-Atherton, 1971.

政府部门的控制之下，引进竞争机制，减少大多数政府部门拥有的垄断权，将政府的活动"外包"或在真正意义上全部转移给市场。①

事实上，纯粹的政府配置非经营性资源和纯粹的市场配置非经营性资源是非经营性资源配置的两个极端情况，现实生活中，非经营性资源配置呈现出多主体、多中心的混合配置模式，配置方式也表现出复杂多样性。从《中观经济学》（陈云贤、顾文静，2018）的观点来看，以上的资源配置实质上是对准经营性资源的描述。准经营性资源是主要为用于保证国家或区域社会经济活动正常进行的非经营性资源配置系统，以及为社会生产、居民生活提供非经营性资源配置的城市公用工程设施和公共生活服务设施等。之所以称这类资源为准经营性资源，是因为这一部分在西方经济学中还是"模糊板块"，在传统经济学中被归类为政府与市场的"交叉领域"——既可由市场来承担，也可由政府来完成的经济发展社会民生事业。在中国，政府对应此类资源的管理部门和组织机构等有：①国有资产、重大项目监督管理；②国土资源、环境保护、城乡建设；③人力资源、公共资源交易；④教育、科技、文化、卫生、体育、新闻出版、广播影视、研究院所；⑤农业、林业、水利、海洋渔业等。对于准经营性资源，应根据区域发展、财政状况、资金流量、市场需求和社会民众的接受程度与承受力等因素来确定其是按可经营性资源来开发配置还是按公益性事业来运行管理。

三、非营利性组织配置非经营性资源模式

从非经营性资源配置的实践历史上看，20世纪70年代，西方发达国家政府发现其作为非经营性资源唯一提供主体已经无法满足社会的需求，迫于各种压力，必须引入新的主体以弥补政府提供非经营性资源的不足，于是各种各样的非营利性组织开始成为非经营性资源配置的主体。

非营利组织是公民个人、社会团体和机构为公益或互益目标发起的，是具有一定治理结构的、独立运转的社会自治组织，因其以社会公益为目标，与公共部门具有价值取向上的相似性和功能上的互补性，通常被认为是独立于政府和市场的第三方力量，承担了政府部门不该做或做不好、私

---

① Tullock G. "Provision of Public Goods Through Privatization". *Kyklos*, 1996（49），pp. 221 - 224.

人部门不愿做或即使做也未必有效的社会事务。非经营性资源在市场失灵和政府配置不足的情况下，非营利性组织可能做得更好、更有效，而且可以大大降低政府的财政支出，在非经营性资源配置上实现公平与效率的最优结合，同时也在防范政府与私营部门对公众利益的侵害方面具有重大意义。①

（一）非营利性组织配置非经营性资源的理论依据②

非营利性组织配置非经营性资源的理论依据主要来源于新政治经济学。新政治经济学分别从政府失灵、非经营性资源特性、市场合约失灵和人们需求多样化角度对政府组织配置非经营性资源的必要性进行了理论分析。

第一，非营利性组织配置非经营性资源源自"政府失灵"。詹姆斯·麦吉尔·布坎南（James Mcgill Buchannan）在《公共选择理论》一书中指出，政府失灵是指源于政策配置的无效率、政府机构的低效和存在寻租等原因，从而导致政府干预失效。在公共领域，政治家和官员不是如传统政治理论所认为的是利他主义者，而是理性经济人，具有将自身利益最大化的倾向，他们会在制定政策和执行政策的过程中谋求个人和机构利益的最大化，忽视和损坏公共利益，从而导致政府失灵。政府失灵使公民的非经营性资源需求得不到满足。政府部门在配置非经营性资源中倾向于滥用资源，导致政府效率低下和"行政国家"的出现，因而政府的行为并不如凯恩斯理论所认为的那样有效。所以，必须采取宪政改革，限制国家的权力，具体措施包括打破政府对非经营性资源的垄断，建立非经营性资源配置的竞争机制，引入多中心的配置主体。在这个意义上，非营利性组织配置非经营性资源是以传统的配置主体失效为逻辑前提的，其内在的逻辑是：在政府作为单一主体配置非经营性资源的情况下，政府由于自身的"内在冲动"和"理性经济人"特质而产生了"目标置换"现象，在配置非经营性资源的过程中出现了为追求机构个人的目标而侵害公共利益的现

---

① Weisbrod B A, Dominguez N D. "Demand for Collective Goods in Private Nonprofit Markets: Can Fundraising Expenditures Help Overcome Free-Rider Behavior?". *Journal of Public Economics*, 1986, 30 (1), pp. 83 – 96.

② 参见马全中《非政府组织提供公共物品的正当性及其边界——基于新政治经济视角的考察》，载《天津行政学院学报》2012年6期，第76~81页。

象;为了避免这种现象,通过引入竞争机制,使政府和其他组织展开竞争,从而起到提高非经营性资源配置效率的目的;而非营利性组织由于具有与政府部门天然的相似性而成为配置非经营性资源的理想主体。这种论证的优点在于,它突出政府作为非经营性资源配置的单一主体的局限性,强调非经营性资源配置制度的局限,而将非营利性组织等视为克服政府失灵的制度设置。

从这种思路出发,非营利性组织参与非经营性资源配置源于传统配置主体的"失灵",且只有引入非营利性组织等多元化主体才能克服这种非经营性资源配置效率低下的状况。然而,政府配置非经营性资源的低效是否意味着政府完全退出非经营性资源配置呢?非营利性组织等主体配置就一定比政府机构高效吗?当非营利性组织等主体参与配置非经营性资源之后,政府是否就不承担责任呢?严格来说,答案是否定的。鉴于这种情况,有学者进一步认为,非经营性资源配置主体不能千篇一律,应视非经营性资源的性质和具体环境做出选择,视配置主体的组织特性而定。

第二,非营利性组织配置非经营性资源源于非经营性资源固有的"公地悲剧"特性。非经营性资源是属于所有人的物品,但是,"属于所有人的财产就是不属于任何人的财产",这句保守主义的格言在一定程度上是真实的。所有人都可以自由得到的财富将得不到任何人的珍惜,因此,非经营性资源容易形成"公地悲剧",即导致理性的个人过度开发和利用。①针对"公地悲剧"有两种现存的制度选择:一是视"利维坦"式的中央集权控制为唯一解决方案,即由政府垄断配置和管理非经营性资源;二是以私有化为最优解决方案,即在资源属于公共的地方,实行私有财产制度,强化和明晰产权。这两种对立的解决方案显然有将事情简单化处理的嫌疑。埃莉诺·奥斯特罗姆(Elinor Ostrom)认为,企业理论和国家理论都是从外部代理人的角度来解决非经营性资源的问题;但是,从博弈论的角度审视,在政府和市场之外还存在另外一种制度选择的可能性,即通过增加人们自主组织的可能性,增强公民的自主组织能力,即在没有外部强制的情况下通过自主组织解决非经营性资源的能力。自主组织形式由于不借助外力的协助,凭借人们的自主协商和互动,因而具有交易成本低、组

---

① Gordon H S. "The Economic Theory of a Common-Property Resource: The Fishery". *Journal of Political Economy*, 1954, 62 (2).

织成员间信任程度高、组织规范较容易得到执行、能够有效规避人们的机会主义行为等特点，是一种有效的非经营性资源配置制度安排。按照这种证明逻辑，作为一种自主组织形式，非营利性组织配置非经营性资源具有天然的优势，能够克服非经营性资源内在的困境。

然而，非营利性组织配置非经营性资源并不一定必然会产生理想的结果，正如政府和市场并不总是灵丹妙药一样。奥斯特罗姆认为，自主组织形式和自筹资金的合约实施不是灵丹妙药，理论模型在某些情况下是有效的，但未必适用于所有的场合，因此，自主组织配置非经营性资源也会受到具体情境的限制。在解决公共池塘①等非经营性资源问题上，需要区别长期影响使用非经营性资源时的行为和结果的三个层级的规则：操作规则、集体选择规则和宪法选择规则，同时注重非正式规则的影响。② 所以，从非经营性资源的特性出发只能得出非营利性组织参与配置的可能性，但并不能由此得出此种配置方式必然高效的结论。

第三，非营利性组织进行非经营性资源配置源于"合约失灵"。在政府之外，市场能否成为一个理想的配置主体呢？有些非经营性资源，市场可能会成为配置的主体，比如城市垃圾处理、城市照明设施的配置与维修，但有些非经营性资源特别是一些准非经营性资源无法由市场有效配置，因为市场配置会存在"合约失灵"现象。在通过市场配置非经营性资源时，营利的市场生产者一方总是拥有充分的产品信息，而消费者拥有的信息则相对匮乏，这种信息不对称的结果有可能导致非经营性资源配置者的机会主义行为，即通过降低非经营性资源的质量和数量而谋取自身利润的最大化，从而导致非经营性资源配置的"合约失灵"，市场机制存在缺陷而不能成为非经营性资源配置的最佳选择。在教育、养老服务等家庭照顾领域，"合约失灵"会更加突出，因为在这种情形下，消费者和购买者是分离的，购买者的信息更加缺乏。因此，在消费者无法准确评估服务的质量和数量时，便会转向其他选择，非营利性组织便成为一个理想的选项。与营利组织比较而言，由于非营利性组织具有利润不可分配的特点，

---

① 这里特指美国经济学家埃莉诺·奥斯特罗姆提出的"公共池塘资源理论"。她认为公共池塘资源制度是有"私有特征"的制度和有"公有特征"的制度的各种混合，这种混合制度能使人们在存在着"搭便车"和容易逃避责任的环境中取得富有成效的结果。

② 参见［美］埃莉诺·奥斯特罗姆著《公共事物的治理之道——集体行动制度的演进》，余逊达、陈旭东译，上海三联书店2000年版，第83～86页。

组织负责人通过降低产品质量和数量以利于个人的现象便较少发生，管理者也较少有动机去利用和欺骗消费者。① 非营利性组织在制度构成和组织特性上更值得信赖，更具有配置非经营性资源的正当性。

但是，这并不能构成非营利性组织配置非经营性资源的充分条件，因为基于同样的逻辑，政府也可以配置此类非经营性资源。所以，有学者分析了政府配置的约束条件，认为政府配置非经营性资源受到两个因素的制约：一是竞争的缺乏使政府效率低下，营利公司的绩效数据会令政府配置绩效黯然失色；二是因为政府经常配置具有政治敏感性的物品，而非营利性组织则在政府与潜在冲突决策之间配置一个缓冲带（比如教什么、配置多少医院护理费用等）②。非营利性组织使政府避免受到来自公民对于非经营性资源配置绩效不彰的直接政治压力，政府有支持非营利性组织配置非经营性资源的动力和激励。当然，有学者进一步指出，政府与非营利性组织都有一定的功能缺陷，二者之间的关系实际上是一种相互依存的关系，而且，随着政府开支的增加，非营利性组织会得到有力的支持。③ 照此推理，非营利性组织能弥补政府配置非经营性资源的不周延，政府能够克服非营利性组织的"志愿失灵"现象，二者合作配置非经营性资源是一种最佳的制度选择。

非营利性组织由于必须受到"非分配约束"，它不会为追求利润而降低品质，且第三部门配置非经营性资源，生产者的欺诈行为便会得到有效遏制。④ 第三部门已经成为与政府、市场相区别而又相互关联的主要经济、政治和社会力量，构成了当代社会"金三角结构"的主要支柱，成为维护社会公正的平衡器。⑤ 西方学者普遍认可第三部门在解决许多紧迫问题方面的四大职能，即价值（人的首创精神）的保卫者、快速反应的服务者、

---

① Hansmann H. "Economic Theories of Nonprofit Organizations". in Powell W W (ed.). *The Nonprofit Sector A Research Handbook*. New Haven: Yale University Press, 1987, p. 29.

② Krashinsky M. "Stakeholder Theories of the Non-profit Sector: One Cut at the Economic Literature". *Voluntas: International of Voluntary and Nonprofit Organizations*, 1997, 8 (2).

③ Salamon L M, Anheier H K. "Social Origins of Civil Society: Explaining the Nonprofit Sector Cross-Nationally". *Voluntas: International of Voluntary and Nonprofit Organizations*, 1998, 9 (3).

④ Hansmann H. "Economic Theories of Nonprofit Organizations". Powell W W (ed.). *The Nonprofit Sector A Research Handbook*. New Haven: Yale University Press, 1987, p. 30.

⑤ Samuelson P A. "The Pure Theory of Public Expenditure". *The Review of Economics and Statistics*, 1954, 36 (4).

决策过程的倡议者和参与者、社会资本的建设者。第三部门在配置非经营性资源时，能弥补市场和政府双重失灵，增强非经营性资源生产和资源配置的公开化，促进社会资源合理配置。

第四，非营利性组织配置非经营性资源源自人们需求的多样化。在现代社会，特别是后工业社会的背景下，人们对非经营性资源的需求是多样化的，而非经营性资源的配置又是不足的，导致非经营性资源配置与公民非经营性资源需求的矛盾日益突出。对于此现象，有学者从政治经济制度设计的角度进行了分析。伯顿·韦斯布罗德（Burton Weisbrod）等指出，现代政治制度的设计是选民通过投票选举出政治代理人，在这种制度下，非经营性资源的配置总是迎合中位选民的偏好，其他选民的需求并没有得到有效满足。① 为了满足自己的需求，人们便支持非营利性组织来满足自己日益多样化的需求。② 从表面上看，这种论证思路与第一种似有相同之处，所以莱斯特·萨拉蒙（Lester M. Salamon）也称之为非营利性组织发生学意义上的"政府失灵"理论，但实际上二者有很大的不同。因为人们的需求多样化是既定的现实，是后工业社会个人自我发展和自我实现的需要，而且，随着社会的发展，人们的社会文化需求将更加多样化；而代议制的政治设计必然导致非经营性资源配置的单一化，二者之间存在不可调和的矛盾。这种论证思路的不同之处在于，它将论证的焦点集中在公民对非经营性资源的主观需求上，即现代政治民主设计导致非经营性资源配置只能迎合部分选民的需求，而大多数选民多样化的需求是得不到满足的，非营利性组织就是人们为了满足自身的需求而产生的一种自主组织形式。人们通过非营利性组织来实现和表达自己的多样化需求。因此，非营利性组织的出现具有一定的必然性，是由人们需求的多样化和政府配置非经营性资源的单一化决定的，由非营利性组织配置非经营性资源具有天然的正当性和合理性。

按照韦斯布罗德等人的论证思路，可以得出推论：人口构成越多样化，非营利性组织的规模就越大。但是，跨国经验调查发现，虽然非营利

---

① Weisbrod B A, Dominguez N D. "Demand for Collective Goods in Private Nonprofit Markets: Can Fundraising Expenditures Help Overcome Free-Rider Behavior?". *Journal of Public Economics*, 1986, 30 (1), pp. 83 – 96.

② Kingma B R. "Public Good Theories of the Non-Profit Sector: Weisbord Revisited". *Voluntas: International of Voluntary and Nonprofit Organizations*, 1997, 8 (2).

性组织的规模与人口多样性有关，但这种关系无法得到量化数据的准确证明。而且，在教育领域，随着人口多样化的增加，教育类的非营利性组织却在显著减少。① 所以，人的需求多样化只是非营利性组织配置非经营性资源的一个前提条件，它并不必然导致非营利性组织的产生和配置非经营性资源。在非经营性资源配置的实践中，非营利性组织能否配置非经营性资源，与国家的政治、经济、文化和历史传统有很大的关系。非经营性资源的配置是个复杂的过程，它需要多个主体共同参与才行，所以，非营利性组织只是非经营性资源配置的主体之一，且非营利性组织配置非经营性资源也会受到一系列条件的限制，它的配置也是具有边界的，只有符合具体的情境，才能配置有效的服务。

（二）非营利性组织配置非经营性资源的实践优势

实践证明，非营利性组织因为独立于政府、私人企业之外，不以营利为目的，在福利、慈善、家庭护理、教育、环保等非经营性资源配置领域得到较大的社会信任，政府不仅可以把一些职能交给非营利性组织承担，向社会配置非经营性资源，而且可以由非营利组织承担公共事务管理。20世纪60年代后，西方国家出现了大量的非营利性组织，在80年代，非营利性组织与政府在医疗看护、教育和社会服务领域形成了合作关系，成为维护社会稳定、弥补政府与市场失灵的重要部门。②

非营利性组织在向社会配置非经营性资源时具有独特的优势。③ 一是创新优势。因非营利性组织的非营利、服务民众的本源，其组织结构充满创新的动力，易促成技术创新和制度创新。二是贴近基层、了解基层的优势。许多非营利性组织以社会弱势群体和边缘性社会群体为服务基点，坚持自助、互助、助人的原则和自主解决社会问题的精神，既没有市场机制的负面效应，又没有政府部门的官僚作风，易于增进人际间的和谐。三是灵活优势。非营利性组织在组织体系和运行方式上具有很大的弹性和适应

---

① Salamon L M, Anheier H K. "Social Origins of Civil Society: Explaining the Nonprofit Sector Cross-Nationally". *Voluntas*: *International of Voluntary and Nonprofit Organizations*, 1998, 9 (3).

② 参见［美］埃莉诺·奥斯特罗姆著《公共事物的治理之道——集体行动制度的演进》，余逊达、陈旭东译，上海三联书店2000年版。

③ 参见［美］希拉里·普特南著《事实与价值二分法的崩溃》，应奇译，东方出版社2006年版。

性，针对不同情况适时做出调整，特别是对社会基层反应迅速。四是效率优势。美国管理学家彼得·费迪南·德鲁克（Peter Ferdinand Drucker）曾经指出，非营利性组织的特点使它在一些功能上能够代替政府很快解决许多社会问题，同时，它的高效能可以减少政府赤字。在社会管理与发展的一些空白领域和政府管理的传统领域，非营利性组织比政府做得更好、更有效。

（三）非营利性组织配置非经营性资源的方式

一是独立配置非经营性资源。西方发达经济国家的许多非营利性组织在组织结构和运行模式上均具有相对独立性，通过自筹资金，依靠自身力量配置各种形式的非经营性资源。例如，加拿大的"食品银行"是一个民间志愿性救济互助组织，它的服务对象达到 200 万人，但其不接受政府资助，以保持社会服务性质。为了解决财务的可持续发展问题，近年来，一些非营利性组织逐渐实行用者付费制，对以前免费的项目直接向受益人收取部分或全部服务费，仍然保持着非营利性组织的独立性。

二是与公共部门合作配置非经营性资源。①非经营性资源配置社区化。政府为了压缩公共管理链条，有意识地将社区服务让位于非营利性组织，如将一些社会保障项目交给志愿组织、工人合作社和其他社会团体承担。这种合作基于互信的基础，没有法律文本的约束，但有非正式的约定与承诺。②承包配置。对于某些非经营性资源配置项目，政府确定非经营性资源配置的数量和质量标准，通过委托的方式与非营利性组织签订合约，为享受福利的人群配置非经营性资源。如美国卫生和人类服务部与蓝十字蓝盾医保组织签订合同，将数百万老人的医疗保健事务委托给后者管理，取得了比较好的社会效益。③与公共部门建立伙伴关系。即政府以付费、资助或特许的方式购买或支持非营利性组织配置非经营性资源，这种模式不仅带来公共资金与非营利性组织资金的融合，也促成彼此管理的合作，结成合作伙伴关系。

三是与市场合作配置非经营性资源。①公益推广活动。非营利性组织与营利性企业建立合作关系，共同推动公益事业的发展。通常的表现形式是公益推广与市场交易相联系，作为回馈，营利性公司将销售收入的一定比例以现金、食物或设备的形式捐赠给非营利性组织。②共同主题营销战略。非营利性组织与私人企业达成协议，通过营销战略如分发企业产品和宣传资料及做广告等方式，共同解决某个突出的社会问题。③许可证战略。非营利性组织利用其名称和商标等无形资产获取经营收益，如许可企业使用其名称或标志以收取一定的费用或提取部分经营收入。非营利性组织的社会公众形象为企业带来了收益，同时也进一步提升其知名度。

（四）非营利性组织配置非经营性资源的不足

非营利性组织配置非经营性资源常常会偏离志愿机制，表现为"志愿失灵"，如慈善资金不足、慈善活动的狭隘性等。以往人们总是将志愿机制理解为政府和市场失灵后的替代性制度。事实上，在配置非经营性资源方面，非营利性组织起到填补市场和政府失灵的空白地带的作用，更多时候它必须依靠政府才能发挥其应有的功能。Gidron，Kramar 和 Salamon 将非营利性组织与政府之间的关系概括为三个方面：对抗、补充和合作互补。① 对抗并非二者关系完全对立，是指在政府管理面临改革时期，非营利性组织代表公众利益，在资金筹措和服务配置方面起支配作用，推动政府政策改进；在筹资和服务配置方面，政府和非营利性组织具有彼此独立的运行机制，政府不能配置的但市场又存在有效需求的，非营利性组织配置满足从而起到补充效果；合作互补关系被视为积聚两者优势解决复杂问题时的有效方式，突出表现为在配置非经营性资源时的分工与合作，如非营利性组织配置服务，而政府配置资助，或者政府给予充分的赋权和支持，采取特许经营、公私合营、贷款和贷款担保等形式与非营利性组织合作。

基于政府、市场、非营利性组织配置非经营性资源具有各自的特点与优势，在它们之间建立一种协调机制尤为重要。事实上，随着社会公众对非经营性资源需求的多样性、复合性的发展，非经营性资源配置模式也在不断地处于嬗变之中，非经营性资源的单一配置正被混合配置所取代，配置主体的单一性正朝着多主体、多中心方向发展。20 世纪 90 年代发展的政府和社会资本合作（Public Private Partnership，PPP）模式，逐渐被人们所重视并在非经营性资源配置方面发挥着重要作用。

---

① Gidron B，Kramer R，Salamon L M（eds.）. Government and the Third Sector. San Francisco：Jossey Bass Publishers，1992.

四、PPP 配置非经营性资源模式

20 世纪 90 年代初，市场经济国家掀起新公共管理改革浪潮，政府、市场、第三部门合作的非经营性资源配置模式受到社会的普遍欢迎并发挥着强大的管理效能，其中 PPP 模式被广为推崇且运行机制不断完善，在非经营性资源配置中的作用日益凸显。PPP 模式不仅仅是管理方式的变更，更在于管理理念的创新。传统公共管理运用"两分法"将政府与市场割裂，界定各自的职能范围，明确职责，毫无疑问，它有效防止了非经营性资源配置缺位问题。然而，无论市场还是政府，绝对的"自利"与"他利"的命题都难以成立，相反，"自利"与"他利"交织，政府与市场存在诸多合作、共生领域。因而，采用联合配置方式使非经营性资源能通过有助于私人价值实现的形式促使自己的生产得以顺利进行。① 萨瓦斯（Savas）认为，政府可以通过三个途径引导并促进私人部门进入非经营性资源配置领域，即委托、撤资及代替。而公共部门与私人部门合作伙伴关系的真正建立，给公共管理增添了无限魅力。② 政府摆脱非经营性资源生产和服务配置低效的缺陷，主要转变为服务需要者、服务标准制定者和有限管理者的角色，具有明显的公平与效率相结合的管理特色。

在 PPP 模式运营上，陈云贤认为，如果把某些非经营性资源放入市场体系中去配置、开发，就使得这些非经营性资源具备了准经营性资源的特性，区域政府则可主要通过资本市场融资方式去解决。③ 如发行债券或可转换债券、发行股票、设立项目基金或借助于海内外基金投资项目、以项目为实体买壳上市、项目资产证券化、项目并购组合，捆绑经营、租赁、抵押、置换、拍卖。区域政府也可以通过收费权、定价权等手段，运用 DBO（设计—建设—经营）、BOT（建设—经营—移交）、BOO（建设—经营—拥有）、BOOT（建设—经营—拥有—转让）、BLT（建设—租赁—转让）、BTO（建设—转让—经营）、TOT（转让—经营—移交）等方式实施特许经营权资本运营。区域政府还可根据各"准经营性资源"项目的不同

---

① Demsetz H. "The Private Production of Public Goods". *Journal of Law and Economics*, 1970(13).

② Savas E S. "Privatization". in *Encyclopedia of Government and Politics*, New York: Routledge, 1992.

③ 参见陈云贤、顾文静《中观经济学》（第二版），北京大学出版社 2019 年版，第 125 页。

特点和条件，采取不同资本运营方式，或交叉运用不同资本运营方式，如采用"3P"（Public + Private = Partner）方式做载体，运用 BOT 或 TOT 等特许经营权运营，在条件成熟时改组项目公司为上市公司，通过发行股票或债券进一步把资源项目做强做大，从而促进区域政府克服资金瓶颈制约，提升城市资源配置、开发、运营、管理科学可持续发展，达到运用有限的公共财政更有效地满足社会人民群众日益增长的公共产品、公益事业需求的目的。

显然，与前三种非经营性资源配置模式相比较，PPP 模式具有鲜明的特点。一是双主体、多主体配置。单主体配置不可避免导致"失灵"问题，且机制本身无法解决。从表面上看，PPP 模式是私人部门生产非经营性资源，政府支付产品和服务费用，是政府单一主体配置。实际上，它与政府采购有着本质的区别，它是公共部门、私人部门、第三部门通过签订长期合约的方式，公共资金、私人资本和社会资金相互融合以配置非经营性资源，因而，PPP 模式配置主体是多元化的。二是"政""企"分开，提升管理效率。在 PPP 合作框架下，公共部门既是项目的发起人和管理者，又是标准的制定者和产品服务的接受者，代表社会公众行使相应的管理职能。而私人部门拥有资本、技术和生产管理等要素，是生产和管理的专家。二者各尽所长，互惠互利。三是代理运行机制。PPP 项目公司通常不具备开发能力，在项目开发过程中，广泛运用各种代理关系，且这种代理关系在投标书和合同中就已经明确。四是效率与公平兼顾。非经营性资源的政府配置与私人配置均不同程度地存在公平与效率损失，而第三部门同样不能避免治理失效，唯有 PPP 模式能够有效地将效率与公平紧密结合。私人资本以利润为目标，会通过一切手段压缩生产成本，提高利润水平。在满足公共部门服务质量的前提下，既实现了企业自身利益最大化，又提高了公共资源的配置效率。作为博弈一方的政府处于交易中的强势地位，得到满意服务后才付费，维护了公众的公平利益。

自 PPP 模式推出以来，已经显示出很强的优越性。首先，因私人资本的加入，有力地促进了公共管理改革的步伐。巨大的市场潜力和稳定的投资收益，吸引各种来源的私人资本投资于基础设施等非经营性资源建设，既能发挥市场配置资源的基础性作用，同时又在政府管理控制之下，避免政府单独配置的低效和基础设施建设的无限扩张，促进公共管理改革。其次，减轻政府财政压力，提高公共支出效率。对政府而言，PPP 模式是

"花小钱,办大事"。公共部门根据私人部门配置的非经营性资源的数量与质量分阶段付费,既省却了政府一次性大额支出,又达到了直接投资的目的,有利于降低政府隐形债务风险。再次,有利于加强管理,控制成本,提高资源的配置效率。PPP项目能吸收先进的管理方法,降低成本,提升项目建设速度与质量。同时,项目管理方式能集中与项目有关的各方面专家,解决工程中出现的各种问题,提高管理效率。最后,设计理念超前和技术设备先进。PPP模式采用"一揽子"总承包方式,在严格的投标过程中,新颖、超前的设计是中标的前提,它不仅对整个项目建设起到推动作用,而且促进整体设计水平的提高。在项目实施过程中,为加速工程进度,提高工程质量,项目公司必然引进、研发、制造先进技术设备、仪器仪表等,推动技术进步。

第二节 中国社会主义实践中的非经营性资源配置模式历史沿革

自新中国成立后,政府和市场之间的关系在不同的社会经济发展时期表现出不同的形式与特点,因此,非经营性资源配置模式也随着对政府和市场之间关系的不同认识而变化。

一、新民主主义社会向社会主义过渡时期的非经营性资源的混合式配置阶段

从1949年10月新中国成立到1956年社会主义改造基本完成,这段时期是中国新民主主义社会向社会主义过渡并最终确立社会主义制度的时期,社会主义公有制正式建立,以私有产权为代表的私人部门也依然存在。由于连年战争导致工业体系薄弱、生产水平极为落后,恢复国民经济、巩固新生政权是新中国建设的首要问题。中国政府为了迅速恢复国民经济,稳定社会政治经济形势,在经济体制上建立了以国营经济为领导,合作社经济、公私合营经济、私人资本主义经济、个体经济等多种经济成分并存的体制。在资源配置上,经营性资源、非经营性资源等概念尚未明确,在各种资源配置上,都选择了混合型的配置方式,即以国营经济、合作社经济为代表的国家(计划)型配置,以私人资本主义经济、个体经济

为代表的市场型配置,以公私合营经济为代表的合作型配置三种配置手段混合搭配使用的配置方式。按照本书定义的非经营性资源,在这个时期也采取了以国营经济为代表的国家型配置和以国家资本主义经济为代表的市场型配置等多种手段,处于一种混合型配置的状态。从结果来看,混合型配置较为适合当时的历史发展条件,多种所有制主体对非经营性资源的混合配置使得国民经济得到了迅速恢复和发展,符合了生产力发展的客观规律。

从新中国成立到1956年社会主义改造完成是新民主主义向社会主义过渡的时期。这一时期,公与私的界限逐渐缩小,包括可经营性资源、非经营性资源和准经营性资源在内的一切资源的所有权逐渐集中到国家和集体手中,国家对公共资源的支配越来越强,市场越来越弱直至消失。这个时期大量的资源被收归国有,非经营性资源的范畴不断变大直至包括所有资源,市场配置的比例不断缩小,国家配置的比例不断增大,直至市场完全消失。

二、社会主义探索时期的资源计划式配置阶段

1956年至1978年,这一阶段中国的经济发展体制主要是沿袭"苏联模式",单一公有制的实现使得所有资源都成为非经营性资源,而计划成为配置非经营性资源的唯一方式。此时的"非经营性资源"是一个非常大的概念,几乎囊括中国所有的资源。

这个时期中国基本处于与西方经济、政治隔离的状态,要迅速建立庞大的工业体系和国防力量,所需要的资源消耗量、技术复杂性及协调难度等都远超出一般企业所能承受的范围。于是国家作为一个"巨型企业"成为经济活动中的主要角色,行政命令成为资源配置、生产活动的主要协调手段。这种资源配置方式具有极强的控制能力,可以节约大量的谈判、签约、履约等交易成本,短期内对于实现国家资源的快速积累非常有效,极大地加速了工业化进程,非常适应当时历史时期的经济建设要求。事实上,对于建立工业体系这样庞大的工程来讲,国家通过计划和指令来配置非经营性资源有其合理性。这种配置方式使得集中优势力量来攻克重点工程成为可能,为中国国防工业、钢铁工业及汽车制造业等重工业的发展打下了坚实基础。

当然,这种把所有资源都视为非经营性资源、由政府统一配置的经济

发展模式也带来了极大的弊端。首先，政府作为唯一的全部资源配置主体，没有办法掌握所有具体信息，对微观经济活动与复杂多变的社会需求之间的矛盾难以发挥有效的调节作用，所做的配置决策容易脱离实际，容易产生生产与需求之间的相互脱节，以及宏观经济比例重大失调，造成不必要的资源浪费。而且，这种把全部资源视为非经营性资源、排斥市场的做法，也造成企业、个人等经济主体缺乏生产的积极性与主动性。效率低下、缺乏活力的现象，不利于推动技术进步和革新。

三、资源的有计划市场配置阶段

1978—2002年是资源配置方式的变革阶段。1978年12月，中共十一届三中全会召开，中国政府的工作重点开始转移到社会主义现代化建设上来，经济建设成为这个阶段发展的首要目标。所有资源都作为非经营性资源由政府进行配置的计划经济体制的弊端不断显现，官僚作风、机构臃肿、决策链过长以及缺乏透明度等问题使得政府这个"巨型企业"在应对日益多样化、精细化的生产需求时无法实现可经营性资源的有效配置，也拖累了在非经营性资源配置上的有效供给，有关计划经济与市场经济的争论也不断增多。在这种情况下，中国政府对社会主义的认知开始摆脱苏联模式的限制，转而寻求有中国特色的社会主义道路。

中共十一届三中全会后，以公有制为主体、多种所有制经济共同发展的所有制结构逐渐形成。非经营性资源作为"公共资源"，开始从资源整体概念中分离出来，并逐渐接近今天的定义，即国有或集体所有的各类资源。在"以经济建设为中心"这一价值目标的指引下，中国政府对资源配置手段的认知开始转向"有计划的市场经济"，在对非经营性资源继续加强配置的同时，对可经营性资源的配置开始引入市场机制，提高配置效率。这个时期对资源的可经营和非经营性的分类还不十分明确，虽然对介于可经营和非经营之间的准经营性资源还存在一定的模糊认识，但是在某些非经营资源的配置上也开始逐步尝试市场机制的介入。

1984年7月14日，中国首次利用世界银行贷款并进行国际招标试点的大型水电工程项目——鲁布革水电站的引水隧洞施工项目招标，日本大成建设公司中标，同年签订了承包合同。在施工过程中，大成公司运用先进的项目管理手段，最终实现了工期短、成本低、质量好的效果，施工过程中还诞生了闻名中国的"鲁布革经验"，即把竞争机制引入工程建设领域，工程建设实行全过程总承包方式和项目管理。鲁布革经验对中国的工程施工管理能力的提升有着很大的推动作用，也是非经营性资源配置在当时的一次大的创新。此后，随着相关制度规范的不断完善，招投标逐渐被应用到大型工程建设、成套机电设备引进等领域，市场配置非经营性资源的效率优势得到实践检验。1992 年，党的十四大召开，建立社会主义市场经济体制被正式确立为中国经济体制改革的目标。

总的来看，这一阶段中国政府对于以往非经营性资源的内涵和配置方式的认知导向发生了由浅入深、由保守到开放的变化。首先，不再将所有资源视作非经营性资源。经营性资源和非经营性资源的界限被重新考量，政府和市场在资源配置上的不同作用开始逐渐被接受，政府作为资源配置主体的资源配置界限开始被思考。其次，开始重视市场在可经营性资源和准经营性资源中作为资源配置手段来使用，尝试通过招投标等市场交易手段来配置非经营性资源和准经营性资源。在这个阶段中，尽管资源配置方式的变革出现了一些小的反复，但总体方向是正确的。可经营性资源和非经营性资源配置主体和手段的分开，有力地促进了资源的合理配置，有力地推进了中国特色社会主义现代化的实现进程。

四、有效市场与有为政府共同发挥资源配置作用的时期

2002 年至今是让市场在资源配置中起决定性作用、政府积极发挥超前引领作用的时期。2002 年，党的十六大将"完善社会主义市场经济体制"确立为 21 世纪头 20 年经济建设和改革的主要任务之一，提出"两个毫不动摇"方针。非公有制经济的存在与发展表明公与私的边界已经受到中国政府的认可。"公共资源"的概念被进一步明确，基本限定在国有或集体所有资源范围内，即"公共部门所拥有或经公共部门授权管理的有形资产和无形资产的总称，包括有形的不定产（建筑物、构筑物）、货物等，无形的服务、土地使用权、公共设施经营权、行业特许经营权和行政许可等资源"，越来越接近非经营性资源的定义。非经营性资源的功能定位和社会民生紧密地连接起来，非经营性资源配置的目的是更好地为人民服务。遵循利用非经营性资源更好地为人民服务的价值目标，中国政府关于资源配置方式的认知开始更加坚定地向市场化转移，确立了市场在资源配置中的决定性作用，大大提升了资源配置的效率。

早在 20 世纪 80 年代初期，广东顺德就提出"三个为主"（公有经济

为主、工业为主、骨干企业为主），以此推进农村工业化，到20世纪90年代初期，顺德的工农业的产值比达到98∶2，基本实现了工业化。2005年，顺德又提出了"三三三"产业发展战略（第一、第二、第三产业协调发展，每个产业中至少重点扶持三个以上的支柱行业，每一行业中至少要重点扶持三个以上的规模龙头企业），以及工业化、市场化、城市化、国际化战略等，推动了顺德又好又快发展。在以非经营性资源为主的第一产业方面，考虑到顺德土地资源日益稀缺，但顺德农业具有先行一步的优势条件，开始提倡发展外延农业，力争国家和中共广东省委的支持，与台湾地区合作建设"粤台农业发展基地"，做到了"小区域，办大事"。2006年，顺德的地区生产总值（GDP）就突破了千亿元。

除了顺德，珠江三角洲的一些区域、江浙的很多区域，在非经营性资源配置方面也做了很多尝试。2002年11月，浙江绍兴市成立了市招标投标市场管理委员会及其办公室，并成立了公共资源交易中心，一定程度上纠正了以往政府各部门分散配置非经营性资源所带来的效率低下、监管缺位等问题。此后的十几年间，这一政策创新迅速在中国扩展开来。2019年3月19日，习近平总书记主持召开中央全面深化改革委员会第七次会议，会议审议通过了《关于深化公共资源交易平台整合共享的指导意见》，对公共资源的市场化配置提出了更高的要求。尽管该阶段非经营性资源配置方式的变革仍处在进行时，但就目前的状况来看，其价值排序与认知导向实现了较好的匹配。当利用有限的公共资源更好地为人民服务成为首要价值目标时，中国政府和国家对于非经营性资源配置方式开始倒向更具效率的市场化手段。而当分散的市场化交易产生了效率低下、贪污腐败等问题时，中国政府开始推动成立统一平台来降低非必要交易成本。目前，中国的公共资源交易处在不断改进的良性状态，已成为连接政府和市场的重要纽带。

总的来看，随着中国社会主义市场经济体制的建立和完善，可经营性资源、非经营性资源、准经营性资源的概念、功能越来越明确，市场和政府作为资源配置主体的分工越来越清晰，有效市场和有为政府的组合给社会民生的发展带来了极大的促进作用。实践证明，在水利、电网、国防、航天等重大工程领域以及涉及民生的经济发展领域，政府和市场的资源配置都有了更明确的定位，带来了更高的资源配置效率。中国政府还采取了一系列相关措施进一步拓展市场和政府相辅相成的资源配置空间，保证了非经营性资源和准经营性资源的配置效率。例如，通过推动公共资源交易的多平台整合以破除地区和部门的隔阂，通过简政放权、建立清单目录及实现业务电子化等方式来提高公共资源交易的效率，通过创新监管体制、扩大监管范围及变革监管手段等方式来实现公共资源交易在阳光下运行。

综上所述，自改革开放到确立建立社会主义市场经济体制以来，中国市场经济与公民社会发生了很大变化。社会结构的多元化、职业群体的多样化，为社会民生的多元化提供了可能，也提升了非经营性资源配置效率。而且，随着中国市民社会的初见端倪，非营利性组织开始在社会民生中发挥作用。但转轨时期市场运行机制和规则需要进一步完善，非营利性组织力量还很薄弱，在公共产品供给方面还有待成长。就当下而言，在非经营性资源的配置上、在公共产品生产和供给中，中国政府仍然担当着重要角色。

然而，随着经济社会的不断发展，公众对公共资源的需求呈现出多样化、层次化特征，政府、市场以及非营利性组织任何一方，都需要根据资源的分类，分别承担起资源有效配置和民生产品供给的责任，需要形成一种相互协调、多中心、优势互补的民生产品供给机制。所以，PPP理论和实践在市场经济发达国家得到了进一步发展。2002年，经济合作与发展组织（OECD）国家的92%的水项目和82%的交通运输项目均采用PPP模式供给，发展中国家大多数基础设施建设都引进了私人资本，公共产品供给的多元化趋势正在形成。

尽管PPP理论的研究和实践在中国均处于初探阶段，但作为一种公共治理理念已经被社会公众所认可，且中国基本具备PPP供给公共产品的客观条件以及一些成功的PPP案例，公共部门、私人部门以及第三部门合作的机制正在形成，多主体、多样化的公共产品供给模式必将发挥越来越大的作用。

第三节 非经营性资源市场化配置及监管模式

非经营性资源与社会民生相对应，以社会公共产品资源为主，包括社会保障、历史、地理、环境、形象、精神、理念、应急、安全、扶助，以及其他社会需求。与之相匹配的政策原则应该是"社会保障、基本托底，公平公正，有效提升"。非经营性资源的配置是为了解决公共问题、达成公共目标、实现公共利益、规范和指导有关机构和团体或个人的行动。政府要做到社会公平、社会稳定、社会基本保障，在非经营性资源的配置上，也可以运用市场化的配置手段，但必须有一个坚强有力的监管模式，确保非经营性资源的配置是为了改善社会民生。

一、非经营性资源市场化配置的理论基础

非经营性资源是指属于社会的公有公用的生产或生活资料的来源，其中既有社会资源，也包括用于民生的自然资源和行政资源。非经营性资源市场化配置的经济学基础以新制度经济学及其产权理论为代表。

新制度经济学的产权理论认为，产权制度是制度集合中最基本、最重要的制度，只要存在交易费用，产权制度就会对生产和资源配置产生影响。正如新制度经济学家阿曼·阿尔钦（Armen Alchian）所说："在本质上经济学是对稀缺资源产权的研究……一个社会中的稀缺资源的配置就是对使用资源权利的安排……经济学的问题，或价格如何决定的问题，实质上是产权应如何界定与交换以及应采取怎样的形式的问题。"[①] 在此，阿尔钦指明了资源配置的核心问题即非经营性资源产权的界定及其实现形式。在产权经济学看来，市场交换是分配财富的最有效方式，也是资源分配的最有效手段。非经营性资源配置市场化模式正是这样一种有效的产权制度，它使产权从低效的人手中转移到高效的人手中，从而大大提升整个非经营性资源的利用效率。

（一）非经营性资源市场化配置的内涵和经济学理论依据

1. 非经营性资源市场化配置的内涵

非经营性资源一般由政府、依法授权的单位、组织和团体拥有、控制和管理，具体表现为关系公共利益的资产、资金和资源。非经营性资源市场化配置是指在法律制度的规范下，非经营性资源的提供方和受让方对非经营性资源项目通过公平竞争的方式进行市场化交易实现配置。

非经营性资源市场化配置的要素包括非经营性资源的提供方、非经营

---

① ［美］R. 科斯、［美］A. 阿尔钦、［美］D. 诺斯等著：《财产权利与制度变迁——产权学派与新制度学派译文集》，生活·读书·新知三联书店上海分店1991年版，第205页。

性资源市场化配置的对象和非经营性资源的受让方。非经营性资源的提供方是指掌握和管理非经营性资源的各级政府及其组成部门,利用政府非经营性资源的企事业单位、团体等单位和组织。非经营性资源市场化配置的对象主要包括公共工程建设项目,政府采购项目,土地使用权和矿产资源使用权、采矿权出让,产权交易四大类。非经营性资源的受让方,即取得了项目权利的交易相对人,通过市场化的公平竞争,获得利用非经营性资源项目的相关权利。非经营性资源市场化配置方式体现了公平竞争的原则,主要有招标投标、拍卖和挂牌出让等方式,其中招投标方式是市场化配置的基础方式。

2. 非经营性资源市场化配置的理论依据

经济学通常认为市场交换是资源分配的有效手段。因此,非经营性资源也应该通过公平、充分竞争的市场化方式进行配置,才能够将非经营性资源权利配置给更能发挥资源效率的市场主体,提高非经营性资源的利用效率,提升总的社会福利水平。公共管理学主张以市场模式取代传统政府审批管制模式对非经营性资源进行配置,可以更有效率地实现公共管理目标。行政法学理论认为,以行政审批方式配置非经营性资源,权力缺乏监督,容易引发部门利益、权力寻租。《中华人民共和国行政许可法》特别规定包括有限自然资源开发利用、非经营性资源配置,以及直接关系公共利益的特定行业的市场准入等需要通过实施行政许可赋予行政相对人特定权利的,行政机关应当通过招标、拍卖等公平竞争方式做出决定,充分体现市场化配置非经营性资源的思想。

(二) 非经营性资源市场化配置的行政学理论基础

作为指导当下政府改革的理论基础和实践模式,新公共管理主张用市场模式取代传统公共行政模式的治理方式。新公共管理主张应用市场的方式来改革政府传统非经营性资源配置模式是建立在这样一种假设基础之上的:提高非经营性资源效率的最佳甚至唯一的方法就是用某种建立在市场基础上的机制代替传统的官僚体制。假设的理论依据是,相信市场作为分配非经营性资源机制的效率,其他的分配形式如通过传统审批体制的分配形式或更常见的法律分配形式,是对自由市场体系运作结果的歪曲。因此,如果能够应用市场或类似的竞争机制,那么,非经营性资源配置的普遍情况将会变得更好。作为新公共管理市场化模式核心要素和战略工具的

民营化理论,主张更多地依靠民间机构,减少依赖政府来满足公众的需求,其要旨在于充分利用多样化的所有制形式和运作关系来满足人们的需求,从而实现公共利益。从民营化理论视角出发,非经营性资源配置的传统政府审批管制模式是一种无效率的"工具",相反,更多地以市场为基础的机制就成了更可取的手段。

二、非经营性资源市场化配置的风险分析

非经营性资源是区域政府辖区内的所有社会公益产品和公共产品的总和,其主要职能是保障民生,实现生活托底和公正公平。在民生方面,市场机制的介入对提升非经营性资源配置效率、提高民生保障能力方面具有十分积极的意义。但是,由于民生涉及整个社会的基本生存问题,对社会安定和谐起着至关重要的保障作用,所以必须充分考虑非经营性资源市场化配置可能存在的一系列风险。

(一)公共利益存在受损风险

传统上,涉及民生安全的非经营性资源配置的方式、产出、价格、盈亏模式等由政府决定,政府作为公益机构的代表,目标非常单纯,不存在牟利的动机。而在市场化原则下,非经营性资源的产权由政府转为市场主体,就容易导致以下两个方面出现风险。一是产权问题导致的非经营性资源配置效率下降。非经营性资源产权在由政府转向市场主体的过程中,如果产权制度尚不完善,那么在产权评估和界定过程中,政府部门及其官员有可能出于私利而导致原有的国有资产流失;同样,因为产权分割不清晰,非经营性资源的市场化配置主体的利益也可能难以得到有效保护,导致以市场推动非经营性资源配置效率提高的初衷大打折扣。二是对于社会居民而言,经济风险更现实的表现为由于新的经营垄断企业的形成而导致公共产品和服务的价格上涨。鉴于非经营性资源的非竞争性,市场主体获得非经营性资源配置权后,容易形成对该资源的经营垄断性。出于市场主体的逐利性,垄断经营者存在抬高公共产品和服务价格的内在动机,如果对非经营性资源价格的构成缺少相关法律、法规及规章规定,那么价格构成要素的确定及监管范围会存在很大的随意性,在一定程度上导致部分消费者因不能承受高价而无法享受应得的公共福利,客观上侵害了弱势群体的经济利益。

（二）公平正义和公共安全可能会被威胁

非经营性资源市场化配置提高效率的逻辑基础在于经营者也是经济人，这就可能出现经营者在追求个人利益最大化的同时，以损害公共利益为代价的社会公平正义问题。公平正义的弱化根本原因在于，非经营性资源配置关注的是公益，而市场机制强调的是自利，并由此产生的市场的自利性与非经营性资源服务功能的公众指向性之间的冲突。所以，当二者出现对立时，牺牲的只能是公平正义。另外，非经营性资源如自然资源的煤矿开采、社会资源的水电供应、行政资源的公共交通等一般都是关系国计民生的具有较高安全风险的领域，一旦出现事故，社会影响巨大，甚至出现灾难性后果。虽然国家经营也不能保证非经营性资源的绝对安全，但政府信用保证较之企业经济利益最大化驱动的"有限责任"，安全性相对高得多。此外，非经营性资源领域又是国家安全的战略性节点，在这些领域市场化或引入民间资本尤其是国外资本后，若没有相应预案，在社会动乱、金融危机等特定条件下必将危及国家安全。

三、中国非经营性资源市场化配置监管模式及存在的问题

（一）中国非经营性资源市场化配置监管模式的特点

中国非经营性资源市场化配置监管模式是一种"部门分散配置、同体监督"的模式。此种监管模式的法律规范主要有《中华人民共和国招标投标法》（以下简称《招标投标法》）、《中华人民共和国政府采购法》（以下简称《政府采购法》）、《中华人民共和国企业国有资产法》、《中华人民共和国土地管理法》、《招标拍卖挂牌出让国有建设用地使用权规定》、《企业国有资产交易监督管理办法》等。

2000年施行的《招标投标法》，在规定招标投标的监管机制时，确认有关行政监督部门对招标投标实施监督，并授权国务院对部门职责进行具体分工。2000年3月4日，《国务院办公厅印发国务院有关部门实施招标投标活动行政监督的职责分工意见的通知》确立了有关行政主管部门分散监管的体制。建设、经贸、水利、交通、铁道、民航、信息产业等行政主管部门负责其行业的招标投标活动的监督执法。《政府采购法》确立了由

财政部门负责监管的监管体制。国有土地使用权出让，采矿权、探矿权出让，以及产权交易等非经营性资源交易的监管，基本上分散在不同行政机关，因此，总体上看非经营性资源配置监督的体制属于分散监管的模式。同时，又因为各个行业主管部门往往是投资主体，因此，为了部门利益，行业主管部门又设立属于本部门管理的有形市场（交易平台），负责办理非经营性资源交易业务。这些有形市场在人员、组织和经费上受上级部门或行业部门主管，最终形成了"部门分割、管办不分、同体监督"的监管模式。

（二）中国现行监管模式存在的问题

在立法之初，采用部门分散监管的模式，目的是发挥不同部门专业化的优势，而且行政机构改革的难度最小。但是，随着实践的发展，部门分散监管体制暴露出越来越严重的问题。

从法制统一角度来看，部门分散监管体制导致政出多门、部门利益至上、行业分割严重；从非经营性资源资金的利用角度来看，部门分散监管体制导致效率低下、非经营性资源浪费；从腐败角度来看，部门分散监管体制导致权力寻租、领导插手项目交易；从市场经济发展角度来看，部门分散监管体制导致市场秩序混乱、公平公正竞争被扭曲等后果。现行法律制度确立的监管体制存在的最主要根源性问题可以概括为"部门分割、分散配置、多头管理，同体监督、管办不分"。这种根源性问题导致了市场交易秩序混乱和权力寻租猖獗的局面。

因为存在"部门分割、分散配置和多头管理"的问题，导致招投标市场被人为地按行业分割，监管部门追求部门利益，法律、法规难以统一，公平竞争的市场经济秩序被破坏，资源配置浪费，社会总体利益受损，交易主体的合法利益被侵害，分割后的市场监管易为权力寻租留下空间而滋生腐败。因为存在"同体监督、管办不分"的问题，财政、水利、交通等部门政府采购、招投标的监管和执行都是一个机构、一套人马，两块牌子，集裁判员与运动员于一身，行业主管部门在管理非经营性资源交易时，往往难以以中立监管立场对交易进行监管，导致市场交易秩序混乱。同时，部门内部千丝万缕的利益联系，导致在产业主管部门作为投资方的情况下，其下属的施工企业凭借其与主管部门多年的良好关系，必然对招标方的决策产生影响。近年来公共工程建设领域大案要案频发，监管体制存在问题是体制性的原因。

四、非经营性资源市场化配置监管模式的选择和制度完善

（一）非经营性资源市场化配置监管模式选择的原则

1. 非经营性资源市场化配置统一进行原则

对交易主体来说，统一的交易平台能够提供统一的非经营性资源配置，降低交易主体的成本；对监管机构来说，统一的交易平台可以构建统一的交易规则，加强监管机构监管，避免不同交易平台以及不同交易规则造成的法制不统一和监管乏力；对非经营性资源的配置效率来说，统一的交易平台可以减少配置费用，提高配置的效率。

2. 实行统一、独立和专职监管原则

独立性是监管机构实现对市场稳定、一致、高效监管的前提，是其扮演好市场公平竞争秩序维护者角色的关键因素。为了保证非经营性资源交易环节监管的有效性和公正性，防止出现由于权力高度集中导致的部门利益和权力寻租，必须在非经营性资源交易环节设立独立、统一的监管机构，实现行业管理权、交易监管权和配置办理权的分离和制约。不实行统一监管，难以实现法制统一，难以打破多头监管、各自为政的局面，非经营性资源的配置效率和总体利益就会受损。

3. 监管机构与配置平台组织分离依法运行原则

统一专职的监管机构只负责对市场化配置环节的监管，为了保证新的监管机构的独立性和公正性，防止新的监管机构和交易平台之间产生新的同体监督问题，应当让监管机构和配置平台组织相互分离。监管机构是隶属于政府的独立监管机构，交易平台是独立事业单位，各自依法运行，只对法律负责。

基于上述三个原则，笔者认为，非经营性资源市场化配置的政府监管，应当采用统一、独立、专职的监管模式，在此模式下，完善相关法律制度。

(二) 非经营性资源市场化配置监管的主要法律制度

1. 非经营性资源统一交易平台及统一进场制度

非经营性资源统一交易平台、统一进场制度，是指非经营性资源市场化配置应当在法律法规规定的各级政府设立的统一的交易平台上进行，目的是便于统一提供服务，统一交易规制，统一接受监管。交易平台隶属于政府，由政府直接管理，直接对政府负责，依法运行，但必须接受非经营性资源交易监管机构监督。只有构建统一的交易平台，才可能打破部门利益、行业垄断和同体监督，防止权力寻租，提高资源配置的效率，维护公平竞争的市场经济交易秩序。具体方法是在充分考虑各地现有的招投标平台、产权交易平台、政府采购中心和国有土地交易平台的基础上，合理整合，避免浪费。

建立统一的交易平台后，应当规定凡是符合交易条件的非经营性资源交易应当统一进场交易，不得在场外进行，不得在其他平台上进行。统一进场交易的范围应当由法律、法规或者规章决定。实行对进场交易非经营性资源范围进行目录管理，凡是纳入管理目录的非经营性资源交易必须进入统一的交易平台。随着制度改革的深入，更多的非经营性资源都可以纳入统一交易的目录。

2. 统一、独立、专职的监管制度

统一、独立、专职的监管制度，有利于打破部门分割、多头管理、同体监督所导致的腐败和效率低下问题。因此，需要通过中央立法层面改革，解决原来属于各个主管部门的监管权的让渡问题，否则，统一、独立、专职的监管制度即使在理论上是可行的，改革也往往有突破法律之嫌。国务院于2011年12月20日颁布《中华人民共和国招标投标法实施条例》，授权各地县级以上政府对招标投标监管职责可以另行规定，在立法上为设立统一、独立、专职的监管制度扫清了障碍。但是，改革整个非经营性资源市场化配置监管制度，还需要进行国家层面的立法改革。另外，为防止统一监管机构专职对非经营性资源市场化配置环节的监管出现管理信息脱节，需要建立与主管部门有效沟通配合的制度。

3. 建立统一交易规则制度

对于不同类别的非经营性资源交易，需要根据国家法律、法规，结合部门及地方政府的规章，在充分保障公平竞争的前提下，制定统一的交易

规则制度,尤其对法律、法规没有明确规定的,但是容易被交易主体、交易平台、评判专家、代理机构利用的制度漏洞和风险点进行分析,制定严密的交易规则,并由监管机构进行监管,对违反规则的行为严肃查处。

4. 建立统一、完整的非经营性资源配置制度

政府对市场经济的运行只是提供有效服务,而不应过多地去干预。为了提高非经营性资源市场化配置的效率,确保公平竞争,必须配套进行非经营性资源配置制度的建设。一是建立统一的非经营性资源交易信息网络及信息发布制度,保证交易主体能均等获知交易信息;二是建立统一、开放共享、跨部门和地区的综合性评标专家库,实现对专家的统一管理;三是建立统一的信用评价机制和公示制度,形成信用监督网络,营造诚信有益、失信必惩的市场氛围。对市场主体而言,市场声誉的好坏会直接影响到其获取交易机会的概率。市场经济是信用经济,通过信用体系规范市场经济主体的行为,是一种新型有效的法律规制方法。

现行非经营性资源市场化配置的监管模式落后于社会发展,造成非经营性资源市场化配置过程中的腐败和公平竞争缺乏,中国迫切需要改革现行监管法律制度,建立统一、独立、专职的监管模式,并完善制度构建,最大限度地提高非经营性资源配置的公平竞争,实现公共利益最大化。

五、非经营性资源市场化配置的路径选择

非经营性资源在进行市场化配置中面临诸多矛盾与风险,产生这些矛盾与风险的本质原因是非经营性资源的价值指向与市场机制的内在冲突。因此,非经营性资源能否在市场化配置中发挥预期的积极作用,关键在于能否处理好二者之间的关系,使二者在对立中寻求平衡,既发挥市场在提升非经营性资源效用方面的积极作用,又不使非经营性资源在市场化配置中削弱其应有的功能。故此,消除二者之间的张力,根本的发展路径在于"再造"。再造就是用市场化体制来取代官僚体制(在中国主要是传统的计划经济体制及其管理方式)。

(一) 增强资产意识、责任意识

1. 树立资源资产意识

从经济学意义上来说,凡是能带来收益的东西都叫资产,对于非经营性资源而言,不论是自然资源的矿产、水、森林,社会资源的供水、供

气、供热，还是行政资源的户外广告设置权、公交线路经营权等，都能给人们带来收益，因此它们都是资产。非经营性资源市场化配置的过程，实际上就是一个把资源转化为资产，把潜在资源优势转变为现实的经济优势的过程。换言之，资源要转变为资本，必须树立资产意识，让市场成为资源的基础配置者，通过市场流动环节完成这一质的飞跃。确立新的资产意识和资源价值观，不仅有利于非经营性资源的保值增值，还有利于非经营性资源的可持续发展。经济学上的"科斯手段"，指的就是环境保护和可持续发展的非经营性资源市场化途径。生态失衡和环境污染等"外部效应"产生的原因就在于资源资产意识的缺乏，没有把生态环境破坏的成本通过市场反映出来。正是由于缺乏正确的资源资产意识，资源才被无偿使用。如果树立起正确的资源资产意识，使资源利用接受市场规则的约束，外部性的生产者就必须对他人造成的损害做出赔偿，这些赔偿都会成为企业的外部运行成本。为了获取最大化的利润，企业会尽可能减少利用非经营性资源的成本，这样外部效应才可以内部化。

2. 强化公共责任意识

关注民生是一切公共政策的逻辑起点和最终归宿，非经营性资源市场化配置的特质也在于更好地为公民提供公共产品和非经营性资源，更好地关注民生。非经营性资源是国家经济和社会发展的重要前提，直接关系到社会公共利益，关系到人民群众的生活质量，关系到国民经济和社会的可持续发展。这就要求这一领域的改革首要目标不应该是减轻自己的财政包袱或为自己获取某种行政权力，也不应该是为民营资本或国外资本提供新的发展领域，而是公共利益，即为社会和公众提供价格合理、质量优良、数量充足、供应稳定安全的公共产品和服务，为经济社会发展提供良好条件，从而促进社会总体经济效率的提高及社会福利的增加。这就要求各级政府官员在推进非经营性资源配置市场化改革的进程中，必须本着对国家、对人民负责任的态度，始终把维护人民群众利益放在首位，强化公共责任意识。

（二）打造法律健全、平台统一的制度体系

1. 健全相关的法律制度

非经营性资源市场化配置改革涉及一系列权力和利益关系的调整，以及新的运营方式下整体协调的问题。为了有效防范和控制市场化过程中的道德及其他风险,必然要求政府引入更加完善的法律约束机制。国际经验也表明,非经营性资源配置的市场化应以系统的政府立法为先导,而中国在非经营性资源配置市场化领域的立法仍然比较落后,尚未建立起完整的法律体系,更别说与之相配套的具体实施办法和操作细则。故此,应根据非经营性资源的特点和市场化配置的要求,一方面通过立法对地方政府、监管机构、经营者、消费者等所有参与者的权利、义务和责任进行界定,对市场化改革的领域范围、监管体制做出明确规定,使各项活动有法可依,并努力做到执法必严、违法必究;另一方面,全面清理现有法律法规,对不符合社会主义市场经济要求、违背公平竞争原则、阻碍投资合理增长的法律法规进行调整、修订或废止,消除制度壁垒。只有在完善的法律法规及其实施细则条件下,市场化参与主体的行为方式才能被限制在规定的范围内,寻租腐败才能得到有效遏制,非经营性资源的经营者对于自身对社会和公民的责任也会更加清晰,非经营性资源市场化才能沿着更有秩序和效率的方向发展。

2. 建立专门的交易中心

非经营性资源是一种要素,其交易配置必须有一定的市场才能进行交换。实践也证明,凡是非经营性资源要素市场体系比较发达、交易平台比较健全的地方,非经营性资源市场化配置的程度就越高;反之,非经营性资源要素市场体系混乱、交易平台不统一,非经营性资源市场化配置效率就不高,且容易滋生腐败。从目前经济走在中国前列的地区来看,它们大多建立起了比较完整统一的非经营性资源交易中心。例如,2005年杭州市根据中共浙江省委省政府的要求,在原先相对独立、分散的各类公共资源交易中心的基础上,整合成立了杭州市公共资源交易中心。统一的交易平台和市场体系,是整个非经营性资源配置市场化的基础性条件和制度支持。

(三)建立管理完善、配套齐全的各项体制

1. 完善统一的管理体制

当前资源管理的实际情况是自然资源按法律规定由各归口部门管理;资产性资源实际管理部门分散在部门,造成权利、义务和职责不统一,对资产性资源的管理难以形成合力;中介代理资源、非经营性资源等管理部门不明确,职责不清,没有形成统一管理、统一处置的管理体制。这就需

要我们进一步健全非经营性资源的宏观管理体制,完善资源的委托管理、授权经营具体办法。

2. 完善配套的保障体制

在国有资产管理体制方面,对由两个以上部门监管的资源要成立专门的领导组织机构,统一领导、监管和协调资源配置市场化工作,并要加强对投资运营机构的监管,使运营机构高效运作;在行政管理体制方面,要坚决贯彻执行《中华人民共和国行政许可法》,进一步转变政府职能,深化行政审批制度改革,对妨碍公共竞争以及实际难以发挥功效作用的行政审批予以取消,对可以用市场机制代替的行政审批要通过市场机制运作,更大程度地发挥市场在资源配置中的基础性作用;在投资体制方面,要按照"该放开的坚决放开、该管好的坚决管好"的要求,确立企业在投资活动中的主体地位。

(四)建立运行规范、监督有力的机制

1. 建立规范的运行机制

操作规范是整个资源配置市场化工作的中心环节。为此,一要科学规划。规划是对资源的第一次配置,也是资源配置的首要环节。这就要求摸清底数,做好、做深、做透工作规划,并明确近期、中期、远期尤其是近期可市场化配置的资源,有序开展资源配置市场化工作。二要准确评估。对实行市场化配置的项目,开展经济、政治、社会、环境等综合可行性评价,委托有资质的中介机构或组织专家进行价格评估,为规范交易行为提供基准,防范公共利益受到损害和腐败问题的发生。三要依法审核。在科学决策、民主决策、依法决策的基础上,政府及主管部门依法做好配置项目的审核、批准、确认等工作。四要进场操作。凡是实行资源配置市场化的项目,无特殊情况的都要进招投标中心按程序进行操作。五要公平交易。建立信息公开机制,依法将相关信息及时地向社会公开公布;建立市场准入机制,合理合法地确定准入条件及标准;建立公平竞争机制,规范招标、拍卖、挂牌出让等环节的操作流程。

2. 形成立体的监督网络

非经营性资源市场化配置的确可以提高整个资源的利用效率,但如果在市场化过程中存在违规操作或暗箱操作,将不仅不会盘活非经营性资源,反而会导致非经营性资源的流失。因此,监督是非经营性资源市场化

配置后续管理的关键所在。非经营性资源市场化配置监督网络越发达,人民从中获得的直接和间接收益就越大。目前在招标、拍卖、挂牌出让等活动中实施的是各行业主管部门监管、纪检监察监督的模式,这种模式存在着审计监督、工商监督力度不足,社会监督、舆论监督重视不够等弊端,未能形成全社会、全方位的立体监督系统和监督合力。故此,必须在操作机制层面上,尽快建立完善有效的监督体系。

❋ 本章小结 ❋

从古典经济学视角来看,市场是配置资源的最佳方式,拥有最高的配置效率,政府在配置资源上必须受到市场的限制与约束,其职能的合理性仅限于弥补市场失灵。而非经营性资源具有非竞争性和非排他性,且又涉及国计民生问题,从亚当·斯密到保罗·萨缪尔森,普遍认为市场无法有效对非经营性资源进行配置,而政府是非经营性资源天然的、唯一的配置者,且主要从税收和民生等公共支出角度研究非经营性资源配置问题。

非经营性资源市场化配置的经济学基础以新制度经济学及其产权理论为代表。新制度经济学的产权理论认为,产权制度是制度集合中最基本、最重要的制度,只要存在交易费用,产权制度就会对生产和资源配置产生影响。阿尔钦指明了资源配置的核心问题即非经营性资源产权的界定及其实现形式。在产权经济学看来,市场交换是分配财富的最有效方式,也是资源分配的最有效手段。非经营性资源配置市场化模式正是这样一种有效的产权制度,它使产权从低效的人手中转移到高效的人手中,从而大大提升了整个非经营性资源的利用效率。

事实上,纯粹的政府配置非经营性资源和纯粹的市场配置非经营性资源是非经营性资源配置的两个极端情况,现实生活中,非经营性资源配置呈现出多主体、多中心的混合配置模式,配置方式也表现出复杂多样性。

非经营性资源在市场失灵和政府配置不足的情况下,非营利性组织可能做得更好、更有效,而且可以大大降低政府的财政支出,在非经营性资源配置上实现公平与效率的最优结合,同时也在防范政府与私营部门对公众利益的侵害方面具有重大意义。

20世纪90年代初,市场经济国家掀起新公共管理改革浪潮,政府、市场、第三部门合作的非经营性资源配置模式受到社会的普遍欢迎并发挥着强大的管理效率功能，其中PPP模式被广为推崇且运行机制不断完善，在非经营性资源配置中的作用日益凸显。PPP模式不仅仅是管理方式的变更，更是管理理念的创新。

思考讨论题

1. 非经营性资源有哪几种配置模式，各有什么特点？
2. 政府配置非经营性资源的模式是什么？
3. 政府配置非经营性资源的理论依据是什么？
4. 中国社会主义实践对非经营性资源配置做了哪些探索？
5. 非经营性资源市场化配置监管制度如何完善？
6. 阅读以下材料并思考：PPP在民生建设领域有什么优势？

三年间巨变 PPP成为促发展惠民生重要抓手

PPP的融合发展模式是在经济全球化、高新技术迅速发展的大背景下，产业为提高生产率和竞争力形成的一种发展模式和产业组织形式。它所产生的效应是多方面有助于促进传统产业创新，进而推进产业结构优化与产业发展。PPP是我们国家现代化发展、加快转变政府职能、建立现代财政制度和推动城镇化健康发展要求的一次重大体制机制变革。

PPP模式发展迅速

2013年年底，财政部开始推广PPP模式。2014年，地方政府逐渐接触PPP模式，推出了PPP项目。随着PPP模式深入人心，再加上新预算法实施，地方政府违规举债被收紧，传统的融资平台被剥离政府融资职能，而PPP成为地方政府债务之外唯一合法的举债通道，在2015年被迅速推广至全国。

2016年，项目数量继续维持高增长。根据财政部PPP中心数据，2015年年底各地推出进入全国PPP综合信息平台项目库的PPP项目有6550个，计划总投资额8.7万亿元。经过这3年时间的发展，截至2016年10月31日，地方相继推出PPP项目数量则达10685个，投资额超12.7万亿元，PPP模式扩展迅速。

在当前具体的PPP项目中，我们可以看到PPP融合发展模式带来的种种利好。理论分析也表明PPP的融合发展模式是在经济全球化、高新技术迅速发展的大背景下，产业提高生产率和竞争力的一种发展模式和产业组织形式。它所产生的效应是多方面有助于促进传统产业创新，进而推进产业结构优化与产业发展。

国投信达相关人士表示，PPP融合发展的理念可以提高施工效率，降低工程造价，消除项目完工风险和资金的风险，从而避免费用的超支。还可以使政府从过去的公共基础设施的提供者变为管理者，从而转换政府职能，减轻财政压力。私人企业参与项目能推动设计、施工、设施管理等方面的技术革新，提升效率，从而传播先进的管理经验和理念。

PPP促发展惠民生

国投信达相关人士表示，PPP影响深远。第一，政府治理理念和方式开始转变；第二，市场活力得到释放，市场在公共产品、公共服务资源配置中的作用越来越大；第三，老百姓在公共产品、公共服务管理的知情权、参与权和监督权越来越大。

3年过去了，PPP的改革成效超过预期，已经成为稳增长、促改革、惠民生的重要抓手。首先，PPP模式可以在一定程度上保证民营资本"有利可图"。私营部门的投资目标是寻求既能够还贷又有投资回报的项目，无利可图的基础设施项目是吸引不到民营资本的投入的。而采取PPP模式，政府可以给予私人投资者相应的政策扶持作为补偿，从而很好地解决了这个问题，如税收优惠、贷款担保、给予民营企业沿线土地优先开发权等。通过实施这些政策可提高民营资本投资城市轨道交通项目的积极性。当前，PPP项目正在推动基础设施项目，融资在PPP的领域找到了比较好的结合点，作用也日益显著。

其次，PPP融合发展模式利国利民，是贫困落后地区脱贫致富的一剂良药。在"首届PPP投资论坛"上，厉以宁表示，在扶贫方面，如今各地都用到了PPP模式，这其中，以道德和诚信作为规范，能为我们指明扶贫的道路，发挥百姓的积极性，进而更高效扶贫，帮助实现全面小康社会。

PPP促进会陈会长表示，PPP模式是城镇化发展的产物，是规划先行、合理有序地推动城镇化的助推手，"大民生、大公益、大改革"是PPP价值体系的核心理念，融合发展的目的就是实现公共利益和民生利益最大化。

（资料来源：https：//www.sohu.com/a/122719560_442869，有修改。）

第三章 社会民生与经济增长

本章对社会民生和经济增长之间的关系进行了论述,共分为三节内容。第一节着重探究社会民生与经济增长之间的互动规律,指出了经济发展与社会民生互动不良的几种情况,最后从城市化率和工业化率的关系角度介绍了社会民生与经济发展互动前行的几个地区实例。第二节单独对世界主要国家的社会民生支出状况进行了阐述,尤其对新冠肺炎疫情下的中国民生支出状况做了介绍。第三节论述了社会民生的经济与社会效应,它们既有某种程度的互动,也具有相对的独立性。

第一节 社会民生与经济增长的关系

非经营性资源配置的主要目的是解决民生问题、保障民生和改善民生,社会民生发展始终都是政府各项政策调整和制定的着力点。目前,无论实践还是理论,基本都形成共识,即社会民生稳定与经济增长是任何社会实现长治久安都必须重视的两件大事,二者缺一不可。但社会民生主要围绕非经营性资源的配置展开,更强调满足民生的基本需要,保障民生与经济飞速增长的需要之间对资源配置似乎又存在争夺,二者之间的互动机理、联系媒介和支撑其进行相互作用的外部条件需要进一步明确,以便更好地把握经济发展与社会民生相互作用的规律,从而能够更好地促进经济社会的协调发展。

一、社会民生理论

(一)西方社会福利思想

虽然福利经济学产生于 20 世纪之初,但是西方社会福利思想却由来已久。英国经济学家亚当·斯密是古典经济学的奠基者和经济理论的系统化者，他的第一本重要著作《道德情操论》对个人的社会行为、经济行为的动机和规律进行了系统阐述。《道德情操论》的分析起点是人类本性和"自保原则"。亚当·斯密认为，"毫无疑问，每个人生来首先和主要关心自己；而且，因为他比任何其他人都更适合关心自己，所以他如果这样做的话是恰当和正确的"[1]。然而。"主要关心自己"的人，如何才能过一种社会性生活呢？亚当·斯密则引入了"同情心"这只看不见的手，认为尽管每个人生来主要关心自己，但幸好人类还有一种"设身处地的想象"[2]的能力，这种能力就是怜悯或同情。借助于这种能力，人们就能够设身处地综合考量自己和他人的感受，并采取适宜的行为；而适宜的行为，就是美德。自我心与同情心有机融合，就可以调节个人的社会行为。从中可以看出，亚当·斯密在《道德情操论》一书中已经显露出对他人同情的必要，也已具备一定的社会福利思想的基础。

福利经济学作为一个经济学的分支体系，出现于20世纪初期的英国。第一次世界大战的爆发和俄国十月革命的胜利，使资本主义陷入经济和政治的全面危机。英国贫富悬殊的社会问题由于第一次世界大战变得更为尖锐，因而出现以建立社会福利为目标的研究趋向，由此产生了福利经济学。1920年庇古的《福利经济学》一书的出版是福利经济学产生的标志。庇古根据边际效用基数论提出两个基本的福利命题：一是国民收入总量愈大，社会经济福利就愈大；二是国民收入分配愈是均等化，社会经济福利就愈大。经济福利在相当大程度上取决于国民收入的数量和国民收入在社会成员之间的分配情况。因此，要增加经济福利，在生产方面必须增大国民收入总量，在分配方面必须消除国民收入分配的不均等。庇古的第一个基本福利命题是关于社会生产资源最优配置的问题，认为要增加国民收入，就必须增加社会产量。而要增加社会产量，就必须实现社会生产资源的最优配置。庇古的第二个基本福利命题是收入分配均等化，认为要增大社会经济福利，必须实现收入均等化，国家通过累进所得税政策把向富人征得的税款用来建设社会福利设施，让低收入者享用，也就是"把富人的一部分钱转移给穷人"的"收入均等化"，这样就可以使社会经济福利极

---

[1] [英]亚当·斯密著：《道德情操论》，蒋自强等译，商务印书馆1997年版，第101～102页。
[2] [英]亚当·斯密著：《道德情操论》，蒋自强等译，商务印书馆1997年版，第5页。

大化。

到了20世纪30年代，利奥尼尔·罗宾斯（Lionel Robbins）、尼古拉斯·卡尔多（Nicholas Kaldor）、约翰·理查德·希克斯（Jonn Richard Hicks）、阿巴·P. 勒纳（Abba P. Lerner）等人从帕累托的理论出发提出了福利标准或补偿原则的问题，主张把交换和生产的最优条件作为福利经济学研究的中心问题，卡尔多、希克斯、勒纳、提勃尔·西托夫斯基（Tibor Scitovsky）等人建立在帕累托理论基础上的福利经济学被称作新福利经济学，反对将高收入阶层的货币收入转移一部分给穷人的主张。凯恩斯将政府引入传统经济学的分析框架，他指出通过提高政府财政在社会保障等方面的支出，可以提高有效需求，进而促进经济增长。

"二战"结束以后，资本主义经历战后恢复，进入深度调整阶段。在此时期，社会福利思想逐渐趋于稳定，内涵也在不断完善，福利国家理论出现。由瑞典学派提出的福利国家理论的核心思想是：资本主义一切国家都应该是福利国家，以福利国家为重要目标；福利国家的目的是全体人民都享有福利；实现福利国家必须以国家的财政手段作为保障。福利国家主张政治上调和、经济上混合和分配均等化，并在欧洲一些国家开始实践。许多福利国家建立起包括养老保险、医疗保险、失业保险等社会保障制度，这些做法迅速从欧洲国家向全世界范围展开，并取得了一定的成效。自由放任资本主义和传统社会主义中间的"第三条道路"等理论开始出现，它既不主张纯粹的自由市场机制，也不主张纯粹的高福利社会。目前，西方福利社会思想呈现出多样化与折中趋同并存的发展局面。

（二）马克思主义的民生思想

马克思主义对民生问题的研究体现在对人的生存问题和生活问题的关注上。在《资本论》中，马克思从工人阶级生活现状出发，在物质生产、精神生产、人类自身生产、社会再生产等方面对资本主义社会工人阶级的生活现状进行考察。马克思主义肯定了人的需要。人类社会发展的历史在一定程度上就是人不断改造自然、不断适应自然、不断满足自身生存和发展的历史。因此，人的需要及其实现过程是理论研究的现实基础。

马克思主义对民众生活问题的研究也上升到人的发展层面，马克思从人的自然属性、社会属性和整体属性的角度，对人的本质属性进行深入思考，进而批判资本主义社会的异化现象。马克思主义也将人的发展与实现社会进步结合起来。人是社会存在物,人的本质是社会关系的总和,离开了社会条件和社会关系,人不可能有所发展,个人的生存状况和发展程度受社会关系的直接影响。同样,社会发展也离不开人的活动,个人发展和社会发展具有统一性,个人的需求得以满足并进行更高一级的追求,会推动社会的进步。

（三）新中国社会民生发展理念

"全心全意为人民服务"是中国共产党和政府的宗旨,解决民生问题始终被放在党和国家发展的重要位置。新中国成立初期,党和政府非常重视基本的民生问题,主张合理地处理好农业、轻工业、重工业三者之间的关系,认为解决民生问题的关键在于大力发展社会生产力,教育、医疗、土地等制度层面的相应改革,为解决当时的社会民生问题发挥了积极作用。

中国共产党十一届三中全会以后,邓小平提出要建立中国特色社会主义理论,并在实践中不断摸索民生问题的解决之道,强调要关心最基本的民生问题——"不管天下发生什么事,只要人民吃饱肚子,一切就好办了。"① 此后,历次中国共产党重要会议都将"加快推进以改善民生为重点的社会建设"列为重点内容,要在发展经济的基础上更加关注社会建设,着力保障和改善民生,努力使人民群众学有所教、劳有所得、病有所医、老有所养、住有所居。

党的十八大以来,习近平多次强调保障和改善民生,指出党和政府做一切工作的出发点、落脚点都是让人民过上好日子。2021年7月1日,习近平总书记在庆祝中国共产党成立100周年大会上的讲话指出,必须"践行以人民为中心的发展思想,发展全过程人民民主,维护社会公平正义,着力解决发展不平衡不充分问题和人民群众急难愁盼问题,推动人的全面发展、全体人民共同富裕取得更为明显的实质性进展"②。由此可见,保障和改善民生是实现以国家富强、民族振兴、人民幸福为主要内容的中国梦的必然要求和终极目标。

---

① 邓小平:《我国经济建设的历史经验》,见《邓小平文选》(第2卷),人民出版社1994年版,第406页。

② 习近平:《在庆祝中国共产党成立100周年大会上的讲话》,载《人民日报》2021年7月2日,第2版。

二、社会民生与经济增长的关系

通常增进民生福祉被普遍认为是各国政策与政府行动的首要目标。但在实践中,资源配置到底以哪个目标为优先考虑,保民生的非经营性资源该被分配多少又往往难以决断,似乎"增进民生"与"促进经济增长"存在冲突。民生增进的资源配置到底阻碍经济增长还是促进经济增长?从理论上讲,社会民生的发展为经济增长提供了基础和前提。

第一,民生增长有利于拉动消费、增加投资。扩大内需是驱动经济可持续增长的主动力。内需包括消费需求与投资需求。就消费需求来看,国内需求是包括社会非经营性资源配置需求在内的所有需求。非经营性资源配置需求主要由政府提供,而私人需求通常由市场提供。新时代的社会主要矛盾反映出人们对非经营性资源配置的需求迅速上升,但政府的非经营性资源配置不平衡、不充分,也无力满足这些消费需求。

第二,提高非经营性资源配置中的基本教育、基本医疗卫生和基本社会保障等方面的供给水平,能够有效降低居民面对大额支出的不确定性及支出压力,解除居民的后顾之忧,稳定居民消费预期,改善消费环境,有助于居民将资金从预防性储蓄转移到当期消费。基本就业服务可以通过提供就业信息、专项培训等手段部分地解决劳动市场上的供求结构性矛盾,帮助失业人员进行再就业,从而通过增加居民收入来提高全社会的消费需求。随着居民个人公共服务支出压力的减轻,"省下来"的公共服务支出部分可以用于产生新的消费需求,推动产业结构升级。增加非经营性资源配置产生的投资可以直接计入 GDP,对经济增长做出贡献。非经营性资源配置可以通过拉动消费、增加投资促进经济增长。

第三,良好的社会民生有助于积累人力资本。劳动生产率和技术创新是决定经济增长的两个基本因素,二者的提高都离不开人力资本的积累。人力资本是长期投资的过程,是体现在人身上的资本,表现为健康素质、各种生产知识、劳动与管理技能的存量总和等。健康是人力资本的基石,基本医疗卫生能够提升社会居民的健康水平,健康的人能够工作更长时间,体力、脑力和认知能力更强,直接提高了劳动生产力,也因为享有更长的寿命,所以更有动力为自身教育投资。教育是人力资本投资最重要的方式之一。基础教育包括小学、初中与高中教育,构成了个体最主要的教育经历,是人力资本最原始的积累阶段,提高基础教育供给的数量与质量

能够对社会居民的学习能力、思维方式、道德素质和意志品质产生积极的影响,为更高层次的人力资本积累和由此产出的技术创新打下坚实的基础。其他非经营性资源配置如基本社会保障和基本就业服务等能够提高人力资本的配置效率。非经营性资源配置可以通过增加人力资本积累和提高人力资本配置效率促进经济增长。

从各国实践来看,经济增长与民生福祉的平衡共进可以成为国家长期发展战略的核心目标,民生福祉与经济增长并非不可兼得,但要让两者达到理想的平衡状态需要政府慎重决策,不论在平时还是危机时期,这种平衡发展的模式都有重大意义。特别是在危机时期,国家绝不能以牺牲民生福祉为代价来刺激经济增长或减少财政赤字。实践证明,很多把全民福祉放在首位的国家也同时促进了强劲、可持续的经济增长,而且经济韧性也相对更强,可以更快地从经济危机中恢复过来。

国际上衡量民生福祉的通用指标包括收入、经济稳定性、就业、教育、健康、治理、民主社会、平等、基础设施和环境10个指标,然后计算出总的民生福祉水平。根据全球管理咨询机构波士顿咨询公司(BCG)提供的《民生福祉与经济增长的平衡互进——2018年可持续经济发展评估报告》的研究可以发现,各国民生福祉水平和经济增长的关系是相辅相成的,越富有的国家民生福祉水平越高,经济增长会促进民生福祉的提高。诸如美国、瑞士、英国、日本等发达国家,民生福祉水平也在高位,而非洲、东南亚等一些国家较为贫穷,民生福祉也处于较低水平。报告还显示,财富转化为民生的力度越大,经济增长速度也越快,越善于将财富转化为民生福祉的国家越能够更快地从经济危机中恢复过来。财富转化民生福祉系数较大的国家,GDP下滑的幅度不大,且恢复时间也较短,一般一年左右即可从危机中恢复过来。相反,财富转化为民生福祉的系数低于1的几个国家,GDP下滑的幅度较大,提升速度慢,恢复时间也都在30个月以上,西班牙和意大利甚至超过120个月。

总体来看,目前形成的研究结论有以下三个。

第一,在民生福祉水平较高的国家,教育和就业投资能最大限度地增进民生福祉与促进经济增长。

第二,在民生福祉水平相对较低的国家,仅关注健康和教育等促进发展的关键支柱领域是不够的,还须加强治理(可持续经济增长的根基所在)和基础设施建设。

第三,在基础设施方面,数字联通对民生福祉的各个维度具有普遍影响。政策制定者应将数字联通放在首要及中心位置上,特别是在联通水平相对较低的国家。

实践证明,社会民生和经济增长,尤其是和经济的可持续增长是相辅相成的,各国可以且应当致力于实现经济可持续增长与民生福祉的平衡共进。

三、中国经济发展与社会民生的互动规律

新中国成立70余年以来,经济发展与民生改善的关系演变经历了几个阶段:新中国成立到改革开放前,经济发展与社会民生基本维持在低水平平衡;1978年改革开放至2020年,经济发展以效率为先,社会民生也随之持续改善;进入2020年,社会民生成为经济发展的内生动力,二者关系上升到新的层次。

新中国成立初期,经济发展基础十分薄弱,社会民生问题尤为突出,失业、医疗、商业、教育等问题都制约着人民基本的生存。随着社会主义改造的基本完成,社会主义公有制的建立,对经济发展和民生关系的改善也有了初步探索,发展生产力和切实保障人民生活构成了这一时期经济和民生领域两条并行不悖的主线。这一时期的主要任务是发挥社会主义自身的制度优势,集中力量办大事,构建起了以重工业为基础的独立的、较为完整的经济体系,推动中国经济开始正常发展,也同步落实了普惠性的、兜底性的民生,保障了人民生存型的民生需要,文化教育、卫生事业、科学事业都获得了稳定发展。但是,鉴于经济基础还比较薄弱,需要集中精力搞建设,消费仍然被控制,所以民生只是低水平的生存型改善,高层次的民生需求被抑制在较低水平上,这对生产力的长足发展也有一定的抑制作用。

改革开放之后的经济发展和社会民生的关系,表现为经济增长迅速并带来社会民生的更高层次发展。中国对社会主义的本质认识是共同富裕,是全体人民都过上好日子,明确了生产力的发展只是实现富裕的手段。党的十七大报告明确论证了改善民生是经济发展的逻辑起点,经济发展和民生改善的关系建立在协同发展的基础之上,社会主义建设的着力点要放在实现经济发展与民生改善齐头并进上,并且提出了建立二者和谐互动关系的具体路径,必须在经济发展的基础上,更加注重社会建设,着力保障和

改善民生，推动建设和谐社会。这充分体现了中国实行改革开放之后，经济和社会民生共同发展、相互促进的逻辑关系。

2020年是全面建成小康社会目标实现之年，是全面打赢脱贫攻坚战收官之年。经济发展和社会民生关系的问题更是被提上新的高度。一方面，经济发展仍然是基础，必须持续做大"蛋糕"，同时强调的是人民更公平、更全面、更有质量地享有发展的成果，这是全面建成小康社会要落实的"全面"，瞄准的是经济、社会和人的素质的全面提升。但也要注意避免出现高福利陷阱，避免因过度福利而拖累经济发展的情况。另一方面，社会民生的发展呈现出立体的、多维的样态。民生连着内需，持续不断地改善民生能在调动人民生产积极性的同时，消除民众的后顾之忧，增加消费预期，催生新的经济增长点，为经济发展创造更多、更丰富的有效需求，这对已然转变为消费驱动型的高质量发展尤为重要。

四、经济发展与社会民生互动不良的几种情况

如果能够把握好经济发展和社会民生平衡关系，二者就可以构成相得益彰的良性互动。但如果没有掌握好二者的内在联系机制，就会出现诸如贫困陷阱、中等收入陷阱和高福利陷阱等情况。

（一）经济发展和社会民生双停滞的贫困陷阱

经济发展和社会民生双停滞的贫困陷阱往往发生在一元化的农业经济中。传统农业生产具有显著的边际报酬递减性质，在土地资源有限，而劳动力不断增加的情况下，容易出现农业部门劳动的内卷化、经济效率的下降和大量贫困的产生。摆脱贫困陷阱的根本措施是实现二元经济结构的转化，通过进口替代、资本积累等方式补齐工业化不足。但现实中，很多落后的发展中国家因为制度或体制等原因，原有的社会资本得不到有效的转化进而持续贬值，使得原本有限的生计资本持续缩水，导致社会民生更加困难，人口的贫困反过来又会使发展受困，进入经济发展和社会民生双停滞的贫困陷阱，经济发展和社会民生处于低水平的生存性均衡。

（二）中等收入陷阱

中等收入陷阱是指当一个国家的人均收入达到世界中等水平后，由于不能顺利实现经济发展方式的转变，导致新的增长动力不足，最终出现经

济停滞徘徊的一种状态。其主要经济特征为：其一，收入差距拉大导致私人消费不足，因此需求严重不足，经济增长失去动力。这种情况就意味着经济发展到一定程度后，社会民生反而下降，又阻碍经济继续向前发展。这一现象在拉美国家表现得较为明显。其二，当物资资本增长到一定程度之后，人力资本积累的技术进步成为维持经济快速增长的主要动力。但如果能够在政策层面促进技术进步，便可继续维持高经济增长率。人力资本积累和社会民生息息相关，如果经济政策不能关注民生，经济也会陷入增长停滞。这一现象在东亚国家表现得较为突出。其他特征还包括金融体系脆弱、劳动力转移困难和腐败严重等。

（三）高福利陷阱

"二战"之后，瑞典、丹麦、挪威和芬兰等福利国家出现。福利国家形成的理论基础包括庇古的"边际效用递减"理论、约翰·梅纳德·凯恩斯（John Maynard Keynes）的"国家干预"理论以及马歇尔的"公民资格"理论等，主要观点都集中在贫困人口收入增加对经济发展的促进作用，也就是强调社会民生对经济增长的良性促进作用。英国的《贝弗里奇报告》进一步奠定了福利国家的理论及实践基础，指出恶劣的社会民生将导致经济发展的停滞。在福利理论的指导下，福利国家通过高税收进行的社会资源再分配，将当地社会民生提到了新的高度。但福利给予过度也会挫伤投资和消费的积极性，并极大地增加了财政负担，不利于经济社会可持续发展，形成"高福利陷阱"。近年来，各福利国家也遇到了财政负担重、经济发展后劲不足的现实问题，也在考虑减少福利开支，这说明社会民生和经济发展要形成良性促进，必须在效率与公平之间取得平衡。

五、从城市化率和工业化率的关系看社会民生与经济发展的地区实例

城市化率（也叫城镇化率）是城市化的度量指标，是城镇人口占总人口（包括农业与非农业）的比重。城镇化发展过程，本质上是人口大规模迁徙、民生逐渐改善的过程。20世纪初，世界上只有14%的人口居住在城市里，而到了90年代，城市人口已经达到42%，即全世界约21亿人居住在城市。2017年，美国城市化率是82.06%，英国城市化率是83.14%，法国城市化率为80.18%，德国城市化率是77.26%，日本城市化率是

91.54%，中国城市化率是57.96%。根据联合国的估测，世界发达国家的城市化率在2050年将达到86%，中国的城市化率在2050年将达到71.2%。

城市化伴随着人口的迁徙，是人们为了追求民生的解决、改善和发展需要而逐渐形成的，与民生解决和改善息息相关。城市化意味着越来越多的城市民生基础设施的提供，越来越多的民生公共工程的开启，在就业、养老、医疗、住房、教育等方面有更多的投入，城市就业服务体系更加完善，老百姓的基本民生将会有更优越的条件保障，能够学有优教，劳有所得，病有良医，老有善养，住有宜居，生产和消费也将向绿色、低碳、循环、节约的方向发展。同时，"基本非经营性资源配置均等化"也将得到实现，从精神层面上提升人民的幸福感受。因此，城市化率的不断提高意味着社会民生的持续改善。所以，从城市化率可以看出社会民生的发展水平。

工业化率就是工业产值在国民生产总值中比重不断上升的过程，以及工业就业人数在总就业人数中比重不断上升的过程。工业化是现代化的核心内容，主要表现为工业生产量快速增长，新兴部门大量出现，高新技术广泛应用，劳动生产率大幅提高，城镇化水平和国民消费层次全面提升。国际上衡量工业化程度的主要经济指标有四项：一是人均生产总值，人均GDP达到1000美元为初期阶段，人均3000美元为中期，人均5000美元为后期。二是工业化率，即工业增加值占全部生产总值的比重。工业化率达到20%～40%为工业化初期，40%～60%为半工业化国家，60%以上为工业化国家。三是三次产业结构和就业结构，一般工业化初期，三次产业结构为12.7∶37.8∶49.5，就业结构为15.9∶36.8∶47.3。四是城市化率，即为城镇常住人口占总人口的比重，一般工业化初期为37%以上，工业化国家则达到65%以上。毫无疑问，工业化率可以作为经济发展的重要指标。

城市化率和工业化率本应是相辅相成的关系，但在贫困陷阱和中等收入陷阱下，也会脱离良性发展的轨道。图3-1是中国、拉美和南亚的城市化率和工业化率的发展情况。从图中可以很清晰地看到，中国早期的发展战略是工业优先，工业化率一直在40%左右的水平，属于半工业化阶段，之后，工业增长逐步慢下来，城镇化提速，在经济建设初期，城市化水平较低，但城市化率始终不断提升，到2008年赶上工业化率并开始超越工业化率,说明社会民生水平越来越高,并未降低经济发展的步伐,反过来,中国经济的快速发展也带来了社会民生的持续改善。再看拉美国家,城市化水平起点非常高,2019年已经达到80%,但工业化率长期为20%~40%,进入21世纪工业化率甚至呈现出不断衰减的势头,而所谓的高城市化也基本是人群自发向城市流动,贫民窟数量不断增加,社会民生的质量仍然在低水平徘徊,工业发展滞后,城市收入增长缓慢,形成典型的"中等收入陷阱"。而南亚无论是城市化率还是工业化率,都在20%~40%的低谷徘徊,社会民生和经济增长互相羁绊,很难形成突破并向高水平发展,进而形成"贫困陷阱"。①

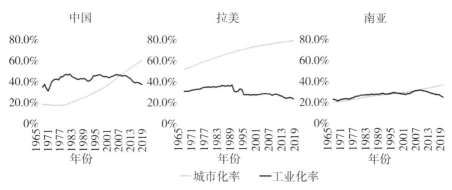

注:城市化率为城市人口占总人口比重,工业化率为工业增加值(包括建筑业)占GDP的比重。

图3-1 中国、拉美和南亚的城市化率与工业化率
(资料来源:世界银行;恒生中国。)

第二节 世界主要国家的社会民生支出状况

社会民生的支出特指财政支出中用于社会民生的部分。用于社会民生的财政支出也可以看作非经营性资源的配置。

财政支出通常是指国家为实现其各种职能,由财政部门按照预算计

---

① 参见王丹《城镇化的方向和挑战》,https://www.ftchinese.com/interactive/45852。

划,将国家集中的财政资金向有关部门和方面进行支付的活动。按经济性质,财政支出可以分为生产性支出和非生产性支出。生产性支出指与社会物质生产直接相关的支出;非生产性支出指与社会物质生产无直接关系的支出,如国防支出、武装警察部队支出、文教卫生事业支出、社会保障和福利救济支出等。民生支出通常与非生产性支出直接相关,在财政总体支出中所占的比重逐年上升,社会保障、就业、教育、医疗卫生、环境保护等民生领域的支出在各国财政支出中都占据较大比重,甚至已经处于主导地位。民生支出虽然不是直接的生产性支出,但其支出也会间接地影响生产活动,其经济效应不容小觑。

一、民生支出的范畴

关于民生财政支出范围可以根据民生需要的层次进行划分,比如按照人的生存、生活、发展三个层面展开等,其中生存层面的民生支出是最低层次的财政民生支出,也是最基本、最直接的保障百姓生活的事项,包括社会救济、义务教育、基础性公共卫生、基础性住房保障、医疗、科技、就业、文体传媒以及"三农"支出等。

除了与人民生活直接相关的公共开支外,还包括公安、消防、防空、应急、安全、历史、地理、环境、形象、精神、理念等涉及民生的基础设施投入和其他社会需求。这类资源的投入具有公共产品的性质,对于这些市场达不到的领域,财政支出需要责无旁贷、全面地承担起建设、管理、发展的作用,也就是作为取之于民、用之于民的区域财政必须要弱化建设性财政职能、强化其公共(公益性)财政作用,担负起供给责任。

中国政府历来重视社会民生,2021年3月《中国国民经济和社会发展第十四个五年规划和2035年远景目标纲要》第十四篇"增进民生福祉 提升共建共治共享水平"中对社会民生进行了专题论述,规划指出:"坚持尽力而为、量力而行,健全基本公共服务体系,加强普惠性、基础性、兜底性民生建设,完善共建共治共享的社会治理制度,制定促进共同富裕行动纲要,自觉主动缩小地区、城乡和收入差距,让发展成果更多更公平惠及全体人民,不断增强人民群众获得感、幸福感、安全感。"从阐述内容上看,"十四五"规划中的民生问题主要包括健全国家公共服务制度体系、实施就业优先战略、优化收入分配结构、健全多层次社会保障体系、保障妇女未成年人和残疾人基本权益、构建基层社会治理新格局六大方面。

社会民生是一个动态发展的过程,不同时期的民生支出重点也不完全相同,表3-1是2010年以来中国政府工作报告中有关社会民生的重点内容。"惠民生""民生支出只增不减"一直是近几年中国政府对待民生问题坚守的态度。但从中国政府工作报告对民生的范畴描述上看,和本书的民生范畴相比有一定的差别。中国政府的民生更多的是直接与百姓生活息息相关的物质和文化生活的财政支出,而本书的民生与非经营性资源相对应,除了上述民生领域外,还包括为这些民生领域而建的基础设施等开支。

表3-1 2010—2021年的政府民生重点

年份	民生工作指导思想	民生支出重点领域
2010	着力改善民生和谐,促进社会和谐稳定	就业、社会保障、收入分配、房地产市场、医疗卫生、人口和计划生育等
2011	保障和改善民生	就业、收入分配、社会保障、房地产市场、医疗卫生、人口和计划生育、社会管理等
2012	着力保障和改善民生	就业、社会保障、医疗卫生、人口和计划生育、房地产市场和保障性安居、社会管理等
2013	着力保障和改善民生	就业、社会保障、医药卫生、人口政策、社会管理、房地产市场和保障性安居、教育、科技、文化等
2014	着力保障和改善民生	就业、收入、社保、住房保障、安全生产等
2015	加强民生保障	就业、社会保障、居民收入、教育、文化、社会治理、节能环保、能源、生态等
2016	加强民生保障	就业、教育、医疗卫生、社会保障、文化、安全生产等
2017	优先保障和改善民生,基本民生的底线兜牢	就业创业、教育、健康中国建设、民生保障网、文化、社会治理创新、安全生产
2018	提高保障和改善民生水平,不断提升人民群众的获得感、幸福感、安全感	就业创业、收入水平、教育、健康中国战略、住房、民生兜底保障、共建共治共享社会治理格局、文化

续表 3-1

年份	民生工作指导思想	民生支出重点领域
2019	更好保障和改善民生	基本医疗卫生服务、社会保障、文化、社会治理
2020	保障和改善民生，筑牢基本民生的底线	公共卫生体系、基本医疗服务、民生保障、教育、文化、社会治理创新、安全生产
2021	增进民生福祉，持续改善人民生活	更加公平更高质量的教育、卫生健康体系、住房、基本民生保障、文化、社会治理创新

（资料来源：中国历年政府工作报告。）

从民生支出方面看，也需要考虑其经济社会效应。因此，有必要在理论上对民生支出进行经济效应分析，既搞好民生又推动经济发展，实现二者相互促进的良性发展。

二、美国民生支出状况

美国是联邦制国家，组织结构上分为联邦政府、州政府和州以下地方政府三个层级，因此，美国国家财政也划分为联邦财政、州财政和地方财政三级管理。美国从法律上确定了各级政府的事权和财权：联邦财政主要负责国防、外交、社会保障和退休、联邦行政及债务、转移支付等，州财政负责本州的社会福利、教育、医疗卫生、基础设施、行政与债务等，地方财政负责地方教育、公用事业、行政等。从财政支出的发展趋势上看，联邦财政支出在不断地得到强化。美国财政支出的构成种类较多，主要包括国防、医疗、教育、社会福利保障及一般非经营性资源配置等，其中一般非经营性资源配置还包括政府债务利息支出，基本都与民生息息相关，民生支出总和占财政支出的 2/3 左右。

在医疗卫生支出方面，美国的医疗保健支出由政府和社会共同承担。联邦财政承担 65 岁以上老人、残障人士和晚期肾衰竭病人等群体的医疗保障。各州财政基本实行了非普惠型的福利制度，并设立了专门针对低收入人群、老年人和特殊团体的医疗保险项目。提供医疗保障服务的大部分医院以非营利性组织运营的私立医院为主，公立医院为辅。美国的商业医疗保险制度在满足医疗保健方面发挥了巨大作用，为政府节省了大量医疗开支。但 2010 年奥巴马总统出台医改方案后，美国的医疗支出占财政支出的比例又大幅攀升。2019 年在卫生保健领域，美国的财政支出高达

1.71万亿美元，占财政全部开支的24%左右，超过了社会福利保障支出，为美国财政最大的支出项目。

在教育支出方面，联邦政府可以直接向州和地方教育部门拨款，是美国教育拨款中数额最大的项目，旨在提高贫困家庭孩子受教育的机会并惠及全美低收入家庭。联邦政府的教育资金向缺口较大的少数地区和城市倾斜并为其提供财政补贴，并且为无正常学习能力和弱势群体的儿童提供补助。

在就业保障支出方面，美国社会保障支出建立在选择型社会保障制度的基础上，以就业福利为中心，为失业者提供基本保障，财政支出主要用于失业补贴、就业补贴、就业培训和残疾人融入等方面。美国的社会保障支出在为民众提供基本生存保障的同时，也起到了激励民众增强生存能力的作用，属于生存保障的类型。美国社会保障支出的来源为企业与就业者，政府财政支出所占比重不大。

自2002年以来，美国财政收支始终保持"入不敷出"的状态，财政赤字不断攀升。2008年，为应对全球金融危机，美国财政扩张速度明显加快，2010年奥巴马医改计划实施后，美国政府社会保障、福利和医疗支出大幅增长。特朗普总统上任后由于推行一系列财政刺激措施，财政赤字更是大幅上升，2018年美国财政赤字占GDP的比重为3.85%。

2020年，美国联邦政府为拉动新冠肺炎疫情期间美国经济复苏，财政支出高达9.8万亿美元，比收入高了2.6万亿美元，创了新的历史纪录。财政支出主要用于卫生保健及相关领域，支付达到了2万亿美元，用在养老金、退休金及相关领域的支出约为1.5万亿美元，用在教育及相关领域的支出约为1.3万亿美元。2021年拜登总统上台后，拨给教育部的预算比2020年增加41%，拨给卫生和公共服务部的资金增加23%，给环境保护局的预算增加22%。此外，美国的国防支出占全部开支比重逐年下降，占比从20世纪90年代的16%下降至2011年的9%的水平。但近两年美国的国防开支有增大的趋势，拜登政府的2022财年预算案中约有1.5万亿美元用于可支配开支项目，其中大约一半已经被标为国防部开支项目，即0.712万亿美元国防预算，军费开支又开始上升。

三、英国民生支出状况

英国是世界上最早的工业化国家之一，随着资本主义的发展，英国财政的民生支出也在不断增加。1908年英国建立了国家养老金制度，1911年建立了国民健康保险制度和失业保险制度。"二战"后，英国提出了建设福利国家的计划。1948年7月，英国国会先后通过《国民保险法》《国民健康服务法》和《国民住宅法》等九大法案，构成世界上堪称楷模的社会安全制度。1948年，英国向世人宣布，它已建成"福利国家"，基本实现了"最低原则"和"普遍原则"，即保障全体国民的生活不低于维持生存的最低限度，社会保障惠及全体国民，以社会保障为主体，包括医疗保健服务、充分就业、住房、教育等福利民生开支成为英国财政开支的主体。

但庞大的民生福利支出也暴露出很多问题，社会开支的增长率超过了经济增长率，财政出现严重赤字。为了维持民生支出而征收的高额累进税和财产转移税打击了企业家的投资积极性，也引发了自愿失业和移民矛盾等一系列社会问题。于是，撒切尔首相执政期间又开始逐步缩减社会保障开支，但效果并不理想。

医疗卫生支出是英国财政支出中增长最快的支出，这与英国国家卫生服务体系全免费、全方位和全方面服务于全体国民有直接关系。1988—1989财年，英国医疗卫生支出占财政支出的比重为11.7%，到2010—2011财年这一比重迅速上升到17.5%。2020年新冠肺炎疫情全球暴发，英国民生开支继续大幅攀升，政府加大支出以缓解卫生系统积压的事务，并积极应对失业激增，建设新的与民生相关的基础设施。具体包括支出2800亿英镑用于抗击疫情，2021年又拨款550亿英镑来应对疫情带来的经济影响；宣布为期3年的"重启计划"，约30亿英镑，以帮助100万失业1年以上的人找到工作；国民生活工资将上涨2.2%，达到每小时8.91英镑，并扩展至23岁及以上人群；核心医疗预算将增加66亿英镑；学校预算将增加22亿英镑；71亿英镑用作国家房屋建设基金；40亿英镑用作"升级"基金，用于支付具有"真正影响力"的地方项目，如火车站升级、减少交通拥堵、城镇中心改善等。民生支出增长3.8%，为15年来的最大增幅。

四、德国民生支出情况

德国是欧洲联邦制国家，德国政府纵向结构分为联邦政府、州政府、地方政府三个层级。在民生支出方面，联邦财政支出主要包括社会福利、国防、外交，以及部分教育、环保等方面的支出，州财政支出重点是文教事业、医疗保健、公共事务、社会救济等方面，地方财政支出主要用于本地公共事务、公共基础设施等。

民生支出也是德国财政支出的主要项目，就业和社会保障支出占了GDP的1/4左右。19世纪初德国就开始着手建立社会保障制度，是最早建立社会保障制度的国家。从立意之初，德国就旨在实现覆盖所有社会成员的基本保障网，但只保障全民基本生活，而非高水平生活。社会保障体系由社会保险制度、社会福利和社会救助制度构成。养老补贴在社会保障支出中所占比重最大。德国失业保险也是社会保障制度的重要组成部分。近年来，德国加大对劳动力市场的关注，通过发放开工不足补助金等促进失业人员尽早实现就业，劳动力市场的补助补贴也成为增长幅度最大的分项支出。

在住房支出方面，德国拥有大量的公共住房，住房租赁市场与租赁规定完善而发达，相关法律具有强大的约束力，房租价格一直保持稳定并且呈下降趋势。

在教育支出方面，德国是现代义务教育的发源地，义务教育的历史可以追溯到17世纪。政府为义务教育机构提供经费，接受义务教育的学生只需缴纳所占比例极小的学杂费。联邦政府、各州政府和地方政府共同承担教育费用。在义务教育的财政支出中，州政府、市镇政府和中央政府所占比重大约为75%、20%和5%。此外，处于义务教育阶段的学生可以根据学习成绩和个人规划选择接受12年的全日制学校教育，或者选择接受9年全日制学校教育加上3年职业教育的模式。此外，德国还将特殊教育纳入义务教育，从幼儿园开始就设立了智力残疾、身体残疾、盲人学校等9个类型的特殊教育学校，一直保障残疾学生能够和其他健康学生一样完成初等和中等教育。

德国社会医疗保险覆盖率目前已达到99.5%，政府是医疗保障的主导力量并制定了主体框架，建立国家卫生保障制度来满足国民对医疗卫生服务的需求，发挥市场作用以提高国民医疗卫生的可及性，建立风险分担和社会共同筹资制度并严格限定了它们的使用范围。

德国的财政支付转移实现了普惠式的民生财政，促进了基本非经营性资源配置均等化。《德国财政平衡法》为财政转移成果提供了保障，其财政框架、透明原则和运行机制都得以明确。财政转移体系包括了纵向和横向支付、一般和专项支付，体系制度较为完整。德国各州之间即使经济发展不平衡，也可以不经联邦政府而直接进行转移支付，从而缩小了各州之间的差距，使得非经营性资源配置均等化得以实现。2008年的欧债危机，德国就为保护民生出台了大量的刺激方案，共有5.5万家企业申请了短期雇员补贴，受益员工总计130万人。短期雇员补贴为许多中小企业减轻了压力，使员工免于被解雇，从而渡过了难关。2020年新冠肺炎疫情暴发，德国出台了更大规模的刺激计划来避免疫情对社会和经济造成过大的冲击，在紧急采取一系列医疗和社会措施的同时，经济救助方案也很快出炉。包括大大降低短期雇员补贴的门槛，只要企业有10%的员工失去了超过10%的收入，企业便可以申请短期雇员补贴。此前要求必须至少有1/3的雇员收入减少。2022年，德国补贴额度增加为最高230万欧元，适用于中小型企业、大型企业、个体户自雇人士，申请延长至2022年4月。

五、日本民生支出情况

日本民生支出由各级政府分类负责，中央财政主要负责国防、外交、公共安全等，都道府县财政负责港湾、治安等，市町村财政负责卫生、住宅、公共事务等。此外，教育、社会福利等都由中央和地方共同负责。

日本民生开支也主要集中于社会保障，其社会保障制度的宗旨是：对疾病、负伤、生育、残疾、死亡、失业、多子女及其他原因造成的贫困，从保险方面和国家直接负担方面寻求经济保障途径，对陷入生活困境者，通过国家援助，保障其最低限度的生活；同时，谋求公共卫生和社会福利的提高。日本社会保障制度主要内容包括社会保险、国家救济、社会福利和公共卫生四个方面。

受到长期经济不景气和政府频繁更迭的影响，日本财政支出规模周期性变动趋势极为频繁。近年来，日本财政支出规模处于上升时期，2014年日本人均财政支出达到15373美元，比较接近英国的人均财政支出。日本财政支出近年来处于波动变化中，其财政支出占GDP的比重在主要经济体中仍居前列，2014年这一比重达到42.07%。目前，在与民生相关的财政支出领域，社保关系费、教育文化费等居于中央财政支出前列，民生费、教育费、卫生费等居于地方财政支出前列。

2020年新冠肺炎疫情暴发，日本也出台了大规模财政支出的刺激计划，确保实体经济的运作不间断，确保就业和产业链稳定，同时兼顾疫情带来的贫富差距以及在民生救济方面进行驰援。2020年的108万亿日元的刺激计划主要包括：对面临困局的家庭及中小企业发放超过6万亿日元的现金补助；为保护就业，将通过民间金融机构提供无利息贷款，并将暂缓困难企业约26万亿日元社保、纳税负担，促进企业持续和巩固就业；为航空业提供 2 万亿日元援助；等等。

六、新冠肺炎疫情下的中国民生支出状况

中国政府一向以民生为重，即便是在 2020 年新冠肺炎疫情暴发期间，中国共产党执政方针和经济建设的战略目标也都以保障民生为根本出发点。党的十九大报告提出，"使人民获得感、幸福感、安全感更加充实、更有保障、更可持续"，2020 年中国实现了全面小康的目标，打赢了脱贫攻坚战役，在应对疫情的冲击下努力扭转经济下行风险，实现了经济正增长，未来的经济增长也更多地落到民众收入、福祉提升等公共利益的提高上，使民众的幸福感、获得感和安全感具有可持续的保障，也让民众对经济增长拥有更坚实的信心。

为全力应对疫情冲击，纾困企业和保障民生，财政手段成为保民生、稳消费的政策首选，民生支出发放消费券保证民众的生活消费开支，也包括减免税费、对贷款予以贴息、允许企业缓交或者少交"五险一金"，以及扩大基建投资来对冲疫情影响等。另外，2020 年还特别发放了 1 万亿元的抗疫特别国债，其中的主要部分被用在为企业、低收入群体纾困上，特别强调须防范疫情导致低收入人群陷入贫困、返贫。

特别需要提出的是，2020 年 5 月，中共中央政治局常委会会议首次提出的"构建国内国际双循环相互促进的新发展格局"，在保民生、稳发展方面中具有重大意义。双循环以国内大循环为主体，在疫情暴发、国际保护主义上升、世界经济低迷、全球市场萎缩的外部环境下，充分利用中国产业基础实力雄厚、产业链条完整、战略回旋空间大、超大市场规模的特点，畅通生产、分配、流通、消费等经济运行的各个环节以推动实现内部自我循环，包括供需循环、产业循环、区域循环、城乡循环与要素循环等。在艰难复杂的环境下保民生，必须把发展的立足点更多放在国内，持续扩大内需。中国具有改革开放 40 多年来积累的雄厚的物质基础、拥有世界上最完整最大规模的工业供应体系、拥有 14 亿人的大市场和 4 亿中产阶级群体等，这些因素使得中国完全有能力充分发挥国内超大规模市场优势，通过繁荣国内经济、畅通国内大循环为经济发展增添动力。坚持扩大内需的战略基点，形成构建强大的国内市场的"双循环"新发展格局，即一方面通过强大生产能力支撑国内巨大市场需求，另一方面通过国内巨大市场体量反哺生产转型升级，实现高质量发展。"双循环"也是提高教

育、医疗、养老、育幼等民生支出的基础和保障。当然,以国内大循环为主体,绝不是关起门来封闭运行,而是通过发挥内需潜力,使国内市场和国际市场联通,从而更好地利用国际国内两个市场、两种资源。实现"国内国际双循环相互促进",不仅将助推中国开放型经济向更高质量发展,也将稳定全球产业链供应链,给世界经济带来更多利好。

2021年,中国政府继续扎实做好稳就业、稳金融、稳外贸、稳外资、稳投资、稳预期"六稳"工作,全面落实保居民就业、保基本民生、保市场主体、保粮食能源安全、保产业链供应链稳定、保基层运转"六保"任务,积极把消费需求的释放与收入、教育、医疗、养老、住房等民生问题密切结合,在分配环节较快增加居民收入,为民众提供稳定乐观的消费预期,激发消费支撑,进而提高国内终端消费能力。

2021年3月公布的"十四五"规划,从中长期保民生的角度出发,从战略上高度重视居民收入的持续提高,确保民生持续改善,这可以从根本上激活消费、持续推动经济增长。中国的民生发展经验值得世界借鉴。

第三节 社会民生的经济与社会效应

社会民生的财政支出必然会对经济和社会发展产生一系列影响。本节将对社会民生支出的经济和社会效应进行实证研究,揭示民生财政支出的一系列现实影响,为社会民生政策的制定提供依据。

一、世界主要国家民生支出的经济效应

民生支出的主要目的是维护民众的基本生存和生活状态,以及民众的基本发展机会、基本发展能力和基本权益,更高层次的目的是增进民生福祉、改善民众生活品质。直接用于经济领域的投资无疑是为了提升经济效益,那么,用于民生发展的支出是否也会促进经济发展呢?另外,支撑经济持续增长的三个因素——投资、消费和进出口,消费效应也是考虑民生支出的重要参考点,下面以民生支出中的公共教育支出和公共卫生支出为例,分析民生支出对经济增长和消费的影响。

本部分所研究的对象,按照发达国家、中高收入国家、发展中国家的类别选取典型国家,研究国别及指标分布见表3-2。

表 3-2　2001—2020 年代表性国家经济增长、消费增长与主要民生支出

单位:%

国家	指标	2001年	2002年	2003年	2004年	2006年	2007年	2008年	2009年	2010年	2011年	2012年	2013年	2014年	2015年	2016年	2017年	2018年	2019年	2020年
芬兰	GDP增长率	2.61	1.71	2.00	3.99	4.03	5.30	0.78	-8.07	3.19	2.55	-1.40	-0.90	-0.36	0.54	2.81	3.19	1.31	1.27	-2.77
	消费支出增长率	2.45	2.25	3.88	3.45	3.52	3.06	1.49	-3.38	2.53	2.42	-0.09	-0.98	0.19	1.27	2.14	0.52	1.69	0.60	-5.04
	公共教育支出占GDP比重	12.63	12.68	12.80	12.78	12.30	12.15	12.12	11.84	11.95	11.92	12.80	12.45	12.31	12.41	12.34	11.87	—	—	—
	公共卫生支出占GDP比重	5.53	5.86	6.14	6.27	6.52	6.36	6.58	7.24	7.18	7.30	7.65	7.79	7.78	7.58	7.30	7.13	7.10	—	—
德国	GDP增长率	1.68	-0.20	-0.70	1.18	3.82	2.98	0.96	-5.69	4.18	3.93	0.42	0.44	2.21	1.49	2.23	2.60	1.27	0.56	-4.90
	消费支出增长率	1.03	-1.55	0.37	0.66	1.46	-0.10	0.53	0.17	0.86	3.75	1.31	0.09	0.63	1.06	1.62	1.14	1.22	1.33	-6.24
	公共教育支出占GDP比重	—	—	—	—	9.49	10.06	10.04	10.19	10.27	10.67	11.03	11.04	11.15	10.98	10.93	11.04	—	—	—
	公共卫生支出占GDP比重	7.76	7.93	8.05	7.70	7.66	7.56	7.72	8.50	8.40	8.13	8.18	8.40	8.48	8.60	8.68	8.80	8.88	—	—
俄罗斯联邦	GDP增长率	5.10	4.70	7.30	7.20	8.20	8.50	5.20	-7.80	4.50	4.30	4.02	1.76	0.74	-1.97	0.19	1.83	2.81	2.03	-2.95
	消费支出增长率	9.74	8.78	7.99	12.38	12.37	14.35	10.51	-5.16	5.39	6.61	7.34	4.86	0.26	-9.63	-2.72	3.58	4.23	3.19	-8.36
	公共教育支出占GDP比重	9.21	10.58	10.50	11.18	12.40	—	11.96	—	—	—	11.15	10.86	11.49	10.87	10.99	13.47	—	—	—
美国	GDP增长率	3.04	3.22	3.00	2.79	2.94	2.94	3.07	3.50	3.05	3.00	3.15	3.17	3.20	3.11	3.00	3.05	3.16	—	—
	消费支出增长率	1.00	1.74	2.86	3.80	2.85	1.88	-0.14	-2.54	2.56	1.55	2.25	1.84	2.53	3.08	1.71	2.33	3.00	2.16	-3.49
	公共教育支出占GDP比重	1.51	1.62	2.29	2.80	2.07	1.25	-1.15	-2.12	0.91	1.15	0.76	0.75	2.21	3.04	2.03	1.98	2.17	1.95	—
	公共卫生支出占GDP比重	5.97	6.32	6.52	6.61	6.81	6.92	7.25	7.88	7.95	7.93	7.91	7.94	8.24	8.47	8.59	8.55	—	—	—
																		13.86	13.15	—	—
																	13.55	13.15			
																			8.51	—	—

81

续表 3-2

国家	指标	2001年	2002年	2003年	2004年	2006年	2007年	2008年	2009年	2010年	2011年	2012年	2013年	2014年	2015年	2016年	2017年	2018年	2019年	2020年
日本	GDP 增长率	0.41	0.12	1.53	2.20	1.42	1.65	-1.09	-5.42	4.19	-0.12	1.50	2.00	0.37	1.22	0.52	2.17	0.32	0.27	—
	消费支出增长率	1.65	0.95	0.44	1.28	0.97	0.82	-1.06	-0.69	2.38	-0.20	2.19	2.52	-0.73	-0.13	-0.15	1.48	0.19	-0.1	—
	公共教育支出占GDP比重	9.46	9.62	9.67	9.64	9.62	9.77	9.76	—	9.21	9.45	9.37	9.31	9.09	—	8.38	8.38	—	—	—
	公共卫生支出占GDP比重	5.96	6.03	6.09	6.15	6.27	6.41	6.66	7.36	7.50	8.89	9.06	9.09	9.11	9.15	9.11	9.09	9.21	—	—
印度	GDP 增长率	4.82	3.80	7.86	7.92	8.06	7.66	3.09	7.86	8.50	5.24	5.46	6.39	7.41	8.00	8.26	6.80	6.53	4.04	-7.96
	消费支出增长率	4.14	1.15	4.19	3.49	3.33	5.67	2.93	3.53	5.29	6.05	4.18	6.04	5.18	6.73	6.96	5.12	6.44	4.48	-9.87
	公共教育支出占GDP比重	—	—	12.40	11.20	11.7	—	—	11.19	11.83	13.56	13.99	14.05	—	—	—	—	—	—	—
	公共卫生支出占GDP比重	0.80	0.77	0.75	0.71	0.75	0.74	0.80	0.89	0.86	0.94	0.93	0.87	0.86	0.92	0.94	0.96	0.96	—	—
以色列	GDP 增长率	0.10	0.05	1.12	4.20	5.59	5.74	3.00	0.93	5.58	4.63	2.43	4.20	3.92	2.22	3.83	3.56	3.48	3.45	-2.44
	消费支出增长率	1.49	-0.52	-1.64	3.45	3.15	5.85	-0.04	-1.23	2.90	2.01	1.03	1.71	2.16	2.06	4.36	1.34	1.67	1.79	-11.1
	公共教育支出占GDP比重	12.92	12.57	13.56	13.44	13.43	13.31	13.17	13.06	13.71	13.99	14.11	14.59	14.86	15.54	15.45	15.72	—	—	—
	公共卫生支出占GDP比重	4.53	4.58	4.43	4.34	4.31	4.17	4.27	4.33	4.41	4.37	4.45	4.49	4.52	4.51	4.54	4.79	4.86	—	—
南非	GDP 增长率	2.70	3.70	2.95	4.55	5.60	5.36	3.19	-1.54	3.04	3.28	2.21	2.49	1.85	1.19	0.40	1.41	0.79	0.15	-6.96
	消费支出增长率	2.12	1.88	1.58	4.95	7.41	5.15	-0.13	-3.94	2.43	3.55	2.07	0.37	-0.76	0.38	-0.89	0.62	0.44	-0.30	-6.63
	公共教育支出占GDP比重	20.47	20.10	19.60	19.93	18.00	18.03	17.91	18.31	18.04	—	—	—	—	18.70	18.05	18.72	18.90	19.50	—
	公共卫生支出占GDP比重	2.70	2.30	2.37	2.82	3.18	3.19	3.32	3.59	3.91	4.08	4.26	4.21	4.26	4.39	4.36	4.35	4.46	—	—

(资料来源：世界银行数据库, https://data.worldbank.org.cn/, 因资料欠缺, 2005 年的数据未计入。)

芬兰、德国和俄罗斯代表欧洲三种类型的国家：芬兰和德国都是高收入国家，但在民生财政开支上的理念和做法又有所不同，芬兰是福利型国家，德国在福利开支上属于自保公助型国家；而俄罗斯是欧洲转型国家的代表，也是中等收入国家。但数据表明，2001—2020 年的 20 年期间，这三个国家的公共教育开支基本占 GDP 的 10% 以上，相差不大；公共卫生开支方面，俄罗斯相比芬兰和德国更低一些。那么，欧洲这三个代表性国家的以公共教育支出和公共卫生支出为代表的的民生支出和他们的经济增长及消费增长是否存在直接关系呢？图 3-2 至图 3-7 分别以上述三个国家的公共教育支出或公共卫生支出占 GDP 的比重为横轴，对经济增长和消费增长进行了描点。

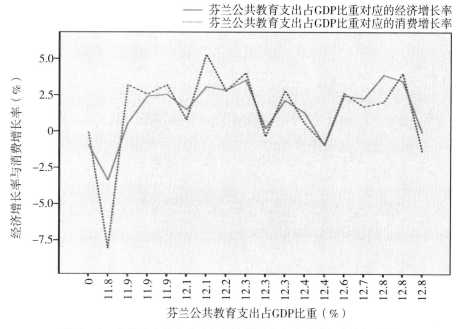

图 3-2　芬兰公共教育支出与经济增长率和消费增长率的相关性

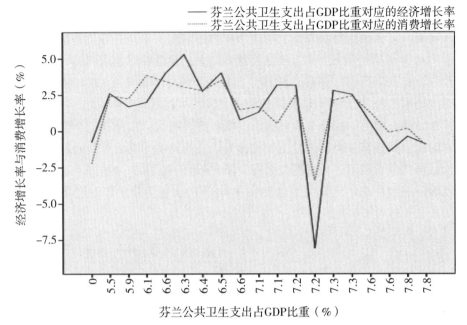

图3-3 芬兰公共卫生支出与经济增长率和消费增长率的相关性

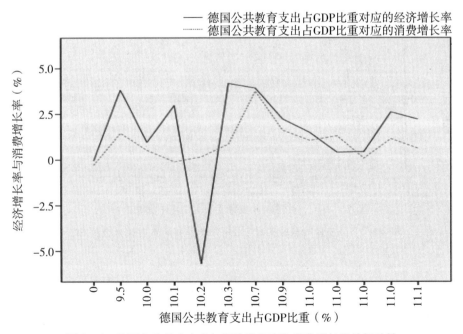

图3-4 德国公共教育支出与经济增长率和消费增长率的相关性

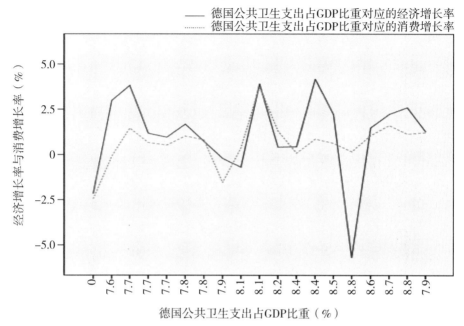

图3-5 德国公共卫生支出与经济增长率和消费增长率的相关性

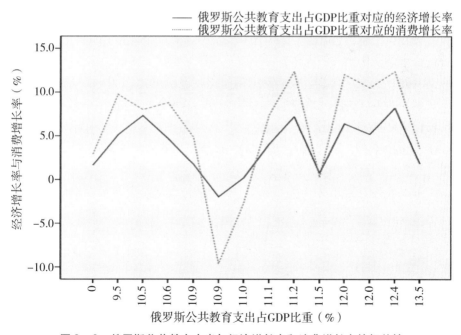

图3-6 俄罗斯公共教育支出与经济增长率和消费增长率的相关性

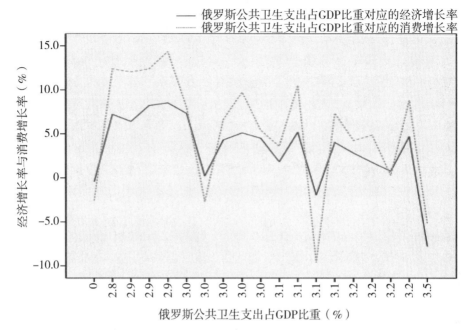

图 3-7 俄罗斯公共卫生支出与经济增长率和消费增长率的相关性

从图 3-2 至图 3-7 中可以发现，经济增长率和消费支出增长率的变化趋势基本相同，也就是说消费增长对芬兰、德国和俄罗斯三个国家的经济增长有带动作用。但具体到民生支出中的公共教育支出对经济增长和消费支出的影响，只有芬兰在波动中基本保持了公共教育支出与经济增长、消费增长的正相关，随着公共教育开支的不断增加，经济增长率和消费支出增长率在 21 世纪初期有较大的增长，但很快就显出平稳发展的态势，总体变动趋势上，公共教育支出对经济增长和消费增长具有正向相关作用。但其他国家的公共教育支出和经济增长、消费增长并未出现相关的联动关系。公共卫生开支与经济增长、消费增长也都没有显示出明显的相关联动性。这些说明近 20 年来，公共教育和公共卫生的主要着力点就是改善民生，影响经济增长的另有其他因素。

美国作为当今世界上最为发达的国家，民生支出对经济增长是否产生影响呢？从图 3-8 中显示的公共卫生支出与经济增长和消费增长的关系上看，没有显示出公共卫生支出对经济的联动效应，公共卫生支出有时促进经济增长和消费增长，有时又是负相关关系，没有固定趋势。但美国消费增长与经济增长趋势高度一致，说明美国是明显的消费带动型经济增长国家。美国一直奉行市场经济原则，财政政策使用较为谨慎，尤其是财政支出方面，与民生相关的财政支出占总体财政支出的60%左右，但更多的是兜底型支出，美国新经济发展特征非常明显，所以以公共卫生支出为代表的民生开支与经济的强劲增长并未呈现出联动关系。

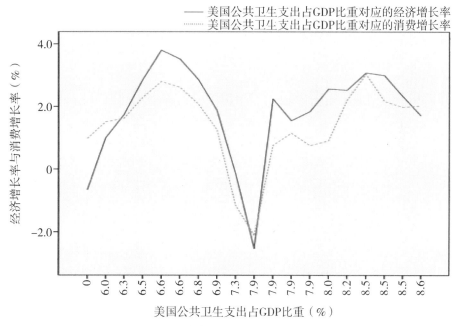

图3-8 美国公共卫生支出与经济增长率和消费增长率的相关性

在亚洲地区，笔者选取了日本、印度和以色列三个国家，这三个亚洲国家的文化、经济实力都存在较大差异。其中，印度作为发展中大国，其公共教育和公共卫生支出，与消费增长有一定的正相关关系，即随着公共教育和公共卫生支出的上升，印度消费总体趋势上呈现一定程度的增长，但与经济增长的相关性不够显著，也说明了印度经济增长并不依赖于消费（如图3-9、图3-10所示）。日本和以色列是发达国家，在公共教育和公共卫生开支方面都没有体现出其对经济增长和消费增长的明显促进关系，但可以发现，随着公共教育和公共卫生支出的增加，日本和以色列的经济与消费增长都趋于稳定（如图3-11至图3-14所示）。

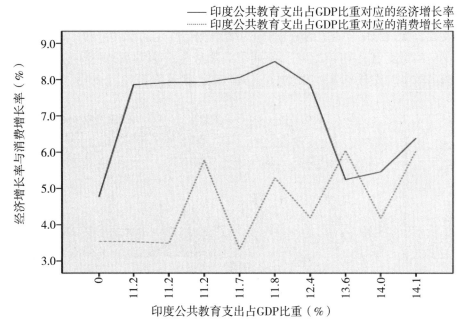

图3-9 印度公共教育支出与经济增长率和消费增长率的相关性

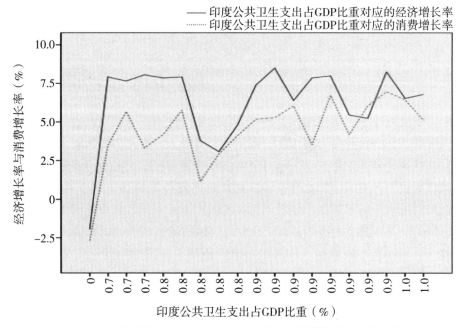

图3-10 印度公共卫生支出与经济增长率和消费增长率的相关性

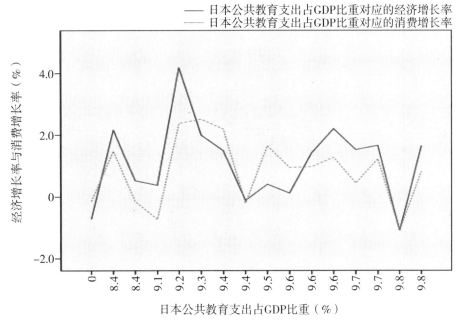

图3-11 日本公共教育支出与经济增长率和消费增长率的相关性

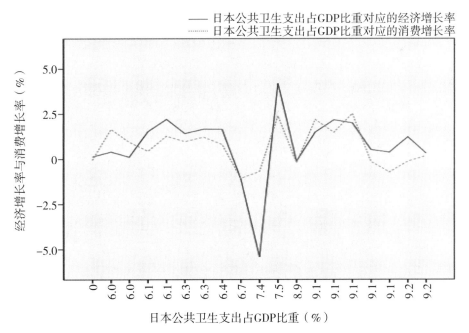

图3-12 日本公共卫生支出与经济增长率和消费增长率的相关性

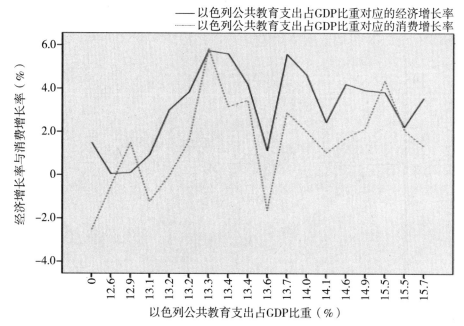

图3-13 以色列公共教育支出与经济增长率和消费增长率的相关性

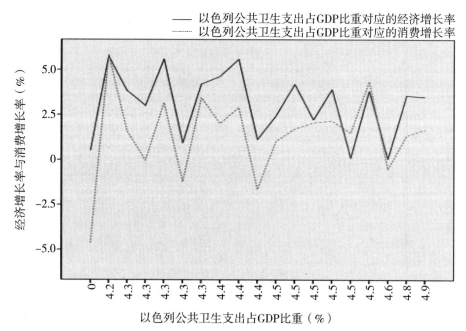

图3-14 以色列公共卫生支出与经济增长率和消费增长率的相关性

非洲的代表性国家选取了南非,没有发现南非公共教育和公共卫生开支与经济和消费增长存在稳定关系(如图3-15、图3-16所示)。

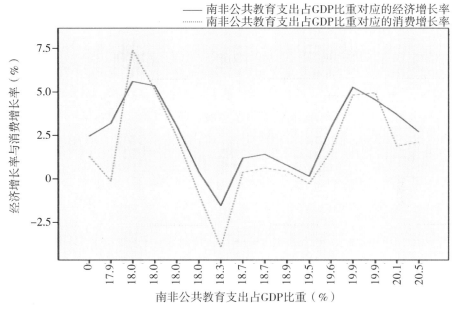

图3-15 南非公共教育支出与经济增长率和消费增长率的相关性

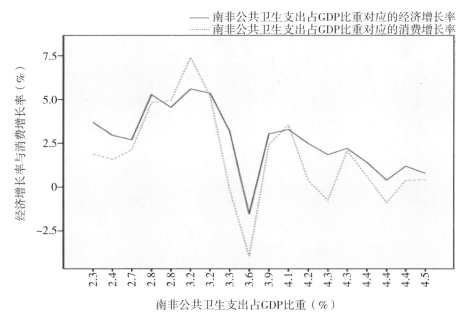

图3-16 南非公共卫生支出与经济增长率和消费增长率的相关性

二、中国社会民生支出的经济效应

2021年8月17日，习近平总书记在中央财经委员会第十次会议上强调，共同富裕是社会主义的本质要求，是中国式现代化的重要特征，要坚持以人民为中心的发展思想，在高质量发展中促进共同富裕。2021年8月26日，中共中央宣传部发布《中国共产党的历史使命与行动价值》，指出"来自人民、依靠人民、为了人民，是100年来中国共产党的发展逻辑和胜利密码"，"不论国内国际形势如何变化，不管顺境还是逆境，党把人民放在心中最高位置，从来没有改变过、动摇过、迟疑过"。从中国民生支出和社会经济发展的相关性上看，不难看出中国民生支出既是为民谋利，同时也与经济发展相辅相成，与西方民生支出经济效应不大的规律相反。表3-3是中国2001—2020年20年间的各项民生支出与GDP和消费支出情况。

表3-3 2001—2020年中国经济总量、消费支出与主要民生支出

单位：亿元

项目	2001年	2002年	2003年	2004年	2005年	2006年	2007年	2008年	2009年	2010年
GDP	110863	121717	137422	161840	187319	219439	270092	319245	348518	412119
最终消费支出	68547	74068	79513	89086	101448	114729	136229	157466	172728	198998
财政支出	18903	22053	24650	28487	33930	40423	49781	62593	76300	89874
教育支出	—	—	—	—	—	—	7122	9010	10438	12550
国防支出	—	—	—	—	—	—	3555	4180	4951	5335
卫生经费	—	—	—	—	—	—	1990	2757	3994	4804
农林水事务支出	—	—	—	—	—	—	3405	4544	6720	8130
就业补助支出	7	11	99	130	161	345	371	415	511	621
社会保障支出	1987	2636	2656	3116	3699	4394	5447	6804	7607	9081
自然灾害生活救助支出	36	39	57	49	63	71	92	357	123	331
行政事业单位离退休支出	625	789	895	1028	1165	1330	1567	1812	2093	2352
城市居民最低生活保障支出	46	102	161	179	198	241	296	412	518	539

续表 3-3

项目	2011 年	2012 年	2013 年	2014 年	2015 年	2016 年	2017 年	2018 年	2019 年	2020 年
GDP	487940	538580	592963	643563	688858	746395	832036	919281	990865	1015986
最终消费支出	241022	261833	300338	328313	362267	399910	437152	480341	551495	—
财政支出	109248	125712	139744	151786	175878	187841	203085	220904	238874	245588
教育支出	16497	21165	—	—	—	—	—	—	—	—
国防支出	6028	6691	—	—	—	—	—	—	—	—
卫生经费	6430	7199	—	—	—	—	—	—	—	—
农林水事务支出	9938	11903	—	—	—	—	—	—	—	—

（一）财政支出与 GDP 和最终消费支出的关系

图 3-17 反映了 2001 年到 2020 年间中国财政支出与经济增长率和消费增长率的对应关系。从曲线趋势上看，财政支出与经济增长和消费增长都高度正相关，财政支出有力地促进了经济增长和消费增长。

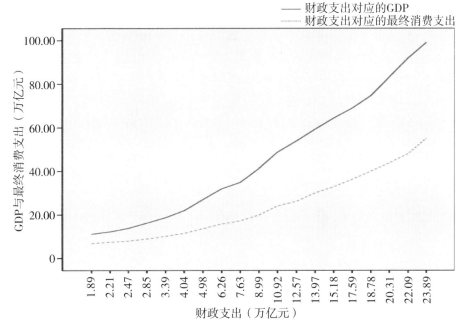

图 3-17　中国财政支出与 GDP 和消费支出的相关性

财政支出和GDP之间的回归分析结果见表3-4至表3-6。

表3-4 财政支出和GDP之间的相关系数

模型	R	R方	调整R方	标准估计的误差
1	0.998a	0.997	0.996	18003.005

a. 预测变量：(常量)，财政支出。

表3-5 财政支出和GDP之间的方差分析

模型		平方和	df	均方	F	$Sig.$
1	回归	1.744E12	1	1.744E12	5382.274	0.000a
	残差	5.834E9	18	3.241E8	—	—
	总计	1.750E12	19	—	—	—

a. 预测变量：(常量)，财政支出。
b. 因变量：GDP。

表3-6 财政支出和GDP之间的回归系数

模型		非标准化系数		标准系数	t	$Sig.$
		B	标准误差	试用版		
1	(常量)	53942.789	7147.707	—	7.547	0.000
	财政支出	3.859	0.053	0.998	73.364	0.000

a. 因变量：GDP。

财政支出是经济增长的直接相关因素。同样，财政支出对促进消费也起到了极大的推动作用，回归结果见表3-7至表3-9。

表3-7 财政支出和消费之间的相关系数

模型	R	R方	调整R方	标准估计的误差
1	0.996a	0.992	0.992	13556.203

a. 预测变量：(常量)，财政支出。

表3-8 财政支出和消费之间的方差分析

模型		平方和	df	均方	F	$Sig.$
1	回归	4.071E11	1	4.071E11	2215.325	0.000a
	残差	3.124E9	17	1.838E8	—	—
	总计	4.102E11	18	—	—	—

a. 预测变量：(常量)，财政支出。
b. 因变量：最终消费支出。

表3-9 财政支出和消费之间的回归系数

模型		非标准化系数		标准系数	t	Sig.
		B	标准误差	试用版		
1	（常量）	25677.476	5510.071	—	4.660	0.000
	财政支出	2.034	0.043	0.996	47.067	0.000

a. 因变量：最终消费支出。

（二）中国民生支出与GDP、最终消费支出的关系

根据表3-3的数据绘制的中国各项民生支出与GDP、最终消费支出的关系图（如图3-18至图3-23所示）显示，除了城市居民最低生活保障支出外，教育支出、国防支出、卫生支出、社会保障支出、就业补助支出等民生支出都与经济增长和消费支出增长呈显著的正相关关系，说明随着各项民生支出的增长，GDP和消费支出都在增长。其中，教育支出和就业补助支出曲线的斜率较大，说明这两项民生支出对GDP和消费的促进作用更明显。

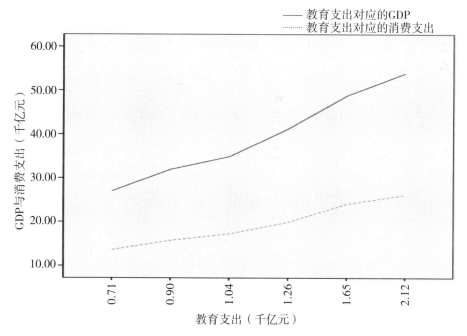

图3-18 中国教育支出与GDP和消费支出的相关性

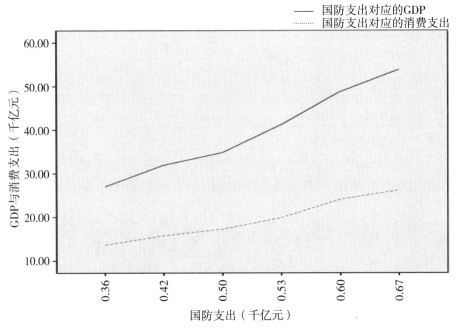

图 3-19　中国国防支出与 GDP 和消费支出的相关性

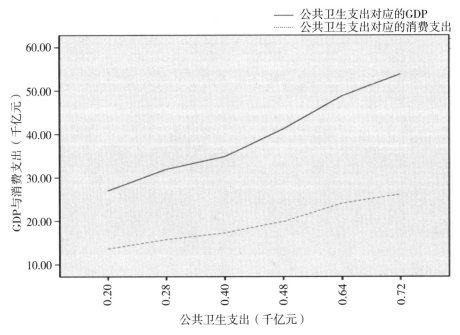

图 3-20　中国公共卫生支出与 GDP 和消费支出的相关性

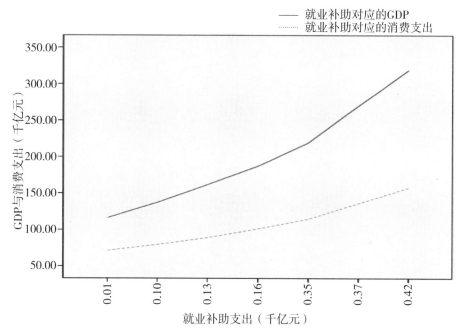

图 3-21 中国就业补助支出与 GDP 和消费支出的相关性

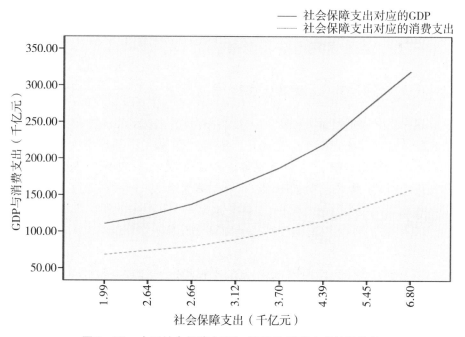

图 3-22 中国社会保障支出与 GDP 和消费支出的相关性

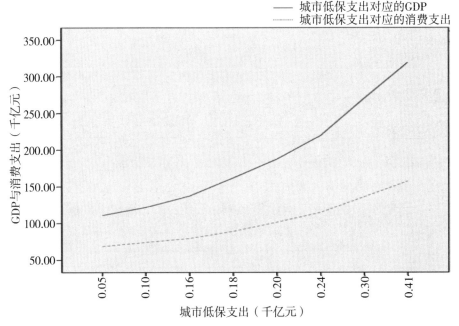

图 3-23 中国城市低保支出与 GDP 和消费支出的相关性

三、社会民生支出的社会效应

(一) 幸福感与公共卫生支出

这里把幸福指数作为社会效应的衡量标准,通过对民生支出与幸福指数之间关系的实证研究,分析了民生支出的社会效应。幸福指数数据来源于《全球幸福指数报告》,这份报告从 2012 年起发布,每年一期,在全世界范围内得到了政府、机构组织、社会团体等的认可。幸福指数的计算是基于人均国内生产总值(GDP)、健康预期寿命、生活水平、国民内心幸福感、人生抉择自由、社会清廉程度和慷慨程度等多方面因素进行研究并得出结果的。

以下是一些代表性国家 2020 年的幸福指数及各维度得分,其中 5.5 分以上为高幸福度,4~5.5 分为中幸福度,4 分以下为低幸福度。

欧洲国家仍然以芬兰、德国和俄罗斯为例,其幸福指数分别如图 3-24 至图 3-26 所示。

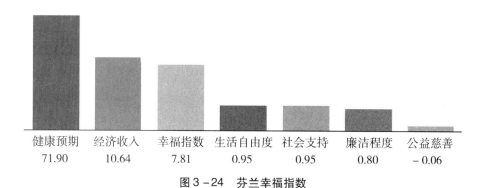

图 3-24 芬兰幸福指数

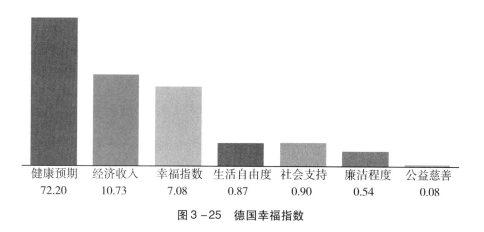

图 3-25 德国幸福指数

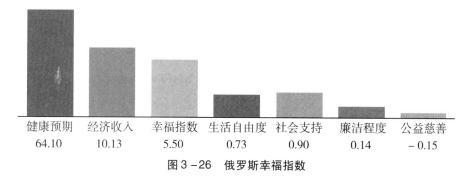

图 3-26 俄罗斯幸福指数

从幸福指数上看，以芬兰和德国为代表的福利国家和西欧国家的幸福度较高，其中芬兰依靠亲近自然、安全、服务的可获得性等优势，连续多年被评为世界上最幸福的国家。俄罗斯为中幸福指数国家，其中健康预期、公益慈善和廉洁程度的得分差异较大。再看2003—2017年这三个国家的公共教育投入和公共卫生投入情况（如图3-27、图3-28所示），芬兰和德国均处在较为稳定的高区间投入水平，而俄罗斯则显出较大的波动和较低的支出水平。

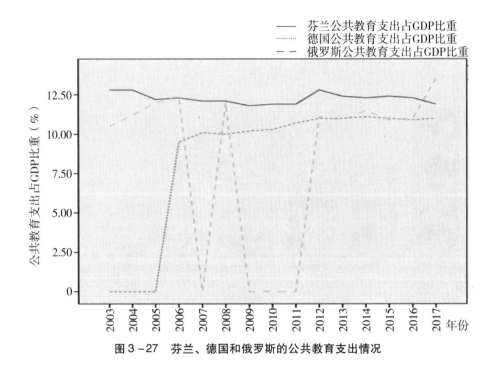

图3-27 芬兰、德国和俄罗斯的公共教育支出情况

第三章 社会民生与经济增长

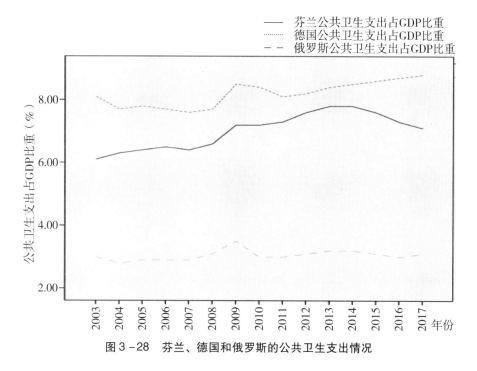

图3-28 芬兰、德国和俄罗斯的公共卫生支出情况

2020年美国幸福指数如图3-29所示。

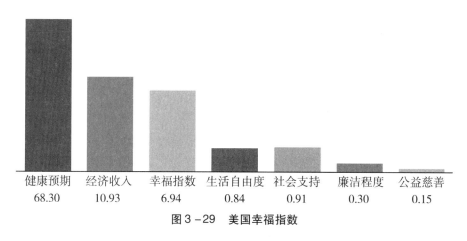

图3-29 美国幸福指数

美国的幸福指数为6.94，低于芬兰和德国，但也属于高幸福指数区间，与芬兰和德国得分的主要差异在健康预期的得分。

亚洲仍然选择日本、以色列、印度和中国,这四个国家2020年的幸福指数如图3-30至图3-33所示。

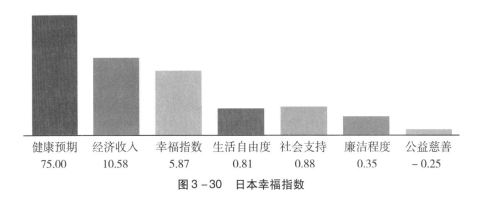

健康预期	经济收入	幸福指数	生活自由度	社会支持	廉洁程度	公益慈善
75.00	10.58	5.87	0.81	0.88	0.35	-0.25

图3-30　日本幸福指数

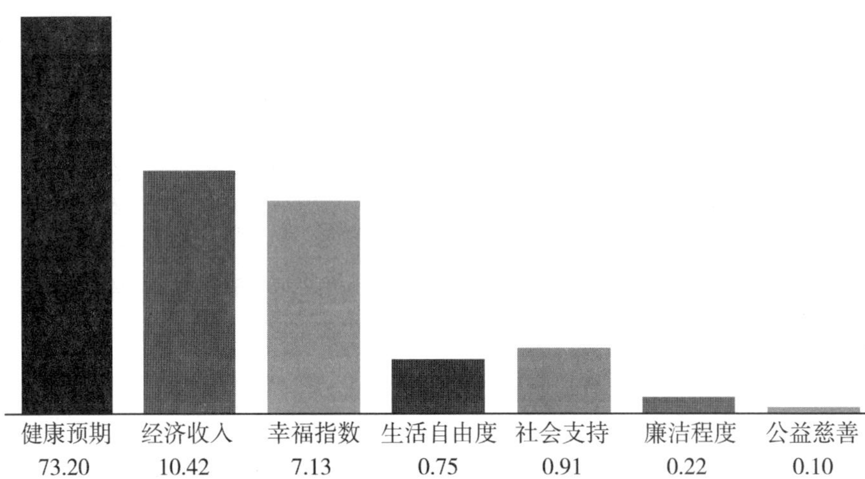

健康预期	经济收入	幸福指数	生活自由度	社会支持	廉洁程度	公益慈善
73.20	10.42	7.13	0.75	0.91	0.22	0.10

图3-31　以色列幸福指数

第三章 社会民生与经济增长

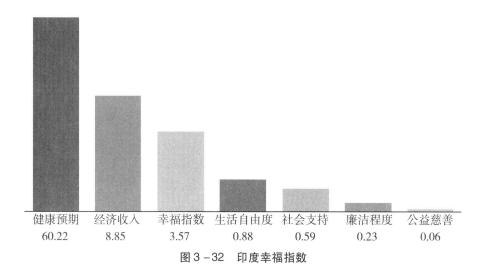

图 3-32 印度幸福指数

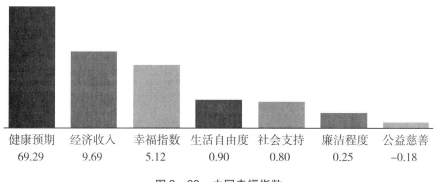

图 3-33 中国幸福指数

其中，以色列和日本属于高幸福指数国家，中国是中幸福指数国家，印度是低幸福指数国家。健康预期指标和公益慈善指标仍是决定各国幸福指数差异的主要因素，印度的健康预期指数明显低于其他国家。

非洲的南非 2020 年的幸福指数为 4.81（如图 3-34 所示），也是中幸福指数国家，其中健康预期和公益慈善方面得分较低。

103

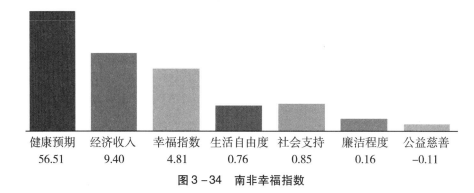

图 3-34　南非幸福指数

由比较得出，幸福指数与健康预期的关系最为密切，健康水平的高低能体现各国的幸福程度。当前，在各个地方区域的整体幸福情况中，从高到低分别为欧美地区＞东亚、俄罗斯、东南亚地区＞南亚与非洲地区，最低分数的主要都是当前战乱的地方，其社会秩序急需重建，更需要世界各国的协助。2021年，受疫情影响，全球超过1/3的国家的人民负面情绪明显上涨，但也有22个国家幸福指数上涨，中国排行上升10位，位列全球幸福国家排行榜第84名。

以公共卫生支出为例，考察幸福指数与公共卫生支出的对应关系，可以发现，公共卫生支出占GDP比重较大的国家的幸福指数也是比较高的，图3-35是2001—2019年几个代表性国家的公共卫生支出占GDP比重从高到低的排名，世界公共支出占GDP比重的平均值为5.64%。综合前面各国的幸福报告情况，可以发现公共卫生支出较大的国家，其幸福度也较高。

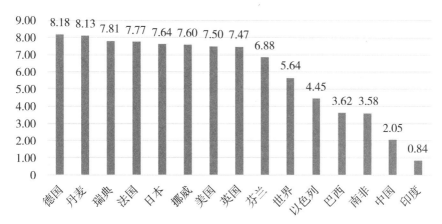

2001—2019公共卫生支出占GDP比值均值（%）

图3-35 2001—2019年代表性国家的公共卫生支出占GDP比重排名

（二）幸福感与公共资源使用公平性

公共资源使用公平与否是衡量社会民生质量的重要指标，世界银行对不同类型国家按照公共资源使用公平性进行了评级，6分为最高分，1分为最低分，表3-10统计了一些国家2005年至2020年间公共资源使用公平的评级得分均值，图3-36展示了公共资源使用公平评级与幸福指数的对应关系。

表3-10 公共资源使用公平性与幸福指数

指标	公共资源使用公平性评级均值 （2005—2020年）	幸福指数 （2020年）
重债穷国	3.32	4.31
最不发达国家	3.29	2.57
低收入国家	3.27	4.19
中低收入国家	3.39	4.15
中等收入国家	3.45	4.83
中高收入国家	3.47	6.47

［资料来源：2020年全球幸福指数报告分析（https：//public.tableau.com/app/profile/gavincc/viz/2020_15955190163770/sheet0）、世界银行集团国家政策和制度评估（CPIA）数据库（https：//data.worldbank.org.cn/indicator/IQ.CPA.PRES.XQ?view=chart）。］

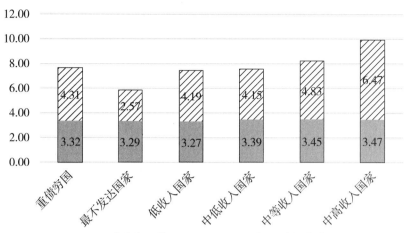

图3-36 公共资源使用公平评级与幸福指数的对应关系

可以看出在公共资源使用公平性上,各国都做得不够好,满分为6分的评级,得分都达不到4分。公平性与收入有一定正向关系,但不完全相关,比如重债穷国,其公共资源公平性反而好于最不发达国家和低收入国家,相对应地,重债穷国在幸福指数上也高于最不发达国家和低收入国家,甚至高于中低收入国家。这说明公平性对幸福的影响大于收入绝对值对幸福的影响。因此,要真正实现民生的最高理念——增进民众福祉,不但是要做大蛋糕,更重要的是更公平地分蛋糕。社会民生的进步也绝不仅仅是看民生支出的总额,还要看民生支出的结构和非经营性资源分配的公平性。

❋ 本章小结 ❋

非经营性资源配置的主要目的是解决民生问题、保障民生和改善民生,社会民生发展始终都是政府各项政策调整和制定的着力点。目前,无论实践还是理论,基本都形成共识,即社会民生稳定与经济增长是任何社会实现长治久安都必须重视的两件大事,二者缺一不可。但社会民生主要围绕非经营性资源的配置展开,更强调满足民生的基本需要,保障民生与经济飞速增长的需要之间对资源配置似乎又存在争夺,二者之间的互动机理、联系媒介和支撑其进行相互作用的外部条件需要进一步明确,以便更

好地把握经济发展与社会民生相互作用的规律,从而能够更好地促进经济社会的协调发展。

社会民生的支出特指财政支出中用于社会民生的部分。用于社会民生的财政支出也可以看作非经营性资源的配置。

财政支出通常是指国家为实现其各种职能,由财政部门按照预算计划,将国家集中的财政资金向有关部门和方面进行支付的活动。按经济性质,财政支出可以分为生产性支出和非生产性支出。生产性支出指与社会物质生产直接相关的支出;非生产性支出指与社会物质生产无直接关系的支出,如国防支出、武装警察部队支出、文教卫生事业支出、社会保障和福利救济支出等。民生支出通常与非生产性支出直接相关,在财政总体支出中所占的比重逐年上升,社会保障、就业、教育、医疗卫生、环境保护等民生领域的支出在各国财政支出中都占据较大比重,甚至已经处于主导地位。民生支出虽然不是直接的生产性支出,但其支出也会间接地影响生产活动,其经济效应不容小觑。

社会民生的财政支出必然会对经济和社会发展产生一系列影响。本章第三节通过对社会民生支出的经济和社会效应进行实证研究,揭示了民生财政支出的一系列现实影响,为社会民生政策的制定提供了依据。

思考讨论题

1. 社会民生与经济增长的关系是什么?
2. 阐述中国经济发展与社会民生的互动规律。
3. 总结世界主要国家的社会民生支出状况。
4. 世界主要国家民生支出的经济效应有哪些?
5. 社会民生支出的社会效应有哪些?
6. 阅读以下材料并思考:浙江在处理经济增长和共同富裕的问题上是如何操作的?经济增长放缓是否意味着幸福感将会降低?

浙江"共同富裕"问题:不仅要学会做大蛋糕,更要学会公平分蛋糕

中国决策层将"共同富裕"作为下一阶段发展的重心,并敲定在浙江试点。

分析指出,民营经济发达、新兴行业发展迅速,是浙江被选为新一轮改革排头兵的因素。但反过来说，缺乏国有企业兜底（保底）、优势产业分布不均，也可能成为当地推展改革的阻力。

中国本月11日（应为2021年6月10日）发布文件，支持浙江高质量发展，建设共同富裕示范区。这份名为《中共中央国务院关于支持浙江高质量发展建设共同富裕示范区的意见》的文件指出，促进共同富裕是一项"长期艰巨"的任务，需要选取部分地区先行先试，做出示范。

国家发改委上周四（2021年6月17日）则为浙江的改革勾勒更具体的路线图，提出在科技创新、数字化改革、分配制度改革、城乡区域协调发展、公共服务、生态产品价值实现等方面，给予改革授权，允许浙江先行先试。这意味着上述几个领域可能成为浙江建设共同富裕示范区的切入点。

国家发改委负责人解释，选择在浙江设立共同富裕示范区，除了当地省情更具代表性，也因为浙江的富裕程度和发展均衡性较高，开展示范区建设的空间和潜力较大。

浙江户籍人口中，城市和农村人口各占一半。全省去年居民人均可支配收入为52400元，仅次于上海和北京。此外，城市居民收入是农村居民的1.96倍，远低于全国的2.56倍，城乡发展差距较小。

根据中共浙江省委审议通过的共同富裕示范区实施方案，全省要在2025年时将地区最高和最低人均生产总值（GDP）差距缩小到2.1倍以内，地区人均可支配收入高低差缩小到1.55倍以内，城乡居民收入差距缩小到1.9倍以内。此外，还要让家庭年可支配收入介于10万元至50万元的群体占比在2025年达到80%，构建以中等收入群体为主体的橄榄型社会结构。

试验收入分配制度改革

为实现上述目标，浙江将探索新的高质量发展路径、协调城乡区域发展，并试验收入分配制度改革。这包括加大对市县转移支付等调节力度、拓展基层发展空间、推动更多低收入群体迈入中等收入群体行列。

这些措施中最受关注的收入分配制度改革，可能涉及税收、土地等多方面财政转移问题，也涉及大量资源与利益再调整。而在缺乏国企兜底的浙江，财政转移和资源调整的代价，可能得由民营企业一肩扛起。

华中科技大学教授陈波向记者分析,浙江作为纳税大省,原本就是中国收入再分配的主要贡献地之一。如果还要在省内加大转移支付力度,用发达地区的财政资源扶持落后地区,可能导致当地企业税赋进一步加重,进而导致企业发展动力减弱。

此外,教育、医疗等资源多集中于省会城市,要是将这些资源平均分配到各地,也可能遭到既得利益群体抵制。因此,收入分配改革不能只是简单地"劫富济贫"。陈波说:"共同富裕不是吃大锅饭,不能走回改革开放前的老路。共享资源的一个思路是取消户籍限制,让省内人口有自由流动的权利,在浙江省先实现一体化,再依此合理分配资源。"

重庆大学经济学教授兼宁波诺丁汉大学讲座教授姚树洁受访时指出,虽然浙江的改革着眼于"分蛋糕",但前提是要继续做大蛋糕,例如将数码经济这类高质量发展方式普及到全省。

尽管身为数码经济大省,但浙江互联网经济主要集中在电商巨头阿里巴巴的总部杭州,其他地区仍以服装、化纤和食品加工等传统制造业为主。根据浙江省统计局数据,浙江省数字经济核心产业增加值过去5年里年均增长15.2%,而同期杭州年均增幅近20%,明显高于全省平均水平。

浙江省经济和信息化厅数字经济处副处长黄武今年初撰文指出,浙江数码经济面临与制造领域融合应用深度不够、地区发展不平衡等问题;有必要加强信息技术与制造业融合发展,并在强化杭州引领优势的同时,推动其他地区加快发展数字经济。

姚树洁指出,帮助落后地区实现产业转型,需要将人才和技术等资源从杭州等发达地区转移,这往往会拖累整体经济效益。"现在浙江要摸索的,就是兼顾公平和效益的发展路径。如果成功了,这个模式就能复制到江苏、广东、福建等沿海城市,并最终推广到全国。"

(资料来源:https://www.sohu.com/a/473388948_129479,有修改。)

经济增长放缓并不意味着幸福感降低

随着政府放松新冠疫情限制措施,经济增长预期正在上升。由于英国的疫苗接种率较高,其前景尤其乐观,经合组织(OECD)估计,英国2021年的经济增长率将达到7.2%。预测值还会调整,但有一点是确定的：当经济复苏时，这种复苏将由消费者支出所推动。

长期以来，情况一直如此：我们的经济是由个人国内消费推动的，它占到英国经济总值的65%左右，在美国经济总值中这个占比更高。与所有富裕社会一样，大部分此类支出不再用于购买基本生活必需品，例如食物、居所和令身体感到舒适的产品。相反，它肩负着一系列的社会功能，从获得他人的尊重和关心到展示身份等。即使是在农贸市场买的有机豆瓣菜也比沙拉更能传递一种信号。

这就是为什么当我们的社交生活突然被转移至电脑屏幕上的方形图标中时，私人消费也随之急剧下降。这也是为什么今年需求增幅最大的商品类别是服装和美容产品，它们在过去18个月出现历来最大跌幅。

然而，抛开人们即将因疫情结束而产生的欢快情绪不谈，目前尚不清楚消费者支出是否仍将继续成为经济增长的引擎——至少从工业革命以来，消费者支出就一直是经济增长引擎。许多线索表明，这种情况不会延续。这意味着，在可预见的未来，英国等后工业化国家的经济增长率可能会降低很多。

然而，这种放缓不一定意味着毁灭。相反，它可能是社会进步的副产品：高度的经济发展进入一个稳定期后，人们可以更多地投身于并非主要是为了提高产出的活动。

首先，正是因为把增长作为我们的共同目标，我们才实现了前所未有的繁荣。即使在一场严重的疫情影响下，我们的社会仍然是全球有史以来最富有、最健康和最安全的社会。然而，越来越明显的是，创造更多产出不再能让幸福感得到进一步的提升。

出乎意料的是，这种转变已经反映在品位的变化上。一个正在崛起的、跨越了传统收入鸿沟的企业家阶层开始轻视炫耀性消费者，而疫情加快了这一趋势。

取而代之的，我们目睹了市场营销学者所说的"非炫耀性消费"的兴起：这种消费模式摒弃了高调的标签或者刻意想要引人注意的做法，注重"可持续性""意义"和"健康"，把这些看作优秀的新标志。

调查显示，消费者最希望恢复在外出就餐和旅游等服务方面的支出，而不是商品方面的支出。这是发达经济体的一个普遍趋势，它也会带来众所周知的影响：与制造业商品不同，服务业较不容易引起生产率提升。

为了避免这些支出看起来像是有关富裕消费者品位的肤浅问题，它们构成了影响生活各个方面的消费偏好的一部分。以上班族为例。有关千禧一代在选择职业时更看重"意义而不是薪水"的说法已经成为套话,但他们似乎愿意付诸行动:德勤(Deloitte)2019年的一项调查发现,49%的千禧一代计划在未来两年内辞职。

....

过去10年的情况表明,人们对社会和环境成本的容忍是有限度的——这些成本现在常常被看作是总财富最大化的必然结果。超过这个限度,平均收入的增加就不再能带来同等的幸福感提升。人们有理由认为,在大西洋两岸的富裕经济体中,我们可能已经达到了这个极限。

如今不同的是,越来越多的人正在认识到这一点,并相应地调整自己作为消费者、劳动者和选民时的行为。我们可能正处于长达两个世纪的高增长时期中的一个转折点。我们也可能因此而变得更好。

(资料来源:克日什托夫·佩尔茨《经济增长放缓并不意味着幸福感降低》,载英国《金融时报》2021年7月19日,有修改。)

第四章　成熟市场经济的非经营性资源配置

本章共分为三节。第一节阐述了成熟市场经济"双强机制"理论,对三种市场类型和三种政府类型以及它们之间的九种组合模式进行了分析,由此得出有为政府与有效市场的内涵及标准,并进一步阐述了成熟市场经济"双强机制"理论。第二节对成熟市场经济下的非经营性资源配置进行了分析,对资源配置活动中的"强政府"与"强市场"进行了界定,阐述了成熟市场经济政府的资源配置功能,介绍了成熟市场经济条件下的中国社会民生管理模式。第三节对美国社会民生资源配置的特点、美国扶贫工作中的非经营性资源配置手段和美国政府资源配置领域的扩张行为进行了分析。

第一节　成熟市场经济"双强机制"理论

一、三种政府类型

对政府类型的划分仍要从资源的三种分类入手,即从政府对非经营性资源、可经营性资源和准经营性资源的不同介入可以将政府划分为"弱式有为政府""半强式有为政府"和"强式有为政府"三类。只关注非经营性资源的政府可以被称为"弱式有为政府";不但关注非经营性资源,对可经营性资源也给予一定扶助的政府可以被称为"半强式有为政府";而那种对非经营性资源直接配置、对可经营性资源积极扶助、对准经营性资源超前引领的政府则可以被称为"强式有为政府"。

世界各国政府的实践和中国改革开放的成功经验告诉我们,为防范城市资源闲置浪费或城市建设管理低质无序问题,各国政府都会局部或大部分地把准经营性资源放置市场去开发、经营和管理。此时,其载体,即项目公司的股权性质与结构,必须符合市场竞争规则;其运营,即项目的投资经营管理,必须通过市场竞争手段来实现。因此,一国政府对经济发展和增长的推动,实质表现为与其他国家或区域对三类资源的有效配置及与之相配套的政策措施优劣的相互比较和相互竞争上:①对非经营性资源的有效配置与政策保障,能促使社会协调稳定,提升和优化经济发展环境;②对可经营性资源的有效配置和政策匹配,能促进市场公开、公平、公正,有效提高社会整体生产效率;③对准经营性资源的有效配置和参与竞争,能推动城市建设和经济社会全面可持续发展。三种资源优化配置和政策配套,是一个大系统,是区域与区域、国家与国家之间的一个大竞争,是一个大市场体系的竞争。

(一) 弱式有为政府

1. 含义

"弱式有为政府"是指政府只关注非经营性资源的配置及相关政策配套,而对可经营性资源的配置和配套政策问题认识不清,没有举措。这种政府管理模式也常常被称为"小政府"模式。

2. 特征

这种弱式有为政府推崇市场机制,在思想与政策上尽可能限制政府在资源配置中的作用,行为表现相对消极和被动,只在非经营性资源较多的公共领域发挥作用,对经济领域一般采取不干涉的态度,以政府最小的权威来保障经济运行,尽可能依靠市场自身力量调节经济运行,哪怕市场调节需要付出较大代价或需要较长时间,政府也不直接干预。因此,弱式有为政府通常将其职能收缩限制在"最小化"或是"守夜人"(例如法庭、警察、监狱、防卫部队等)的这些基础功能的提供上。同样,对国家权威的分散与下放也是弱式有为政府的特色,认为政府应将权威下放至小型的管辖范围(如区域和乡镇),而不是较大的管辖范围(如州和国家)。最后,弱式有为政府通常反对政府直接参与接济,反对在经济上进行财富重新分配和补贴。在政策安排上基本是低支出、低税率、低社会福利,强调个人的自由意志和自我负责精神。

(二) 半强式有为政府

1. 含义

我们把只关注非经营性资源和可经营性资源的配置及相关政策配套的政府称为"半强式有为政府"。这类政府在履行公共职责、社会保障等基本职能外，对市场运行状态也予以关注，或者在市场运行失灵时，运用有效需求或有效供给的相关政策措施进行宏观调控、调整和干预，防止经济陷入过度低迷带来经济运行中的重大损失与破坏；或者开始着手经济战略发展，对产业布局规划、引导，对生产经营扶持、调节，对市场竞争"三公"监督、管理，调控物件上涨，控制失业率，以力图促进国家总供给与总需求动态平衡。但其对准经营性资源仍认识模糊，界定不清，政策不明，措施不力，效果不佳。

2. 特征

半强式有为政府对准经营性资源的内涵与界定不清晰，但对可经营性资源则在市场失灵时加以调控，主要特征如下。

（1）承认市场是资源配置的决定性力量，但关注市场运行态势，不一味消极。

（2）对涉及整体经济布局和国计民生重大领域的可经营性资源采取扶助态度，根据项目的战略意义和资产专用性程度选择扶助或干预方式。

（3）对容易产生"市场失灵"的经济领域给予调整和引导。

（4）对市场资源配置主体不愿意进入的领域，直接进入或者以适当的方式促成市场主体进入。

（5）对可经营性资源的调整和扶助具有一定的临时性和灵活性，主要以弥补市场调节不足为主。

(三) 强式有为政府

1. 含义

"强式有为政府"是指政府能够对准经营性资源进行准确界定并能够与市场协同配置，政府充分发挥其经济导向、调节、预警作用，依靠市场规则和市场机制，通过引导投资、引导消费、引导出口的作用，运用价格、税收、利率、汇率、法律等手段和引领制度创新、组织创新、技术创新和理念创新等方式，对非经营性资源、可经营性资源、准经营性资源三类资源各自采取有针对性的政策措施，有效配置各类资源，形成领先优势，促进区域经济科学发展、可持续发展。因此，"强式有为政府"也可以理解为"超前引领"的政府。①

2. 特征

"强式有为政府"不仅关注非经营性资源和可经营性资源的配置与政策配套，而且参与和推动准经营性资源的配置和政策配套。这三类根据国家经济分类的资源，发挥政府的经济导向、调节、预警作用，依靠市场规则和市场机制，运用投资、消费、出口、价格、税收、利率、汇率、政策、法规等手段，开展制度、组织、技术、理念创新。通过有效配置非经营性资源改善经济发展环境，通过有效配置可经营性资源提升经济发展活力与协调性，通过有效配置准经营性资源形成领先优势，三者共同促进国家全面科学可持续发展。强势有为政府是各国参与世界大市场体系竞争的制胜路径。

（1）强政府可以通过积极调节经济导向、预警形成区域竞争，推动经济发展。在市场经济条件下，强政府的职能不仅是公共事务的管理和服务，还包括协调和推动经济发展。例如：制定经济规范和维持市场秩序；保持宏观经济稳定，提供基础服务；培育市场体系，保证市场有序进行；进行收入再分配，实现社会公平目标；等等。强政府的双重职能，一方面代表了市场经济的微观层面，另一方面代表了市场经济的宏观层面，即国家政府通过宏观引领来调控经济发展。

市场经济的竞争主体存在双重要素，即企业和政府。在微观经济层面，市场竞争的主体只有企业；在中观经济层面，市场竞争的主体还包括政府。它们形成市场经济体系中两个层面的竞争，成为区域经济持续快速发展的"双动力"。

（2）强政府的"超前引领"以市场机制和市场规则为基础。在市场经济体制下，资源配置应该通过价格机制的作用来实现的。强调强政府，并非等于政府什么都要管，而是将可经营性资源放给市场去管，将非经营性资源交由政府管好，对于准经营性资源，则根据区域市场发展的成熟程度和社会民众可接受状况，交由政府与市场共同处置。不适当的政府进入

---

① 以下章节中，我们也把"强式有为政府"简称为"强政府"，把"强式有效市场"简称为"强市场"。

可能会妨碍市场的正常发育,从而导致更多的政府干预。反之,适度的政府市场行为界定不仅有利于社会目标的实现,还能促进市场的发育。发展经济学家威廉·阿瑟·刘易斯有一句名言:"政府的失败既可能是由于它们做得太少,也可能是由于它们做得太多。"① 所以,必须依靠市场规则和市场机制来选择合适的政府市场行为界定,通过引导投资、消费、出口的作用,运用经济和法律等手段及各种创新方式,有效进行和指导三类资源的配置,形成领先优势。

(3)强政府引领的目的是有效配置各类资源,形成领先优势,实现可持续发展。对于政府的作用,有很多形象的说法,从最初亚当·斯密的"守夜人",到凯恩斯的"看得见的手",再到米尔顿·弗里德曼(Milton Friedman)的"仆人"政府,等等。而强政府的角色用"公仆"或者"保姆"来形容都不够全面,用"引领"会更加准确。引领,一方面表示政府有导向、调节和预警作用,另一方面表示是用投资、价格、税收、法律等手段,借助市场之力起作用。在经济发展还处于低水平的时候,需要"摸着石头过河",大胆地试、大胆地闯。但发展到了一定阶段,就需要对发展进行超前引领、有效规划、实施推进。

3. 强政府的"超前引领"范畴

对于一个经济体的发展而言,制度、组织、技术、理念等要素都很重要,因此,可以将政府的"超前引领"(GFL)归纳总结为制度的"超前引领"、组织的"超前引领"、技术的"超前引领"和理念的"超前引领"。

制度的"超前引领",是指充分发挥政府,特别是区域政府在制度创新中的作用,通过创设新的、更能有效激励人们行为的制度和规范体系,改善资源配置效率,实现社会的持续发展、变革和经济的持续增长。它的核心内容是社会政治、经济和管理等制度的革新,是支配人们行为和相互关系的规则变更,是组织与其外部环境相互关系的变更,其直接结果是激发企业和社会的创造性和积极性,促使新知识的不断创造、社会资源的合理配置及社会财富源源不断地涌现,最终推动社会的进步。只有创新型政府,才能发挥制度上的超前引领作用,形成创新型的制度。

---

① Lewis W A. "Reflections on Unlimited Labour". in Marco L E (ed.). *International Economics and Development*. New York: Academic Press, 1972, p.75.

组织的"超前引领",是指通过政府,特别是区域政府在政府组织管理结构、组织管理方式和组织管理模式等方面进行的创新活动,从而引领企业和社会的组织管理创新,提高经济和产业发展的组织基础,促进经济发展和社会进步。通常而言,组织管理创新的内涵和目的实质上是区域管理模式或商业模式的变革与创新。

技术的"超前引领",是指发挥政府在集中社会资源中的优势,使其直接或间接参与科研组织、科研活动、科研项目和技术发明,推动技术进步,促进企业技术创新能力建设。其包括两个方面:一是为企业提高技术创新能力创造一个有利的外部环境,如加强专利体系和产品标准化建设等;二是采取一系列直接在经济上激励企业技术创新的措施和政策,如通过关键技术领域的研发资助计划或设立技术基金等。

理念的"超前引领",是指政府在行使宏观公共权力和管理社会的过程中,对不断出现的新情况、新问题进行前瞻性的理性分析和理论思考,对经济和社会现象进行新的揭示和预见,对历史经验和现实发展进行新的理性升华,从而指导经济制度和组织形式的创新和发展。在新的经济发展阶段,只有全面创新区域政府的理念,如公民社会理念、有限政府理念、政府公开理念、政府效能理念等,才有可能为创新区域政府的管理体制、管理行为、管理方法和管理技术,提供正确的价值导向和巨大的创新动力。

二、三种市场类型

根据市场在经济运行中的完备性和发挥力量的强弱,我们可以将市场分为弱式有效市场、半强式有效市场和强式有效市场三种类型。通常而言,市场资源配置比较多关注可经营性资源,由于可经营性资源的完全竞争性和完全排他性,使得市场价格机制可以得到充分的发挥,那些遵循市场规律的市场竞争主体可以得到来自市场的充分回报,实现市场资源配置的高效性。非经营性资源的配置相对于市场而言,因其明确的非排他性和非竞争性,往往是市场无法完成的,所以这类资源的配置不归属于市场。还有一类准经营性资源的配置,市场可以在某种程度上介入,但在市场经济发展初期,这类资源的界定还不够清晰,市场也缺少完备的手段对这部分资源实施有效配置,所以关于准经营性资源的配置主体和配置手段是否明确和完善,也可以看作市场经济"强弱"的一个标志。

1970年，尤金·法玛（Eugene F. Fama）针对证券市场提出了"有效市场"假说，即从价格的交易信息承载量上来判断市场的强弱。他认为，当价格反映了全部的市场信息或者说价格完全由市场决定时，它是"强式有效市场"；如果价格的决定包含了较多市场以外的其他因素，它意味着市场是"弱势"的；介于二者之间属于"半强式有效市场"。在此，我们暂且不论其以价格交易信息承载量大小为标准来界定"有效市场"的强弱是否合理，但其对现代市场作用有强式有效市场、半强式有效市场与弱式有效市场之分是肯定的。

笔者认为，现代市场作用之分应按现代市场体系发挥功能作用的状况或程度来界定。市场最初只具备市场要素体系和市场组织体系这两个要素，在发展过程中，市场法制体系和市场监管体系逐渐建立、健全，到了市场发展的成熟阶段，也就是现代市场体系阶段，市场环境体系和市场基础设施要素也发展到相应高度，成为现代市场体系的重要组成部分。根据市场体系发展的进程，可以按照这六个要素的具备程度将市场分为弱式有效市场、半强式有效市场和强式有效市场三种类型。

（一）弱式有效市场

1. 标志

"弱式有效市场"是指只具备市场要素体系和市场组织体系的市场，对于资源类型的划分还不够明确，市场该负责哪类资源配置还处于一种自发的探索阶段，一般出现在市场经济的发育初期。

2. 内涵

"市场要素体系"是各类商品市场和要素市场构成的体系，包括可供交换的商品、商品的卖方和买方。商品既包括有形的物质产品，也包括无形的服务，以及各种商品化了的资源要素，如资金、技术、信息、土地、劳动力等。各类市场的最基本运行要素就是指价格、供需和竞争等。"市场组织体系"则是指在社会分工的基础上，各类市场在价格机制的引导下形成一个有机联系的整体，具体是指由各种市场要素组合而成的各类市场实体及市场中介机构。包括各类商品和生产资料的零售机构、批发机构、跨境贸易机构等，以及各种专业劳动力市场、金融机构、技术信息交易机构、产权市场、房地产市场等中介组织，它们相互联系、相互制约，有效调配市场要素开展各类生产和服务，提高市场运作效率，实现市场运行体系下的组织发展和消费效用的最优化。市场要素体系和市场组织体系意味着市场在资源配置中发挥着基础作用，无论消费还是生产，基本都可以纳入市场体系中。所以，具备这两个要素的市场可以称之为"有效市场"。

但只具备这两个要素的市场又是"弱式"的，原因在于市场经济发展初期，虽然市场要素体系和市场组织体系已经初具规模，市场资源配置功能占据主导，但由于此时市场发育还不完善，资源尚未做出清晰分类，可经营性资源、非经营性资源和准经营性资源仍处于界限不清的混沌状态，在市场竞争简单逐利的动机驱使下，市场资源配置自然会出现只要有利可图便不分界限随意尝试的情况。加之此时市场结构不合理、信息不对称、缺少监管、缺少法制环境，一些本该由政府主导配置的非经营性资源也可能被纳入私人领域，权钱交易、垄断暴利等问题都有可能发生，这样既损害了市场效率，也极大地破坏了社会公平。至于准经营性资源的概念还处于空白状态，在配置上更可能存在随意介入、随意抛弃的混乱境地。资源界定不清，就意味着市场和政府的资源配置界限不清，就一定会存在市场与政府之间的越位、缺位或错位问题，这些问题的发生都说明此时的市场距离公平公正、高效规范的现代市场模式还有较大距离。所以，仅有市场要素体系和市场组织体系而缺少监管和法制体系等的市场只能称为"弱式有效市场"。

3. 历史时期

美国1776年建国至1890年之间的市场发展状况属于弱式有效市场。这一时期，美国认可自由放任（laissez-faire）的理念，市场经济要素体系和组织体系随着南北战争中北方的获胜得到了进一步的发展和完善，但反对政府干预经济的理念依然盛行，市场秩序处于自发状态，直到19世纪后期，当小企业、农场和劳工运动要求政府出面为他们调停时，这种状态才开始变化。因此，这一时期的美国属于弱式有效市场阶段。

（二）半强式有效市场

1. 标志

"半强式有效市场"是指具备市场要素体系、市场组织体系、市场法制体系、市场监管体系这四大要素的市场，是在"弱式有效市场"基础上的市场体系的进一步完善。比如市场要素体系和市场组织体系依然是市场运转的主体，但在认同市场是配置资源主体地位的同时，也加强了市场法

制体系和市场监管体系建设。在资源类型划分上，可经营性资源和非经营性资源的划分已经基本明确，但准经营性资源该如何界定以及如何提高配置效率仍然不够清晰。

2. 内涵

存在市场要素体系、市场组织体系，同时又逐步健全了市场法制体系和市场监管体系的市场经济，属于"半强式有效市场"。市场法制体系是以规范市场价值导向、市场交易行为、市场契约行为和产权行为等规制对象而形成的法律法规整体。它包括市场立法、执法、司法和市场法制教育等系列。市场监管体系则立足于保证市场公平竞争、商品和要素自由流动、平等交换，诚信守法、管理透明高效、运行受法治保障的市场监管格局建设，对地区封锁、行业垄断、价格欺骗、不正当竞争行为等进行有效治理，营造公平、公正的市场竞争环境。市场法制体系和监管体系的建立健全能够有效保障市场机制的正常运行。

此阶段已经可以对资源进行大体分类并对市场与政府的资源配置界限做出划分——可经营性资源的配置由市场主导、非经营性资源的配置由政府主导的原则基本确定，二者资源配置领域的基本划分使得市场与政府的定位与职能更为清晰，减弱了政府对市场的过多干预，也增强了政府对市场的维护功能，资源配置的效率得到进一步提升。但由于此阶段对准经营性资源的划分界限还不清晰，配置手段还处于尝试阶段，所以市场在此类资源配置上还缺少成熟规范的操作体系，也会使得准经营性资源的配置效率较为低下。因此，这一阶段只意味着市场进入了"半强式有效市场"时期。

3. 历史时期

美国1890年至1990年期间的市场发展状况属于半强式有效市场，以建立反垄断的市场法制和监管体系为标志。1890年，美国国会颁布美国历史上第一部反垄断法《谢尔曼法》，禁止垄断协议和独占行为。1914年颁布的《联邦贸易委员会法》及《克莱顿法》则是对《谢尔曼法》的补充和完善。根据这些法律，一旦企业被裁定有垄断嫌疑，将可能面临罚款、监禁、赔偿、民事制裁、强制解散、分离等多种惩罚。一旦企业被认定违反反垄断法，就要被判罚三倍于损害数额的罚金。此后，美国的反垄断制度与实践经历了100多年的演进和完善，对垄断行为始终保持着一定的打击力度，形成了垄断和竞争动态并存的格局。20世纪90年代以后，美国政府反垄断的目标不再局限于简单防止市场独占、操纵价格等，对专利保护以外的技术垄断和网络寡头垄断也采取相应的打击措施，既创造了资本集中带来的规模效益，又保证有创新能力的中小企业获得良好的生存土壤，为美国经济发展提供了不竭动力。

（三）强式有效市场

1. 标志

"强式有效市场"是同时具备市场要素体系、市场组织体系、市场法制体系、市场监管体系、市场环境体系和市场基础设施这六大要素的市场，相对于"半强式有效市场"而言，"强式有效市场"又多了市场环境体系和市场基础设施这两个要素。这个阶段的准经营性资源概念已经清晰并且在该类资源配置上已经形成市场与政府的和谐分工，配置效率达到新的高度。这个时期意味着市场经济发展已进入现代市场体系阶段。

2. 内涵

市场环境体系包括完善实体经济基础、企业治理结构和社会信用体系三个方面。建立健全市场信用体系，以法律制度规范、约束信托关系、信用工具、信用中介和相关信用要素，并以完善市场信用保障机制为起点建立社会信用治理机制，是市场环境体系建设的重点。市场环境体系的日益成熟，意味着信息的全面公开透明，市场主体的竞争不再是凭借信息优势、依靠某个机会的爆发性增长，而是对市场竞争主体的管理能力、产品创新能力和渠道升级换代上的整合能力的比拼。市场竞争发展到了"系统管理"的阶段，不但要在某几个方面具备独特的优势，还要在各个方面建立相匹配的系统管理能力，实现内部管理、技术开发、市场营销等各方面的全面提升，产品的价格也真正体现了市场主体的全部竞争力。市场基础设施包括与市场相关的一系列软硬件设置集合，市场服务网络、配套设备技术、各类市场支付清算体系、科技信息系统等是现代市场经济体系的必备基础设施。对这些基础设施的登记、结算和托管，实现资本市场监管数据信息共享，推进资本市场信息系统建设，提高防范网络攻击、应对重大灾难与技术故障的能力才是市场基础设施建设的重点。市场大数据信息系统的建设和完善将市场价格的信息承载力推向新的高度。市场要素体系、市场组织体系、市场法制体系、市场监管体系、市场环境体系和市场基础设施这六个方面的现代市场体系要素共同打造了"强式有效市场"。

市场环境体系和市场基础设施的完善也为准经营性资源的界定和高效配置手段的完善提供了条件。比如市场环境体系的完善可以在政府和市场之间建立良好的契约关系，以利于对处于二者交叉地带的准经营性资源开展资源配置的合作共赢模式，市场基础设施中的清算体系、风险控制系统等也为政府与市场的资源配置合作打开了更为广阔的空间。所以，现代市场体系要素的不断完善是与资源分类和配置手段的不断清晰化相生相伴的，六个市场体系要素的完备和准经营性资源配置的明确化是"强式有效市场"形成的重要标志。

3. 历史时期

就当今市场化强度最高的美国证券市场而言，应该处于半强式有效市场与强式有效市场之间。在公司收购活动中，收购消息封锁较为严密，对市场的冲击力极小，保证了市场的相对公平性。而绝对的强式有效市场在现实中还没有完全出现。

美国从20世纪90年代开始的市场发展和成长状况，正在沿着这一趋势前进。按现代市场体系中的市场要素体系、市场组织体系、市场法制体系、市场监管体系、市场环境体系和市场基础设施六个方面的成熟与完善程度来划分"强式""半强式""弱式"有效市场，既能反映市场经济历史的本来面目与真实进程，又便于清晰界定、实际操作、实践评估。世界各国努力构建现代市场体系，能促使完善的市场功能在其经济发展、城市建设和社会民生中发挥出重要作用。

三、政府与市场的九类组合模式

传统微观经济学理论认为，政府对微观经济领域应该采取不干预态度，任何一种政府对微观企业或市场机制的干预都会造成效率的下降。但这种传统理论在20世纪30年代的世界经济危机面前变得有些苍白，政府干预经济的时代由此开始，政府宏观调控下的市场经济模式成为主流，凯恩斯主义经济学及其后来的新古典综合派成为宏观经济学的主体理论体系。

反思传统微观经济学的分析范式，通常是假定政府的作用只是外生变量，而市场才是效率最大化的资源配置手段，这一价值判断往往会得出"政府作用最小化的经济就是最好的经济"这一结论。但实际上，这种将政府因素"外生化处理"的分析已经前提性地排除了政府和市场之间可能的兼容性关系,从而忽略了对经济发展动态进程和机制的各种现实考虑。也就是说,正确理解政府与市场之间的关系,需要内生化政府因素。政府和市场在资源配置方面的相对效率是因时、因地和因对象而变的,所以需要在实践中以动态优化的视角来看待市场和政府之间的有效边界。

在经济发展的实践中,尽管大多数国家自称市场经济体制,但由于政府调控与市场机制的组合边界不尽相同,造成经济效率和发展态势上的显著不同。以中国为首的一些国家在市场主体、竞争领域、经济发展速度等方面,都对传统意义上的宏观经济学进行了突破,关于政府与市场的不同组合模式所引发的经济行为和发展规律是现代市场经济理论必须回答的问题。

(一) 政府与市场组合模式理论演变

政府与市场的关系一直以来都是西方经济学领域争论的核心问题之一,其焦点便是政府在市场经济资源配置中的作用及其对经济增长、城市建设、社会民生的影响。

市场经济早期的重商主义(16~18世纪),主张国家干预经济生活,禁止金银输出,增加金银输入。其主要理念是一国国力增长源于贸易顺差,即出口额大于进口额时即能获取财富。因此,主张最好是由政府来管制农业、商业和制造业,发展对外贸易垄断,通过高关税率及其他贸易限制来保护一国市场,并利用殖民地为母国的制造业提供原料和市场。此一理论为早期市场经济快速发展注入了动力。18世纪末期,古典经济学兴起。其理论核心是市场配置资源。亚当·斯密的经济自由主义、大卫·李嘉图(David Ricardo)的比较成本理论,都将政府限定在一个极小的职能范围,且其目标也完全是保障市场的有效运行。20世纪30年代,凯恩斯主义主张国家采用扩张性经济政策,通过增加需求促进经济增长,政府不仅要保障市场运行,还要通过货币政策和财政政策来干预经济,以保障经济体系中的供给需求平衡。20世纪七八十年代,弗里德曼和拉弗等经济学家又提出政府不直接参与经济活动等办法,以改善经济的供给来解决经济危机。在整个市场经济发展的历程中,各种理论阐述政府与市场的关系,或者互相排斥,或者互相补充,或者协同发挥作用。

现在,当我们回到现代市场体系的六大功能结构中,当我们面临当代世界各国必须面对的三种资源有效配置时,就会发现,政府与市场的关系不是简单的一对一的矛盾双方的关系。"弱式有效市场""半强式有效市场"和"强式有效市场"的划分，既是可量化的范畴，更是历史的真实进程；"弱式有为政府""半强式有为政府"和"强式有为政府"的界定，既是世界各国在现实市场经济中的真实反映，又可破解迎面而来的政府与市场关系系列疑难杂症问题。

（二）政府与市场的组合模式

从整个市场经济的发展历史来看，政府与市场的关系一直处于变动之中，随着经济环境的变化，二者互相排斥或互相补充或协同发挥作用。二者组合，理论上至少存在九种模式可分析（如图4-1所示）。

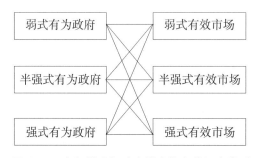

图4-1 市场模式与政府模式的九种组合类型

注：模式1."弱式有为政府"与"弱式有效市场"；模式2."弱式有为政府"与"半强式有效市场"；模式3."弱式有为政府"与"强式有效市场"；模式4."半强式有为政府"与"弱式有效市场"；模式5."半强式有为政府"与"半强式有效市场"；模式6."半强式有为政府"与"强式有效市场"；模式7."强式有为政府"与"弱式有效市场"；模式8."强式有为政府"与"半强式有效市场"；模式9."强式有为政府"与"强式有效市场"。

1. 模式1："双弱"模式

这种模式是"弱式有为政府"和"弱式有效市场"的双弱组合，也就是市场和政府都难以对资源实施有效配置，政府对经济基本不能发挥调控作用，市场发育也不完善，市场竞争机制常常被隔断，法制欠缺，秩序混乱。这种极端的双弱模式也只存在于理论假定中，现实中这样的例证很少。但一些低收入国家的状况比较接近这种双弱模式。

现实中，一般以政府支出占GDP的比重作为政府在经济活动中发挥作用的典型指标。根据这一指标，可以发现最不发达国家和中低收入国家，其政府财政支出占 GDP 的比重都在 20% 以下，而高收入国家的平均水平在 25% 以上（见表 4-1）。从地区来看，南亚和中美洲的财政支出占 GDP 比重较低，均在 20% 以下。在撒哈拉沙漠以南非洲部分国家，虽然平均值达到 20%，但其中南非这一比重达到 34.8%，而肯尼亚、坦桑尼亚、赞比亚等国的财政支出占 GDP 的平均比重只有 16%。在这些国家，政府往往难以维持基本的公共秩序，无法形成有效市场。在非洲南部、中美和南亚地区，不但政府对经济很难发挥调控作用，市场发育也很不完善，有些还处于农业国的阶段，市场竞争机制常常被隔断，市场法制保障欠缺，秩序很难维持。这些地区也常常是中低收入国家的主体。

表 4-1 各类国家财政支出占 GDP 比重

单位:%

国别	2010 年	2011 年	2012 年	2013 年	2014 年	2015 年	2016 年	2017 年	2018 年	2019 年
高收入国家	32.04	30.86	30.66	30.15	29.83	29.60	29.39	29.20	29.09	29.31
最不发达国家	16.89	—	15.04	16.25	16.64	15.10	14.60	—	—	—
中低收入国家	18.11	17.41	18.22	18.34	17.87	17.35	16.29	16.66	16.63	—
撒哈拉以南非洲地区	—	—	—	—	25.06	24.94	23.62	25.18	25.69	—

（资料来源：根据世界银行数据库整理，http：//data.worldbank.org.cn/indicator/gc.xpn.totl.gd.zs?view=chart&year_low_desc=false。）

2. 模式 2：市场经济发展中的放任模式

"弱式有为政府"和"半强式有效市场"的组合，类似市场经济发展中的放任模式，价格决定和所反映的市场信息量虽然不十分全面，但企业内部信息透明程度还是可以的，对于古典市场经济假设中的"完全信息"有一定程度地接近，市场在资源配置中的作用范围依然是比较大的。而政府这一方面则坚持尽可能少地干预经济事务，依靠市场力量进行调节。

这种组合模式在现实经济中难以存在，因"半强式有效市场"必定存在市场法制体系和市场监管体系，它不可能由"弱式有为政府"去推动。早期的美国市场经济模式比较接近这种类型，主要特点是私人经济占绝对主导，国有经济比重小；私人资本集中程度高，垄断性强；市场自发调节作用很大，国家干预少；劳动力市场的自由开放程度高、流动性大，就业竞争压力大。但由于缺乏必要的监控和干预，容易产生垄断，对于市场运转出现的问题也难以及时有效解决。

3. 模式3：古典主义市场经济模式

模式3是"弱式有为政府"与"强式有效市场"的组合，类似于古典主义市场经济模式。这一经济模式坚持市场效率最大化、政府作用外生性的设定，基本上排斥政府在经济领域中的作用。这种组合模式其实是有严格假设的，比如：经济人假设，即每个人都会根据自己的经验，利用捕捉到的信息，有能力使他的经济决策和经济行为达到最优；完全竞争假设，即各类市场内部都能类似于实现充分竞争，一旦市场出现供求失衡，价格和工资就会迅速做出调整，这种市场的自动调节功能可以使经济总是在充分就业的均衡状态下运行；完全信息假设，即经济人能够获得"完全信息"以达到最优结果。这种理想化的假设当然就意味着自由选择才是经济活动最基本的原则，市场自由竞争是实现资源最佳配置和充分就业均衡的唯一途径，政府的任何干预都将是对市场效率的一种破坏，所以政府不要干预经济，即使不得不干预，也是愈少愈好。

关于这一理论假定在现实中的不可行性已经达成共识，在现实的经济世界中也确实没有有力的经验支持，所以属于纯粹古典市场经济模式的国家目前还没有出现。

4. 模式4：市场经济初期的调控模式

模式4是"半强式有为政府"与"弱式有效市场"的组合，是市场经济发展初期的一种调控模式。在市场经济发育较弱的初期，市场竞争还不够充分，价格信号还不能实现看不见的手的自动调节作用，以致对市场资源配置的作用有限。政府在非经营性资源配置上可以较好地履行职责，提供基本公共产品，同时，政府也开始具备了对可经营性资源的调配和相应扶持能力，但对市场发展趋势把握不好，对市场运行中出现的问题还需等待市场成熟之后去解决。这种市场弱小、政府正在成长的阶段可以定性为市场经济初期的政府调控模式。

中国改革开放后，1978年至1984年属于市场经济初期的运行或调控模式。这一时期，市场模式被允许在某些行业和地域出现，但只是局部的、被严格管制的，资源配置仍然以计划分配为主，区域政府的计划不但要管理全局，而且深入到企业的微观层面，企业的市场竞争机制基本没有形成。比较显著的表现就是市场发挥作用的领域极为有限，而政府则大小事务都在抓，政企不分的问题较为突出。这时候的政府虽然表现为管辖范围最大、权力最大，但这不是强式有为政府的表现，而恰恰是政府还不够成熟、正在寻找准确定位的半强式有为政府。这个时期的中国经济资源配置模式可以被看作半强式有为政府和弱式有效市场组合的市场经济初期的调控模式。

5. 模式5：半成熟经济模式

模式5是"半强式有为政府"与"半强式有效市场"的结合。这种模式意味着市场与政府都发展到半强式状态，双方力量处于势均力敌的状态，但无论市场还是政府，在资源配置功能上都处于成长中，市场的潜力还在进一步挖掘和释放，政府的定位也在进一步摸索中。总之，这一时期的经济模式比较多地表现为混合制或市场与政府间功能分配的不断调整和探索中，市场的价格决定机制基本形成，但因市场监管机制、法律保障机制、环境机制等还没有健全，所以价格还不能完全反映市场的一切信息；同时，政府虽然已经在非经营性资源配置中担当职责，但在准经营性资源的界限把握上和可经营性资源配置的引领上还缺少成熟的经验和政策纲领，因此政策的反复性调整还会较多出现，但对市场的基础调节作用还是认可的。

半成熟经济模式一般出现在市场经济发展中期阶段的国家。中国在加入世界贸易组织（WTO）之前的情形与此非常类似。半强式有效市场和半强式有为政府相结合的半成熟经济模式，一方面表明中国政府规划、引导产业布局，扶持、调节生产经营，"三公"监管市场运行的机制和力度在加强，另一方面表明市场监管机制、法律保障机制、环境健全机制等正在推进完善。

以俄罗斯为代表的从计划经济到市场经济的体制转型国家，政府支出占GDP比重2000年为21.2%，2013年达到25.3%，政府对经济的调控力度相较于计划经济时期有了一定程度下降，市场资源配置的比重在不断加大，但整体经济增长趋势还不稳定，政府对经济的控制能力不断受到挑战，处于市场与政府关系的不断磨合期。另外，以巴西为代表的拉丁美洲国家的经济发展模式一直采用以"赶超"为目的的"进口替代"战略，政府在拉美经济发展中占据了绝对强势，也在短期内刺激了拉美工业的大发展，但从长期来看，它使得拉美的市场体系严重扭曲，市场机制未能充分发挥作用，通货膨胀大幅攀升，金融秩序也发生了较大的混乱。在这种背景下，政府对经济的作用程度在不断减弱，作为一种矫正措施，巴西政府支出占GDP比重2000年为21.4%，2013年为24.4%，表现为市场与政府的作用范围和作用机制在进一步理顺中。

6. 模式6：后市场经济调控模式

模式6是"半强式有为政府"与"强式有效市场"的组合。这代表着市场已经发展到极为成熟的阶段，成为资源配置的决定性力量，并带来高效的市场效益。政府在非经营性资源配置和准经营性资源配置上也发挥着重要作用，只是碍于某些制度或理念限制，对可经营性资源的配置和准经营性资源的配置或者界定模糊，或者采取比较放任的态度，整体经济发展缺少规划性、系统性和前瞻性。

模式6能对应现在的美国状况。美国政府依靠市场配置资源的决定性力量获取高效市场收益，在非经营性资源配置中发挥着重要作用，碍于制度或理念的限制，对可经营性资源配置和准经营性资源开发或者界定模糊，或者言行不一，或者难有突破，整体经济增长、城市提升弱于规划。世界上其他市场经济发达地区的现状也比较接近于强式有效市场和半强式有为政府结合的后市场经济调控模式，仍然以政府支出占GDP的比重作为政府在经济活动中发挥作用的指标。一些主要发达国家的政府财政支出占GDP的比重情况见表4-2和图4-2。

表4-2 主要发达国家财政支出占GDP比重

单位：%

国别	2010年	2011年	2012年	2013年	2014年	2015年	2016年	2017年	2018年	2019年	10年均值
世界	30.27	29.20	29.07	28.75	28.51	28.57	28.40	28.31	28.17	28.83	28.81
澳大利亚	26.77	26.03	26.14	25.90	26.27	26.76	26.94	26.56	26.14	26.10	26.36
巴西	30.70	31.31	30.79	30.84	32.07	36.92	36.49	36.25	35.45	34.74	33.56
加拿大	19.08	17.85	17.52	17.08	16.40	17.06	17.50	17.61	17.57	18.11	17.58
美国	26.16	25.44	24.00	23.02	22.73	22.47	22.55	22.27	22.30	22.66	23.36
欧洲联盟	40.71	39.25	39.63	39.80	39.36	38.78	38.32	37.35	37.03	37.04	38.73
芬兰	38.38	37.88	38.90	40.09	40.55	40.42	39.58	37.90	37.34	37.02	38.81
以色列	37.98	37.74	37.81	37.72	36.29	35.60	35.54	36.64	37.00	36.59	36.89
韩国	17.63	18.14	24.63	24.03	23.62	23.49	23.50	23.96	24.92	27.59	23.15

（资料来源：根据世界银行数据库整理，http：//data.worldbank.org.cn/indicator/GC.XPN.TOTL.GD.ZS? view = chart&year_low_desc = false。）

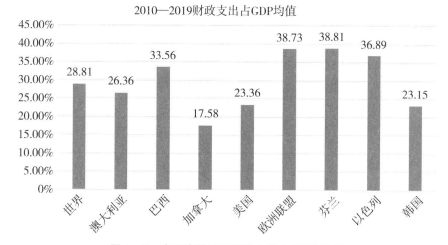

图4-2 主要发达国家财政支出占GDP比重

表4-2显示欧盟国家等发达国家的政府财政支出占GDP的比重都在30%以上,其中芬兰等国家其至一度高达40%以上,政府对资源的配置力度、对经济的参与程度相当高。其他发达国家中的以色列政府财政支出占GDP的比重也在30%以上,有些发达国家如美国、加拿大和澳大利亚的政府财政支出占GDP的比重在30%以下,但美国和澳大利亚的政府财政支出比重也在20%以上,政府参与资源配置的力度在不断加大。从历史演变来看,经济合作与发展组织(OECD)国家政府财政支出占GDP比重的均值在19世纪后期为10.7%,1920年为18.7%,1937年为22.8%,1980年上升到43.1%,此后基本稳定在这个水平上。从经济发展的实际情况来看,不断加大的政府参与资源配置的力度,并没有对这些国家的竞争力产生丝毫的负面影响,相反,随着这些发达国家政府介入程度的增加,这些国家的市场发展程度和竞争力在增强。尤其是北欧和以色列,在政府财政支出比重约为40%的情况下,其经济高度开放,劳动力市场的活跃程度均高于许多其他发达国家,多年来在全球竞争力排序中名列前茅,呈现出这一比重随着人均收入水平提高而提高的规律性现象,这就是"瓦格纳法则"[①]。

[①] 瓦格纳法则:德国经济学家阿道夫·瓦格纳(Adolf Wagner)于19世纪提出,主要内容是指当国民收入增长时,财政支出会以更大比例增长。随着人均收入水平的提高,政府支出占GNP的比重将会提高,这就是财政支出的相对增长。

7. 模式7：不存在的组合模式

"强式有为政府"与"弱式有效市场"结合的模式在现实中难以存在。因为强式有为政府发挥作用的前提是市场经济发展到较为成熟的阶段，而弱式有效市场意味着市场不能有效发挥作用，也就不可能诞生强式有为的政府。计划经济国家也不属于这一模式类型，因为计划经济国家基本不存在市场，也就无所谓弱式有效市场，而且计划经济国家对市场基本采取排斥态度，所以也谈不上对市场的有效补充和超前引领。所以，这种组合模式只是一种理论上的对应组合，既不能在理论上做出符合逻辑的推论，也无法在现实中找到范例。

8. 模式8：权威政府经济模式

这种经济模式是"强式有为政府"与"半强式有效市场"的组合，核心是政府主导。权威政府经济模式的含义即政府以较高的"政府强度"及政府能力，实现有利于推动经济增长和缓解随之而产生的各种社会、政治、经济压力。权威政府经济模式能够以较高的"政府质量"有效地确保各种制度安排的顺利实施，从而有力地推动经济增长和工业化进程。但政府在施展其强大的资源调动和调配能力的时候，懂得并尊重市场规律，能够在预见市场发展前景并制定较为得当的产业发展和企业引领政策，整体经济发展较有规划性，政府在经济活动中的主动性、主导性、权威性的特征明显。同时，这种经济模式下的市场也较为成熟，市场秩序较为稳定，但因为政府的强势介入，市场机制在某些领域受到一定的束缚，区域内的市场竞争不是十分充分，以政府和企业联盟形式居多，强调政府、企业、员工之间关系的彼此忠诚和协调。

模式8非常类似现阶段的中国，其发展方式通常被世人看作政府主导型的逐渐成熟的市场运行经济，经济成就令世界瞩目，但又面临着市场竞争、市场秩序、市场信用以及市场基础设施进一步提升与完善的更大挑战。其他典型国家也主要存在于东亚，包括日本、韩国和新加坡，它们的发展模式往往被看作政府主导型的成熟市场经济模式，经济成就为世界瞩目。这种权威政府经济模式的形成有其深刻的历史原因。新加坡、韩国等国家作为后发国家，普遍存在市场结构残缺、市场主体发育不全、生产要素缺乏流动、经济发展滞后等特点。为了尽快实现经济起飞，这些国家一开始就特别重视国家的职能，同时尊重市场规律，通过政府干预提高市场的效率。但有一点要注意，这些国家的政府支出占GDP的比重不算高，都在20%以下（见表4-2）。从表面上看，国家对经济的作用力度不大，主要是因为这些国家成功地实施了财政政策和政府出资的政联企业发展模式，通过促进企业和个人的投入来实现国家意志。例如，新加坡的公积金制度，就是通过建立个人强制储蓄制度和高效投资收益渠道，为新加坡民生稳定和经济增长注入了充裕的资金，借助这种政策引导对经济增长格局和产业升级施加了强有力的影响，实现民生与经济发展的双赢格局。但由于政企联盟的形式居多，易于形成官商勾结，对市场秩序和自由竞争机制造成一定程度的破坏，政府也承担着决策失误的风险。当前的日本、新加坡和韩国政府正面临着新的挑战。

综观各国经济模式实践和上述分析，不难发现，经济落后国家往往是"弱式有为政府"与"弱式有效市场"的组合，而经济高速发展的国家也不是新古典经济学所认可的"弱式有为政府"与"强式有效市场"的组合，我们看到的更多是"半强式有为政府"与"强式有效市场"的组合。

9. 模式9："双强"经济模式

模式9是"强式有为政府"与"强式有效市场"的组合，是政府与市场组合的最高级模式，也称为最佳模式，它是世界各国市场运行中实践探索和理论突破的目标，也是真正成熟市场经济所要体现的目标模式。

（1）"双强"经济模式的逻辑推演。"双强"经济模式以区域政府"超前引领"的实践为逻辑起点，揭示区域政府的"双重职能"，进而发现市场竞争具有企业和区域政府的"双重主体"，最后得出成熟市场经济所特有的"双强机制"——"有为政府"与"有效市场"相融合发展的机制。

区域政府之所以能发挥超前引领作用，源于区域政府所具备的"双重职能"：一是"准宏观职能"，即区域政府代理国家对本区域的经济加以宏观管理和调控；二是"准微观职能"，即区域政府代理本区域的基本利益，与其他区域展开竞争。于是，具有准微观职能的区域政府和企业共同构成了现代市场竞争体系中的"双重主体"。在"双重主体"的强力驱动下，最终推演出成熟市场经济的"双强机制"，即"强式有为政府"与"强式有效市场"的有效融合机制：在发挥市场资源配置起"决定性作用"的同时，必须构筑"有效市场"和"有为政府"，实现"双轮驱动"。

（2）双强机制的内涵。由于区域政府既有"双重职能"，又是市场经济发展的"双重主体"之一，因此，在完善的市场经济体系运行机制中，最佳的结构应该是"有为政府"和"有效市场",或者说是"强式有为政府"与"强式有效市场"的有机结合。"强式有效市场"可以有效配置资源,"强式有为政府"可以营造和保护好市场环境,创新发展新理念,培育发展新动力,开拓发展新空间,创造发展新优势;"强式有为政府"不是为了代替"强式有效市场","强式有效市场"同样需要"强式有为政府"做保障。有了这样的"双强机制",才能有效纠正市场失灵,减少政府失灵。

(3)"有为"的区域政府模式。"有为"的区域政府要实现"超前引领",必须明确其目标、基础和手段。超前引领的目标是有效调配各类资源,促进区域科学的可持续发展;超前引领所依赖的基础是市场,要依靠市场规则和市场力量;超前引领的手段包括财税、金融、法律手段以及必要的行政手段。

区域政府在经济领域最重要的作用是要在促进经济增长、推动城市建设、提升社会民生、优化资源配置等方面进行超前引领,不同的阶段有不同的引领内容。例如,推动经济增长在不同阶段有不同的侧重。最早是在要素驱动上有所作为,在中国当时主要是靠控制土地供应来驱动;进入投资驱动阶段后,政府主要是在提供基础设施等公共产品上进行引领;当前,中国正逐步转向创新驱动的全新发展阶段,此时政府的科技创新、自主创新和协同创新引领显得更为重要。再看美国,表面上美国是奉行自由主义价值观的市场经济国家,好像是一个"弱式有为政府"加"强式有效市场"的组合。实际上,无论是冷战时期的太空计划,还是现在正在开展的"脑计划",美国政府对科技创新的超前引领作用都十分突出,政府的科研投入和政府采购发挥了至关重要的先导作用。

在资源配置的引领方面,广东顺德是一个很有说服力的案例。改革开放之初,顺德既不是经济特区,也不是大城市,而是一个农业县域,当时的县委、县政府借改革开放的东风,提出"五子登科、工业立县"的发展战略,如火如荼地发展乡镇经济,抢得发展先机。到20世纪90年代,顺德在产权改革方面又先走一步,使整个产业的发展跟市场经济有效结合,促进了民营经济的发展。2005年,顺德开始进行区域经济结构调整,提出了"三三三"产业发展战略(即第一、第二、第三产业协调发展;在每个产业中,至少扶持培植三个以上支柱行业;每个行业中,至少扶持培育三个以上龙头企业,促使产业链条壮大)。同时,采取一系列措施,引导和帮助小微企业解决发展过程中融资难、融资贵的问题。得益于这些战略措施的顺利实施，顺德经济成功经受了国际金融危机等一系列严峻挑战，目前经济社会发展继续走在中国同类区域前列。

建设"有为政府"的关键是要用好财政手段、金融手段、法律手段和必要的行政手段。结合中国供给侧结构性改革中的金融体制改革问题可以更好地理解"有为"政府的行为模式。2016年，中国进出口贸易总额高居全球第二位，汇率波动调整影响巨大，要求我们在人民币国际化进程中稳步推进汇率改革。为此，中国考虑建立人民币离岸业务在岸交易结算中心，把它作为支撑人民币国际化的一个支点。从国际经验看，美元在国际化进程中由美联储建立了IBFs（International Banking Facilities，国际银行便利），在美国本土从事国际存贷款等离岸美元业务，吸引离岸美元回归并加强管理，这一举措促使美国离岸在岸市场有效对接，并促使了离岸金融迅速发展；日本参照美国经验，在东京设立JOM（Japan Offshore Market，日本在岸的离岸金融市场），在日元国际化中发挥了重要作用。结合中国的实际情况，中国可以在上海自贸区或广东自贸区开展人民币离岸业务在岸交易结算中心试点，以此推动中国从货物贸易大国向推动资本项目可兑换转变，同时促进深化金融体制改革。

四、有为政府与有效市场的内涵及标准

没有充分的和成熟的市场经济的发展，就难以有成熟的现代市场经济理论。当今世界市场经济的成熟与发展，孕育了多种市场经济模式，无论是英美的有调节的市场经济、法国的有计划的市场经济、德国的社会市场经济、北欧的福利主义模式，还是中国的社会主义市场经济体制，都是对市场和政府的有效组合的不断尝试和探索。

当前的理论研究和实践探索表明，越来越多的政府间的竞争行为、政府对市场和企业的规划和超前引领、政府行为对简单宏观调控的突破、政府目标对GDP稳定增长的超越，都有别于传统经济学中对市场竞争主体的界定和政府职责的定位，"什么是有为政府""有效市场的标准应如何确定"等这些问题亟须明确。

（一）"有效市场"的内涵与标准

1. 市场是资源配置的决定性力量

亚当·斯密的《国富论》一经发表，便对西方经济理念产生了深远的

影响，经济主体功利性的追求与"看不见的手"产生了一种强大的创富力量，推动了经济发展与社会的变迁，最后演变成了一种新的经济生态。价格机制作为一种资源配置的手段，表现出了对效率提升、经济结构优化与经济形态演变的强大动力。

经济发展的实质就是提高稀缺资源的配置效率，以尽可能少的资源投入获得尽可能多的效益。亚当·斯密之后，无论西方经济学还是马克思主义政治经济学，都无一例外地承认市场经济在资源配置效率上无与伦比的强大功能，世界各国的经济实践也用国家发展的速度和实力证实了市场是最有效率的配置资源形式。市场决定资源配置是市场经济的一般规律，市场经济本质上就是市场决定资源配置的经济。

2. 有效市场的内涵和标准

有效市场包含以下三个方面内涵：①市场基本功能的健全（包括市场要素体系和市场组织体系）；②市场基本秩序的健全（包括市场法制体系和市场监管体系）；③市场环境基础的健全（包括市场信用体系和市场基础设施）。有效市场，是对现代市场体系六大功能整体发挥作用的表现，是对生产竞争、市场公平、营商有序三者合一的反映。

有效市场的标准有三个：市场充分竞争、法制监管有序、社会信用健全。

3."强式有效市场"的表现

（1）经济效率的提升。市场要素体系、市场组织体系的健全是促进经济效率提升的有力保障。价格、供求和市场竞争机制等市场基本功能的健全，就意味着市场成为资源配置的主导力量，价格机制为市场交易建立了媒介与桥梁，使价格成为资源配置的最重要的手段。随着交易范围的扩大，自由市场在全球范围内涌现，供求双方都可以在自由选择中获利。而随着各类商品市场、要素市场和金融市场的建立健全，市场进入精细化分类的时代，大大提升了经济效率，扩展了交易的广度和深度。

市场组织体系的健全使得相互联系的各类市场成为有机整体，运转效率大大提高。按照系统论的观点，一个健全的市场组织体系应当包括市场主体结构、市场客体结构、空间结构和时间结构。健全的市场主体结构主要是指参与市场活动的市场主体应该包括各种类型的市场实体（比如零售机构、批发机构、网批机构、人才机构、劳务机构、金融机构、跨境贸易投资机构等）和各类市场中介机构（包括咨询、培训、信息、会计、法律、产权、资产评估等服务）以及市场管理组织（比如各种商会、行业协会等）。健全的市场客体结构是指各种交易对象的范围十分广泛，包括商品市场、资金市场、技术市场、信息市场、产权市场、劳动力市场、房地产市场、服务市场、文化市场等分类市场。市场组织体系的空间结构主要包括农村市场与城市市场、区域市场与统一市场、国内市场与国际市场等。市场组织体系的时间结构主要包括现货市场、远期合同市场与期货市场等。健全的市场组织体系意味着市场系统全方位的搭建和运行，是市场影响力的全面呈现。

（2）经济秩序的优化。市场经济秩序的优化意味着市场法制体系和市场监管体系的健全。市场法制体系是市场机制顺畅运行的基本保障，市场经济的本质是法制经济，有了市场法制体系，产权才能得到有效保护，契约精神才能得到倡导，市场交易行为才能变得规范。为了保证市场法律的贯彻执行，还需要在市场法律体系的基础上建立市场监管体系，对市场机构、业务、管理、政策法规执行等方面的法律运行进行全方位的监督管理。一个强有力的市场背后必然有一个强大的市场法制体系和监管体系。

（3）经济形态的进化。经济形态包括市场环境体系和市场基础设施。市场环境体系包括社会经济基础、企业治理结构和市场信用体系等方面。其中，市场信用体系是反映市场环境健全程度的最重要指标。完善的市场信用体系可以使得市场交易双方通过市场信用记录、企业声誉信息等途径减少交易风险、提高交易效率，低声誉的市场主体将被淘汰出市场，使得市场形态不断优化。市场基础设施的健全，则可以使交易各方通过市场服务网络、配套设备技术、各类市场支付清算体系、科技信息系统等迅速获取交易信息，并进行有效的风险分析，为全球市场提供便捷高效的服务，进一步升级经济形态。只有"强式有效市场"才能实现这一点。

（二）"有为政府"的内涵与标准

1. "有为政府"的内涵

政府有为包括三个方面内涵：①对非经营性资源有效配置并配套政策，促使社会和谐稳定，提升和优化经济发展环境；②对可经营性资源有效配置并配套政策，使市场公开公平公正，有效提高社会整体生产效率；③对准经营性资源有效配置并参与竞争，推动城市建设和经济社会全面可持续发展。政府有为,是对三类资源功能作用系统的有为,是对资源配置、政策配套、发展目标实现三者合一的有为。

2."有为政府"的标准

标准一:"强政府"尊重市场规律,遵循市场规则。

首先,"强政府"尊重市场规律。"强政府"运用价格、税收、利率、汇率、法制等手段,开展制度、组织、管理和技术创新,有效调配资源,引导投资、消费和出口。"强政府"和"强市场"之间不是替代关系。"强政府"和"强市场"的强并不是在一处进行功能和地位的争夺,而是二者发挥作用的范围、层次和功能均有所不同。"强政府"和"强市场"更多体现为在各自擅长的三种不同类型的区域资源配置中发挥优势、保持强势、互相协调。

其次,"强政府"遵循市场规则。"强政府"借助市场经济的基础、机制和规则来超前引领经济。用"有形之手"去填补"无形之手"运行过程中存在的缺陷和空白,纠正市场失灵。这侧重体现在区域政府对可经营性资源的调控与扶持,促使其提高生产效率;对非经营性资源的完善与提升,促使其优化发展环境;对准经营性资源的开拓与创新,以协调区域可持续发展。

标准二:"强政府"维护经济秩序,稳定经济发展。

"强政府"对现代市场经济的六大要素体系起着重要的维护作用。市场的有效运转需要政府通过对非经营性资源的调配实行法治和监管,市场信用等环境体系和市场基础设施的完善都涉及政府对非经营性资源的有效配置。只有政府把市场无法做和做不好的事情都做好,才能保证"强市场"作用的正常发挥。所以,"强政府"必然是一个维护经济秩序,稳定经济发展的政府。

标准三:"强政府"有效调配资源,参与市场竞争。

区域政府作为中观经济学的研究主体,其间展开的有效竞争可以有效纠正政府行为,减少政府失灵。区域政府要做强做大自己,同样是靠区域资源的配置效率竞争来实现的,区域政府之间的竞争可以有效避免垄断、官僚、效率低下、浪费严重等多种政府干预经济的弊病。为了竞争取胜,区域政府必须通过超前引领的方式,对政府各项行为及其效果进行分析、研判和监督,防止政府失误,减少政府失灵,尽可能降低经济的纠错成本,从而提升区域竞争力。

3."有为政府"的条件

现实中,成为有为政府至少需要具备以下三个条件。

(1)与时俱进。这里主要强调,政府有为急需"跑赢"新科技。面对日新月异的科技发展,其衍生出来的新业态、新产业、新资源、新工具,将对原有的政府管理系统产生冲击。新科技带来生产生活的新需求和高效率,同时也给政府治理带来应接不暇的新问题,包括大数据的应用,使政府决策不能再拍脑袋行事,等等。因此,政府要在经济增长、城市建设、社会民生三大职能中,或在非经营性资源、可经营性资源、准经营性资源的三类资源配置中有所作为,其理念、政策、措施应与时俱进。

(2)全方位竞争。即有为政府需要超前引领,运用理念创新、制度创新、组织创新和技术创新等,在社会民生事业(完善优化公共产品配置,有效提升经济发展环境)、在经济增长过程(引领、扶持、监管、调节市场主体,有效提升生产效率),以及在城市建设发展中(遵循市场规则,参与项目建设),全要素、全过程、全方位、系统性参与竞争。它以商品生产企业竞争为基础,但不仅仅局限于传统概念上商品生产的竞争,而是涵盖了实现一国经济社会全面可持续发展的目标规划、政策措施、方法路径和最终成果的全过程。

(3)政务公开。政务公开包括决策公开、执行公开、管理公开、服务公开、结果公开和重点事项(领域)信息公开等。政务公开透明,有利于吸纳和发挥社会各方的知情权、参与权、表达权和监督权,优化提升经济增长、城市建设、社会民生等重要领域资源的配置效果。透明、法治、创新、服务和廉洁型的有为政府,将有利于激发和带动市场活力和社会创造力,造福于各国,造福于人类。

五、成熟市场经济"双强机制"理论

(一) 成熟市场经济"双强机制"理论内涵

成熟市场经济"双强机制"是指"强市场"和"强政府"并存。"强市场"意味着市场在资源配置中的主导地位不能动摇,一切决策和行动的依据首先是符合市场规律,按照市场法则对区域资源进行优化配置,任何主体都不能凌驾于市场之上做出违反市场规律的事,有效市场是"强市场"的鲜明特征。"强政府"则是强调在遵循市场规律的基础上做有为政府,也就是说要积极发挥区域政府在三类型资源配置和与之相连的制度创新、组织创新、管理创新和技术创新上的引领作用,在开拓准经营性资源、提供公共产品、弥补市场不足以及国际经济事务中做足功课,促进市场机制的正常运行和区域经济的科学可持续发展。因此,"双强机制"可以概括为有效市场和有为政府的有机融合机制。

(二) 成熟市场经济下的政府与市场的共生互补关系

政府支出占GDP的比重可以作为政府在经济活动中发挥作用的重要指标,根据"瓦格纳法则",这一指标会随着人均收入水平的提高而提高。以经济合作与发展组织(OECD)国家为例,政府支出占GDP比重的均值,19世纪后期为10.7%,1920年为18.7%,1937年为22.8%,1980年上升到43.1%,此后基本稳定在这个水平上。其中,北欧国家瑞典、挪威、丹麦等,这一比重高达50%左右。尽管政府的介入程度加深,但在全球范围,这些国家的市场发展程度和竞争力是最强的。尤其值得关注的是北欧国家,在政府支出比重占GDP一半的情况下,其经济高度开放,劳动力市场的活跃程度高于许多其他OECD国家。数百万人口的小国,涌现出了诸如诺基亚、沃尔沃、宜家、乐高等全球领先的跨国公司,多年来在全球竞争力排序中名列前茅。在亚洲,令人瞩目的是新加坡。由于强制性推行公积金等制度安排,新加坡政府支出占GDP的比重不算高,但政府通过财政政策和政府出资的政联企业,对经济增长格局和产业升级施加了强有力的影响。新加坡经济经历了长时间的快速增长,并跻身于全球最有竞争力的国家之列。

反观数量更多的发展中国家,政府财政支出占GDP的比重一般在20%左右。在撒哈拉沙漠以南非洲部分国家,这一比重更低。在这些国家,政府往往难以维持基本的公共秩序,无法形成有效市场。

如果仅仅以强弱判断政府与市场的关系,我们更多地看到的是"强式有为政府"与"强式有效市场"的组合、"弱式有为政府"与"弱式有效市场"的组合,唯一未能观察到的是"弱式有为政府"与"强势有效市场"的组合。这就要求我们由表及里地探索政府与市场之间的复杂关系。[①]

---

① 参见刘世锦《"新常态"下如何处理好政府与市场的关系》,载《求是》2014年第18期,第28～30页。

第一,现代市场经济不可能没有政府,但政府定位必须准确。没有政府作用的市场经济一定不符合现代市场经济理念,但有政府的经济也不意味着就是现代市场经济,关键看政府发挥什么样的作用,以及如何发挥作用。第二,有效市场从一开始就离不开有为政府。市场经济首先需要借助政府的权威力量界定和保护产权,建立并维护公平竞争的市场秩序,扩展市场体系,履行市场合约,反对垄断和其他不正当竞争行为。没有这些条件,市场不可能正常运转。第三,有为政府可以维护和促进市场更好地发挥作用。政府可以提供各种非经营性资源配置、缩小收入和发展差距、保护生态环境,可以做宏观调控和中长期发展规划,这些政府职能都可以有效弥补市场的不足,实现效率与公平的和谐发展。第四,有为政府不是简单的强势,而是强而有道。政府这只手如果伸得过长,甚至试图替代市场的作用,搞大一统的集中计划体制,就是政府的越位和错位,表面看起来政府很强,但市场必定受到严重伤害,是不可能变强的。第五,现代市场经济一定是有为政府加有效市场的"双强模式"。一个强的、好的市场经济的背后,一定有一个强的、好的政府。

第二节　成熟市场经济下的非经营性资源配置

一、资源配置活动"强政府"与"强市场"界定

政府与市场的关系既矛盾又互补:有时政府的权力过大会破坏市场的公平与效率,如国家集权的计划经济;市场的力量被放任不受约束时会出现公共产品供给不足,短期利益的追求会造成群体非理性以及地下灰色经济的泛滥。那么,政府实施何种程度的干预才是一种理想的经济运行状态?

政府主要针对非经营性资源和准经营性资源进行调配。对非经营性资源可以通过代理公共意志的方式,以行政命令对非经营性资源进行组织与调配。而对准经营性资源,政府应主要采用PPP模式进行资源调配,确定政府、营利性企业和非营利性组织的相互合作关系的形式,发挥各方资源配置优势,实现各方利益共赢。

市场主要针对可经营性资源进行配置,以价格手段为主,通过不同价

格释放的信号传递对各种资源的价值进行评价,引导市场中的主体对其合理配置。当价格高时,供给增加,需求减少;当价格低时,供给减少,需求增加。最终价格维持在供需平衡的基础上,资源的配置便得以实现。由于准经营性资源不像可经营性资源那样具有明确的排他性和竞争性,所以对准经营性资源的配置,虽然也可以根据市场价格信号决定是否参与,但通常市场配置动力不足,需要政府政策加以鼓励和引导。

有为政府和有效市场的界定关键和难点主要在准经营性资源上,或者说准经营性资源配置是"强政府"和"强市场"的主要组合领域。

二、成熟市场经济政府的资源配置功能

(一)政府的非经营性资源配置功能

非经营性资源具有两个特征:非竞争性与非排他性。例如,国防、外交、立法、司法,以及政府的公安、公共教育、环境保护、基础设施、公共知识的创造与传播、知识产权保护、工商行政管理等都是属于非经营性资源,这些资源不会因这一时期增加或减少了一些人口享受而变化。另外,非经营性资源的非排他性保证了其不能在任何情况下被独占专用,要想将其他人排斥在非经营性资源的使用之外,也会因非经营性资源配置的高成本而变得不可能。例如环境保护中,清除了空气、噪声等污染,为人们带来了新鲜空气和安静环境,由于在技术上讲具有非排他性,因而要排斥这一区域的某些人享受新鲜空气和安静环境是不可能的。非经营性资源的非竞争性导致市场需求的不足,非排他性导致市场收益无法独享,所以市场对于非经营性资源的配置没有动力。非经营性资源的配置必然由政府来完成,而如果政府在非经营性资源配置上存在不足,不能担当"有为政府"这一资源配置职能的话,就会直接导致社会公益品供给不足并可能产生过多的公害品,比如公共污染等。

政府对非经营性资源和准经营性资源可以进行直接调配、干预和引导。对于可经营性资源的配置,原则上不应施加干预,但是,当市场不能够或者不足够提供社会需要的产品与服务时,从维护民生的角度出发,也可以通过政府端的资源配置来直接改善供给;当价格无法完全对资源实行有效配置的时候,政府还需要通过替代市场的手段来对一些特定的物品进行定价及管制。

（二）政府与可经营性资源二次分配中的配置

除了直接参与到市场中，对非经营性资源和准经营性资源发挥投资与购买作用，政府还间接地发挥着对可经营性资源的调配作用。政府主要通过税收杠杆、利率、汇率等手段间接发挥作用。

政府税收杠杆是运用税收形式间接调节社会经济活动的手段。国家利用税收给予纳税人以有利或不利条件，引导可经营性资源配置服从于宏观经济计划的要求。利率政策则是通过对利率水平和利率结构的调整来影响社会资金供求状况，实现货币政策的既定目标。在汇率政策上，政府为达到一定的目的，通过金融法令的颁布、政策的规定或措施的推行，把本国货币与外国货币比价确定或控制在适度的水平，从而实现对可经营性资源的间接调配。区域政府还可以通过对特殊贡献的奖励政策来鼓励创新与影响可经营性资源调配，不但可以极大地推动区域科学技术水平及经济的发展，同时也起到良好的引领与示范效果。

（三）在资源创造中政府与市场的"双强作用"

知识水平在行业内的不均衡性决定了政府参与的必要性。资源创造不同于资源配置，其强调新资源、新服务与新知识的产生，而不是对现有资源、服务与产品的定价。在知识水平保持不变与高度扩散的情况下，资源创造更依赖于市场组织，生产活动在利益的刺激下自发完成。所以，当知识成为行业共识时，"强市场"即可完成资源创造，无须政府参与。但是，当知识水平在行业内存在不均衡状态时，政府便有了参与的必要。

意会型知识和技术的创造必须依靠政府的扶持和保护。难以模仿与替代的意会型知识和技术是企业竞争优势的真正来源，而这种知识和技术是难以编码成为信息的，也是难以转移的（显性知识又称为信息化的知识，可完全转移）。对于知识创造者而言，市场的信息化扩散使创新迅速成为行业内共识，使创新者的收入不足以弥补损失；对于知识模仿追随者而言，只需要模仿就可以获得行业的平均利润，创新意义就消失了，而且长时期的模仿也会使认知系统退化，失去创新能力。一般的企业中，知识通过应用型的技术作用于生产过程中。资本与劳动受到市场价格的影响，但是技术，尤其是凝结着意会型知识的技术很难通过价格进行配置。所以，

市场只会使知识蜕化，不会促使知识升级，只有政府才能真正推动新知识的创造，实现企业和区域核心竞争力的提升。政府想要提升区域竞争实力，需要在两个方面帮助企业形成竞争优势。第一，在企业创新方面的扶持；第二，在保护专有知识方面的投入。从这方面来说，政府是逆市场而为，"强政府"需要推动知识培育与战略创新。

高新科技等资源的创造条件来自政府。高科技反映了知识的快速迭代（不断创新的涌现），也反映了知识的高度复杂性与意会性。在这类产业中，研发活动处于产业活动的核心地位，大量的知识密集型人才进行高度合作，创意与创新是企业竞争的关键。同样，高科技产业不会随着市场竞争自然产生，低科技产业企业也不会很快升级至高科技产业企业。知识与技术的升级受限于一个国家的教育基础、创新文化、人才储备与已有的技术储备等，而这些因素的发展与完善全部需要依赖国家的投资与扶持。

三、成熟市场经济条件下的中国社会民生管理模式

（一）中国经济发展模式是成熟市场经济的"双强模式"

习近平新时代中国特色社会主义经济思想是新时代中国经济改革和发展实践的指导思想和行动纲领，这一理论也深刻体现了中国经济发展的"双强"特色。一方面强调了市场决定资源配置是市场经济的一般规律，市场经济本质上就是市场决定资源配置的经济，必须充分发挥市场在资源配置中的决定性作用；另一方面，也强调了政府的积极有为——必须更好地发挥政府的作用，发挥中国社会主义制度的优越性，发挥党和政府的积极作用。政府的职责和作用主要是保持宏观经济稳定，加强和优化公共服务，保障公平竞争，加强市场监管，维护市场秩序，推动可持续发展，促进共同富裕，弥补市场失灵。这些阐明了中国社会主义市场经济有效的市场和有为的政府有机统一、相互促进的关系。以中国社会民生管理模式为例，可以较好地说明成熟市场经济"双强模式"下的社会民生管理特点。

扶贫是社会民生的重要部分，是政府进行非经营性资源配置的主要领域，下面以中国精准扶贫工作为例说明成熟市场经济条件下的非经营资源配置模式。

（二）成熟市场经济条件下的中国"精准扶贫"模式

1."精准扶贫"的提出

非经营性资源配置的基本功能之一是"扶贫"，消除贫困、改善民生、实现共同富裕，是社会主义的本质要求。"精准扶贫"的提出和措施可以体现政府在非经营性资源配置上的做法，也可以看出政府对社会民生的管理模式。

改革开放以来，中国长期通过促进经济快速增长、推动区域开发带动贫困地区和贫困群众脱贫，在区域性扶贫开发方式上取得显著效果。但是，随着中国经济发展水平的迅速提高、贫困人口的迅速减少，贫困人口的插花式分布特征更为明显，传统区域开发方式导致的贫困户和贫困人口底数不清、项目安排"大水漫灌"、资金使用"撒胡椒面"、扶持措施大而化之、帮扶工作走马观花、贫困县不愿"摘帽"等一系列问题凸显出来。对贫困户和贫困人口实现精细化、动态化管理，成为中国扶贫开发事业深入推进的关键突破口。

党的十八大以后，以习近平同志为核心的党中央提出，全面建成小康社会最艰巨最繁重的任务在农村，特别是在贫困地区，把农村贫困人口脱贫作为全面建成小康社会的"最突出短板"，聚焦深度贫困地区和特殊贫困群体重点发力。

2013年11月3日，习近平总书记到湖南省湘西土家族苗族自治州花垣县排碧乡十八洞村考察座谈，首次提出"精准扶贫"的概念。2014年1月，中共中央办公厅、国务院办公厅印发《关于创新机制扎实推进农村扶贫开发工作的意见》，提出以建立精准扶贫工作机制为核心的六项创新机制和十项重点工作。各部门制定有关配套文件，推动落实精准扶贫各项工作。2014年4月、6月，国务院扶贫办先后印发《扶贫开发建档立卡工作方案》《扶贫开发建档立卡指标体系》，要求通过建档立卡，对贫困户和贫困村进行精准识别。当年共识别12.8万个贫困村、2948万贫困户、8962万贫困人口，第一次建立起中国统一的扶贫开发信息系统。2014年5月，国务院扶贫办等7个部门印发《建立精准扶贫工作机制实施方案》，要求对贫困户和贫困村精准识别、精准帮扶、精准管理和精准考核，逐步构建精准扶贫工作长效机制。随后，中共中央组织部、国务院扶贫办印发《关于改进贫困县党政领导班子和领导干部经济社会发展实绩考核工作的

意见》，部署改进贫困县考核机制和领导干部政绩考核工作。这些文件的出台，对精准扶贫工作模式的顶层设计、总体布局和工作机制等都做了详尽规制，推动精准扶贫工作的全面开展。

2015年6月18日，习近平总书记在贵州召开的部分省区市党委主要负责同志座谈会上强调，扶贫开发贵在精准，重在精准，成败之举在于精准；提出扶贫开发工作"六个精准"的要求：各地都要在扶持对象精准、项目安排精准、资金使用精准、措施到户精准、因村派人（第一书记）精准、脱贫成效精准上想办法、出实招、见真效。2015年10月16日，习近平总书记又在减贫与发展高层论坛上首次提出"五个一批"的脱贫措施：通过扶持生产和就业发展一批，通过易地搬迁安置一批，通过生态保护脱贫一批，通过教育扶贫脱贫一批，通过低保政策兜底一批。"六个精准"和"五个一批"的提出，深刻阐述了精准扶贫的基本要求与主要途径，丰富了精准扶贫方略的内涵，具有很强的现实针对性，为下一步的脱贫攻坚战做出了部署。

2015年10月，党的十八届五中全会从实现全面建成小康社会奋斗目标出发，明确到2020年我国现行标准下农村贫困人口实现脱贫，贫困县全部摘帽，解决区域性整体贫困。11月27日至28日，全面部署打赢脱贫攻坚战的中央扶贫开发工作会议在北京召开。会上，习近平总书记深刻阐述了在精准扶贫中"扶持谁""谁来扶""怎么扶"等关键性问题。他强调，要坚持精准扶贫、精准脱贫，重在提高脱贫攻坚成效。关键是要找准路子、构建好的体制机制，在精准施策上出实招、在精准推进上下实功、在精准落地上见实效。11月29日，中共中央、国务院印发《关于打赢脱贫攻坚战的决定》，第一次以中央文件的形式明确"把精准扶贫、精准脱贫作为基本方略"，并从总体要求、实施精准扶贫方略、加强贫困地区基础设施建设、强化政策保障、广泛动员全社会力量、大力营造良好氛围、切实加强党的领导等方面进行全面部署。

2016年2月，中共中央办公厅、国务院办公厅印发《省级党委和政府扶贫开发工作成效考核办法》，考核中西部22个省级党委和政府扶贫开发工作成效。12月，国务院印发《"十三五"脱贫攻坚规划》，明确"十三五"时期脱贫攻坚总体思路、基本目标、主要任务和保障措施，提出打赢脱贫攻坚战的时间表和路线图。

各地各部门贯彻中央决策部署，把脱贫攻坚作为重大政治任务，全面推进各项重点工作。围绕解决"扶持谁"的问题，持续完善建档立卡，在2014年识别的贫困村、贫困人口的基础上，2015年、2016年组织开展建档立卡"回头看"，提高贫困人口识别的精准度。围绕解决"谁来扶"的问题，建立各负其责、合力攻坚的责任体系，形成"五级书记抓脱贫、全党动员促攻坚"的局面。中国选派77.5万名驻村干部和19.5万名第一书记，实现对贫困村驻村帮扶全覆盖。围绕解决"怎么扶"的问题，强化脱贫攻坚的投入保障和政策支撑体系，做好发展特色产业脱贫、组织劳务输出脱贫、资产收益脱贫、易地搬迁脱贫、生态保护脱贫、发展教育脱贫等，提高扶贫措施的有效性。

2."精准扶贫"的内涵

"精准扶贫"的概念是2013年11月习近平总书记首次提出的，习近平总书记在扶贫工作中强调"实事求是、因地制宜、分类指导、精准扶贫"的十六字要求，指出扶贫要实事求是，因地制宜。要精准扶贫，切忌喊口号，也不要好高骛远。而"精准扶贫"，就是要对扶贫对象实行精细化管理，对扶贫资源实行精确化配置，对扶贫对象实行精准化扶持，确保扶贫资源真正用在扶贫对象身上、真正用在贫困地区。"精准扶贫"方略的提出，是中国共产党在新的历史条件下为解决深度贫困地区的贫困问题而做出的一项重大理论创新，体现了中国扶贫方式和扶贫理念的重大转变。精准扶贫的精准衡量又体现为两个维度：第一，相比以往的扶贫方式，精准扶贫政策是否减缓了贫困人口的贫困程度？第二，财政支出对农村贫困人口的减贫效果如何？

3. 成熟市场经济下的政府与市场协同发力的大扶贫格局①

做好脱贫工作，必须进一步处理好政府与市场的关系，科学调整利益结构与资源配置方式，建立健全决胜脱贫攻坚的有效机制，让有为政府与有效市场协同发力。

中国脱贫成就是在持续稳定的经济增长下，由制度性大变革带动一系列社会公平发展政策和政府专项扶贫开发计划共同作用的结果。实践证明，政府与市场的协同是改革脱贫、发展脱贫的关键抓手。政府的行政手段有利于解决大范围、集中性贫困问题，但较难在专业性和精准性上凸显

---

① 参见许军涛、霍黎明《构建政府与市场协同发力的大扶贫格局》，载《学习时报》2017年6月19日，第A4版。

优势，而市场机制是一种分散决策机制，市场主体较政府更具有专业性、精准性。面对脱贫工作中最难啃的硬骨头，必须进一步处理好政府与市场的关系，科学调整利益结构与资源配置方式，建立健全决胜脱贫攻坚的有效机制，让有为政府与有效市场协同发力。为此，在中国共产党的领导下，引入市场机制和市场力量参与扶贫，是提高扶贫精准性和效率的有效途径，也是开拓中国特色社会主义扶贫道路的有效方式。

（1）建立决胜脱贫攻坚的有效机制。第一，加强政策的顶层设计。在现代社会，人类解决贫困问题，政府和市场是两种基本途径。市场途径建立在贫困主体自主决策和市场交易的基础上，政府途径主要是通过制定、实施和监管脱贫政策来完成的。与市场失灵相对应，政府失灵的可能性将制约政府在脱贫攻坚时发挥作用的空间。综合考量政府与市场的协同效应，平衡政府扶贫工作的成本和收益，合理引入市场机制，是完善政府与市场协同发力的顶层设计之根本。自2016年开启脱贫攻坚首战之年以来，党中央、国务院已基本完成"四梁八柱"的顶层设计，建立起助力脱贫攻坚的财政投入、主体动员、监督考评等一系列保障体系。在此基础上，加强关于政府与市场协同发力的脱贫政策制定，进一步划分政府和市场的边界，明确扶贫对象与各类参与主体的权利义务，设立开放、透明、高效的市场配置扶贫资源的政策指引，有利于完善对扶贫组织和企业的扶持与监管。

第二，释放市场配置扶贫资源的更大空间。精准扶贫是新时期我国扶贫开发的战略导向，是对接经济新常态要求，对扶贫资源优化配置和发展质量提升的政策回应，目的是在协作共赢视野下进行资源配置优化，围绕扶贫对象致贫原因有针对性地开展产业扶贫、教育扶贫、移民搬迁扶贫、社会保障扶贫以及光伏扶贫、构树扶贫、电商扶贫等多种扶贫措施并举。基于市场规律构建"政府—市场"双导向扶贫开发机制，切实解决扶贫资源的来源和后续保障。妥善处理好上下级扶贫部门责权与事权关系、政策严谨性与灵活性的关系、扶贫资金统筹整合与分割使用的关系，针对传统扶贫工作进行业务流程再造，让市场在资源配置中起决定性作用，释放市场配置扶贫资源的更大空间，提高扶贫绩效。

第三，优化政府与市场合作扶贫模式。目前，在政府主导下，引入市场参与扶贫资源配置、运作的合作模式包括政府和社会资本合作模式、政府购买服务、资产收益扶贫以及电商扶贫。其中，政府和社会资本合作模式又称为公私合作模式，即PPP，是在基础设施、公共工程与非经营性资源配置等领域形成政府与非政府主体合作共赢的供给机制。扶贫项目PPP模式的应用亟须政府为其提供指导，使政策的顶层设计与实施指引更明确。例如，对政府购买服务而言，欠发达地区社会组织发育不完善将制约扶贫工作成效，需加强培育合格的市场服务主体；对资产收益而言，资源与股权、资金与股金、农民与公民这三者关系的转化是亟待深入实践、探索的关键。

第四，对市场扶贫主体合理赋权与严格考评。精准扶贫是服务于全面小康社会建成目标实现的关键途径，要求在市场经济条件下考虑"资源投入和瞄准效率"。政府一方面可通过严格的论证，适当将扶贫资源交给市场来运作，给予市场扶贫主体合理的自主权和独立权，打破对扶贫资源的垄断；另一方面加强监管，建立扶贫绩效考评和退出机制，健全公平的宏观政策，引导带动社会资本加大对脱贫攻坚的投入，为贫困经济社会发展提供资金等扶贫资源保障。

（2）有为政府与有效市场协同发力。在建立健全有效机制的基础上，如何让政府与市场优势互补、协同发力，关键在于让政府与市场做到"五个协同"。

释放市场活力与集中力量办大事的制度优势相协同。中国特色社会主义制度优势，决定了公有制主体地位和国有经济主导作用，赋予政府强大的集中决策、组织动员和统筹协调能力，进而最大限度地整合社会资源、集中力量办大事。市场在资源配置中的决定作用则让市场活力得以充分释放，政府的有为与市场的有效，为脱贫攻坚取得巨大成就奠定了良好基础。

农业产业化扶贫中政府与市场相协同。农业产业化以市场为导向，以效益为中心，围绕一个或多个相关农副产品项目，组织众多主体参与，进行生产、加工、销售一体化活动，并在发展过程中逐渐形成一个新的产业体系。借此方式，产业扶贫将贫困地区的农民与市场有机地联系起来，让贫困地区的企业成为独立的市场主体，在明晰产权的基础上，根据供求规律和竞争规律进行自主决策，通过农业技术不断推广，农村生产力水平得到逐步提高，贫困户的产业收益随之增长。政府不再直接干预企业，而是着力保持宏观经济的稳定，创新宏观调控方式，加入对农业产业化扶贫方式的政策支持力度，实施对省级产业化扶贫项目的优惠政策，包括信贷扶贫资金、财政扶贫资金和社会帮扶资金，以及税收优惠和财政贴息等。

市场提供产业变迁动力与政府引领贫困人口就业方向相协同。农村劳动力转移是解决我国农村贫困地区劳动生产率低下、人均收入较低的一个重要手段。通过农村剩余劳动力的转移和输出，一方面增加农民就业机会，从而提高贫困地区人口的收入水平；另一方面，提高农民的技术水平和市场意识。目前，政府凭借信息掌握充分、资源动员能力强大的独特优势，可以通过产业政策确定产业结构调整的重点和产业变迁的方向，并在贫困地区将劳动力转移培训作为新时期扶贫工作的主要途径和重点，从组织、资金等方面加强指导和扶持。同时，依靠市场力量推动产业结构调整和发展动力转换，为经济运行提质增效提供强大动力。

市场激励自由竞争与政府加强监管优化服务相协同。自愿移民扶贫模式充分发挥市场机制的作用，政府将移民搬迁资金交付专业的扶贫开发公司支配，扶贫开发公司再与贫困农户签订合同，并统一规划、实施移民搬迁。通过这种市场化的运作，提高扶贫资金的使用效率。市场在资源配置中起决定性作用的同时，充分发挥政府的市场监管职能，依法对市场主体进行监督和管理，形成统一、开放、竞争、有序的现代市场体系。同时，政府还着力提供农村地区公共产品和服务，加强城乡统筹的一体化发展，建立社会保障制度，为脱贫攻坚提供社会经济、政治、文化等多方面的保障和条件。

市场提高效率与政府保障公平相协同。市场化扶贫有利于调动扶贫对象的积极性，避免长期以来的依赖性和"等靠要"思想。但贫困群体尤其是农村的贫困人口属于社会弱势群体，在市场博弈中处于较脆弱状态，需要政府发挥再分配调节功能，切实保障贫困人口的权益，如基本公共服务的享有权、资产处置权和收益权等，保护合法收入，理顺分配关系，增强贫困人口在市场中的博弈能力。同时，对于无力参与扶贫项目的特困群众，政府实施"兜底"的社会政策，使发展成果更多、更公平地惠及全体贫困群体，兼顾经济社会发展的效率与公平。

中国特色社会主义制度是中国扶贫事业取得成功的关键，它保证党和政府有强大的政治优势和资源动员能力，完成脱贫攻坚的顶层设计，并全力保障脱贫的重点工作稳步推进。

（3）精准扶贫的重点是精准到户。精准扶贫的背面是粗放扶贫。由于贫困居民数据来自抽样调查后的逐级往下分解，扶贫中的低质、低效问题普遍存在。

精准扶贫是指针对不同贫困区域环境、不同贫困农户状况，运用科学有效程序对扶贫对象实施精确识别、精确帮扶、精确管理的治贫方式。一般来说，精准扶贫主要是就贫困居民而言的，谁贫困就扶持谁。精准扶贫的重要思想是"实事求是、因地制宜、分类指导、精准扶贫"。一是坚持方针，必须坚持习近平总书记强调的"实事求是、因地制宜、分类指导、精准扶贫"的工作方针，重在从"人""钱"两个方面细化方式，确保帮扶措施和效果落实到户、到人。二是到村到户，包括基础设施、产业扶持、教育培训、农村危房改造、扶贫生态移民、结对帮扶到村到户六个方面。三是因户施策，入户分析致贫原因，逐户落实帮扶责任人、帮扶项目和帮扶资金。四是资金到户，包括产业发展资金、住房建设资金、技能及创业培训资金、学生生活补贴、特困家庭子女上大学资助、异地扶贫搬迁和乡村旅游发展等项目补助资金等几个方面。五是干部帮扶，干部根据国家扶贫政策和村情、户情，帮助贫困户理清发展思路，制订符合发展实际的扶贫规划，明确工作重点和具体措施，并落实严格的责任制，做到不脱贫不脱钩。

4. 中国"精准扶贫"的成就

中国扶贫工作始于20世纪80年代中期。党的十八大以来，党中央基于农村社会贫困特征的变化对扶贫开发模式做出了精准扶贫的战略调整，旨在通过一系列精准帮扶措施让贫困地区和贫困人口同中国人民一道步入小康社会。通过几十年的不懈努力，取得了举世公认的成就。脱贫攻坚成果举世瞩目，人民生活水平显著提高。到2020年年末，现行标准下农村贫困人口全部脱贫，困扰中华民族几千年的绝对贫困问题历史性地得到解决。中国提前10年实现《联合国2030年可持续发展议程》减贫目标，为人类减贫事业做出巨大贡献。居民收入与经济同步增长，"十三五"前4年，居民人均可支配收入年均增长6.5%，快于同期人均国内生产总值增速。2020年在新冠肺炎疫情对居民增收造成巨大压力的情况下，居民人均可支配收入实际增长2.1%，保持与经济增长基本同步。居民消费结构持续升级，多样化、个性化、服务化消费比重大幅提升。中国基本养老保险参保人数近10亿，基本医疗保险参保人数达13.6亿，已建成世界上规模最大的社会保障网。

2021年2月25日，习近平总书记在中国脱贫攻坚总结表彰大会上庄严宣告，中国脱贫攻坚战取得了全面胜利。中国现行标准下9899万农村贫困人口全部脱贫，28个人口较少民族全部整族脱贫，完成了消除绝对贫困的艰巨任务。改革开放以来，按照现行贫困标准计算，中国7.7亿农村贫困人口摆脱贫困；按照世界银行国际贫困标准，中国减贫人口占同期全球减贫人口的70%以上。

乡村振兴是党的十九大基于新时代中国农村社会发展现实以及中国社会主要矛盾转化而做出的重大战略部署，确立了农业农村优先发展的战略总基调，目标是通过一系列有关农业农村的政策措施促进乡村的全面发展，推进农业农村现代化。精准扶贫与乡村振兴在定位、目标、内容等诸多方面既有共通之处亦有不同，新形势新任务新要求下如何准确把握二者之间的逻辑关系并促成二者之间的相互融合、协同互动，对于进一步巩固脱贫攻坚成果、实现第二个百年奋斗目标更具有重要意义。

中国社会民生的改善强有力地支撑了中国民众对政府非经营性资源配置能力和成效的信心，在2020年爱德曼（Edelman）信任晴雨表中排名的26个国家中，2020年中国的非政府组织、企业、政府和媒体受民众信任度最高，达到82%，2021年该信任度为72%，仍然排名世界第2，中国的贫困居民认为政府在提供基本医疗保健、福利和其他非经营性资源配置方面越来越有效。而美国在2020年民众对非政府组织、企业、政府和媒体的信任度中，仅排名第18，2021年降到第21位。中国已证明其有能力将政策目标转化为具体的项目和计划，为全体人民的民生改善做出实际贡献。

第三节　美国社会民生资源配置政策

美国作为世界上经济实力最强的国家，在社会民生工作方面也代表了西方世界的主流思想和做法。本节主要以美国为例来阐述国外社会民生资源配置的政策内容和特点。

一、美国社会民生资源配置的特点

（一）美国社会民生资源配置主体多元化

美国地方自治传统深厚，市场经济发育充分，公民社会发育成熟，所以政府机制、市场机制、社会机制同时存在于美国社会民生资源供给中，并充分发挥各自的功能作用，这就使得美国公民、市场组织与非政府组织很容易进入地方公共领域参与社会民生资源供给,促使美国社会民生资源供给主体多元化,即美国社会民生资源供给主体不仅包括美国地方政府,还包括几乎与美国地方政府处于同等供给地位的市场组织、准政府组织、非政府组织、公民个体,以及他们间的联合组织。美国地方政府负责治安、福利,公司企业负责学校、救火消防队、公共工程等工作,非政府组织也可以办银行、开发房地产、处理垃圾废弃物、管理监狱等,社区居民自己可以办警务、办日托托儿所、负责协调仲裁部分暴力冲突争端,家庭可以开办学前儿童家庭教育、监管未成年罪犯。因而美国公民享受的社会民生资源不是由地方政府单独供给,而是由地方政府协同市场组织、社会组织、准政府组织等各类主体共同分摊供给的。①

美国社会民生资源供给主体多元化,有利于充分调动地方各种组织力量参与社会民生资源供给活动,弥补单一市场供给机制或单一政府供给机制或单一社会供给机制的失灵与不足,提升社会民生资源供给的民主参与性、灵活回应性,但容易导致社会民生资源供给权的分散,引起社会民生资源供给体制一定程度上的"碎片化",不利于将各种分散的力量集中起来供给那些需要耗费大量资源、需要集中统一供给的基础性公共产品。正如美国学者盖拉·弗拉格(G. R. Frug)所言②,在美国,同一基层地区可以同时存在多个社会民生资源供给主体,同一社会民生资源可同时由多个不同主体供给,这种带碎片化特征的、多元化的社会民生资源供给主体,虽能激发社会各种资源力量加入社会民生资源供给领域,增加社会民生资源供给的民主性和高回应性,但与此同时也容易造成特大型社会民生资源供给的失灵和不足。而中国社会民生资源供给主体单一化,使得社会民生资源供给权与职能主要集中于地方政府,这在一定程度上有利于地方政府集中一定的财力、物力、人力来统一供给那些必须由地方政府供给的、具有规模效益的、社会组织与市场组织供给失灵的社会民生资源,但不利于调动地方社会与市场力量参与社会民生资源供给的主动性、积极性,不利于补救单一地方政府供给机制的失灵与不足,不利于构建一个对外部环境变化反应灵敏、对社会需求回应快、社会组织与市场组织民主参与程度高

---

① 参见薛辉《浅析公共管理主体多元化的政治学意义》,载《中国行政管理》2004年第4期,第36~38页。

② Frug G R. "Fragmentation of Local Governance in America". *Journal of Urban and Metropolitan Affairs*, 2010 (10), pp. 78-81.

的社会民生资源供给体制。

(二) 美国社会民生资源供给范围

美国政府供给的社会民生资源范围较小。美国市场法规体制健全，自由企业制度完善，市场经济发达，这就使成熟的地方市场组织与地方政府、地方社会组织在地方产品供给职能分工上坚持"市场组织优先"原则——对任何地方产品，一般首先考虑将其作为私人产品交由地方市场组织来直接供给，只有当地方市场组织不能直接供给时才考虑将其作为社会民生资源交由地方政府和地方社会组织来供给——从而使得地方市场组织直接承担大量私人产品的供给，而作为"守夜人"角色的地方政府与地方社会组织仅承担相对有限的社会民生资源的供给。而相比地方政府与地方社会组织供给的公共产品范围来说，地方政府供给的公共产品范围要小，地方社会组织供给的公共产品范围要大。美国社会管理体制与法规健全，公民社会发达，社会组织力量强大，这就使得成熟的地方社会组织与扮演"守夜人政府""警察政府"角色的地方政府在社会民生资源供给职能分工上坚持"社会组织优先"原则，从而使地方社会组织在社会民生资源供给中扮演着十分重要的角色。在美国，至少有50%以上的社会民生资源是由包括非政府组织、市场组织承担生产的。[1]

(三) 美国社会民生资源配置的同构性

社会民生资源配置同构性是指不同政府供给的社会民生资源的相似性、相同性。在美国，社会民生资源供给同构性较低，这表现在，纵向上美国地方政府、州政府、联邦政府供给的社会民生资源同构性较低。例如：地方政府供给的社会民生资源一般包括防火救灾、治安供水、初中级教育、街道公园维护、机场海港码头维护、垃圾废物处理、医疗保健、土地规划等；州政府供给的社会民生资源一般包括州内税收与高等教育、州内商业与横跨数地的交通、州内刑事、州内产业通讯与公用事业、社会劳动保障与公共福利、医疗卫生与环境保护等；联邦政府供给的社会民生资源一般包括国防外交与国土安全、州国际商务与交通、发行货币、邮政与

---

[1] 参见李培林、徐崇温、李林《当代西方社会的非营利组织——美国、加拿大非营利组织考察报告》，载《河北学刊》2006年第2期，第71~78页。

航天航空、能源与退役军人福利保障、环境保护与社会福利、教育卫生等公共事业、少数民族与妇女权益保护等。横向上看，同级的县、市、镇、特区政府供给的社会民生资源同构性较低。例如：县政府供给的社会民生资源一般包括执行州的行政职务、财产税的估价与征收、土地登记、办理选举、刑事审判、分区开发等；市政府供给的社会民生资源一般包括公共安全、公共卫生、环境保护、公共交通、公共教育、财政及市场管理等；镇政府供给的社会民生资源一般包括办理镇的选举、济贫、修路、管理小市场、排水供水等；特区政府一般只负责某项特别的专项社会民生资源，最常执行的特别专项社会民生资源有中小学教育、防火、供水、排水、土壤保护、河流管理等。①

（四）美国社会民生资源配置结构及与其他国家的对比

地方的公共教育、公共福利与社会保障、医疗卫生、公共安全、行政管理事务、公共经济共同构成了地方横向社会民生资源供给。在美国，公共教育所占比重最大，公共福利与社会保障所占比重排第二，医疗卫生所占比重排第三，公共安全所占比重排第四，行政管理事务所占比重排第五，公共经济事务所占比重排第六，主要原因是美国地方公共部门很少进行直接投资干预管理，所以，美国地方公共经济事务所占比重最小。美国的公共产品供给上存在着明确的分工，通常联邦政府主要承担全国性、受益范围广的事权支出，如社会保障、公民保健、医疗照顾、国防、国际事务、利息支出等。地方政府的支出，主要包括约占政府支出总额30%的教育支出、各种公共福利和住房及社区服务设施、娱乐文化、用于维护地方公共秩序和安全的警察与消防和交通通信的支出、用于维护地方政府运转及其人员的工资福利支出等。以2019年为例，美国财政三大支出情况为：①强制性支出（Mandatory Spending），约为2.739万亿美元，占62%左右；②可支配开支（Discretionary Spending），约为1.305万亿美元，约占30%，这部分开支主要用于支付政府的全部其他需要，每年的可开支额度由国会来决定，是国会唯一能够压缩的政府支出；③国家债务的利息支付（Interest Payments on the National Debt），约为3630亿美元，约占8%。（如图4-3所示）

---

① 参见倪星主编《行政组织理论》，高等教育出版社2007年版，第33～35页。

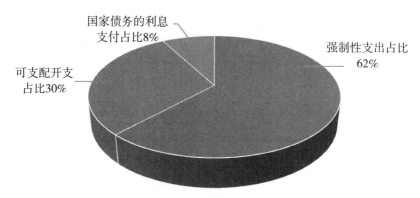

图4-3 2019年美国财政支出项目和比例

与美国民生密切相关的支出主要是强制性支出，属于"取之于民，用之于民"的支出，包括美国退休人员的社会安全金（Social Security）、联邦医疗保险（Medicare）项目和贫困人口的联邦医疗援助（Medicaid）项目等联邦福利，福利包括贫困补贴如食品券、失业补助、儿童营养、儿童税收优惠、社会安全生活补助金和学生贷款，以及公务员、海岸警卫、军人的退休和残疾补贴项目等。可支配开支中，用于美国卫生和公共服务部的预算支出也占到6%左右。

加拿大地方政府的事权支出范围主要有警察、消防、中小学教育、环境公园、卫生和地方公路等。2019年教育支出占地方政府的支出比重最大，约为42%；其次是交通和治安服务支出；在其他领域（包括医疗卫生、农业、林业部分支出很少）的支出处于适当水平，且分布均匀；债务服务利息在地方支出中占6.8%。

德国地方政府的事权支出范围主要为地方行政事务及行政管理支出、地方公路建设和公共交通事务支出、水电和能源供应支出、科学文化和教育事业支出、住宅建设和城市发展规划支出、卫生和医疗保健支出、地方公共秩序管理支出等。德国地方政府的财政支出由社会服务所主导，通常地方政府25%的支出用于社会保障和服务，其次是用于医疗卫生和教育，分别占14.5%和13.0%，住宅占15.3%、交通占6.0%、文化娱乐占5.7%、治安占3.4%。

自20世纪70年代以来，西方政府支出中社会服务的支出处于增长之中，而基础设施建设的投资却有所减少。中国财政支出中，主要民生开支占全部财政支出的60%左右,其中公共教育和社会保障支出所占比重相对较大,其他民生支出都在10%以下。具体支出结构可从表4-3中看出。

表4-3 2019年中国财政主要民生开支占全部财政支出比重

财政主要民生开支	一般公共服务支出	国防支出	公共安全支出	教育支出	科学技术支出	文化体育与传媒支出	社会保障和就业支出	医疗卫生支出	环境保护支出
占全部财政支出比重	8.5%	5.1%	5.8%	14.6%	3.9%	1.7%	12.3%	7.0%	3.1%

(资料来源:《中国统计年鉴2020》,http://www.stats.gov.cn/tjsj/ndsj/2020/indexch.htm。)

从上述社会民生资源供给横向结构可以看出,美国地方政府非常重视地方公共教育、公共福利和社会保障,但其自身的行政管理事务与公共经济事务不太突出,这在一定程度上反映出美国地方政府运行的"低成本高效率、重社会公共事业轻经济发展"的特性,而这种特性在某种程度上导致地方政府职能有限、公共权力有限、市场和社会民间力量被激发等结果;中国政府在公共福利与社会保障、医疗卫生等职能方面的支出在不断增加,但比重相对还较低,这在一定程度上反映出中国地方政府运行的社会民生投入仍有较大的提升空间。

二、美国扶贫工作中的非经营性资源配置手段[①]

(一) 贫困标准是非经营性资源配置的依据

1. 实行全国总体统一标准,并以家庭为单位对贫困程度进行划定和细分

按照美国官方标准,"贫困户"是指总收入低于国家贫困标准的家庭。自20世纪60年代建立国家贫困标准以来,美国主要依据一个家庭基本生活支出水平确定当年的贫困线。家庭基本生活支出包括食物、住房、衣物等基本生活实物支出和必要的服务支出。

---

① 参见王立、王凯《中美扶贫政策和工作机制比较及研究》,载《国际经济合作》2019年第3期,第53~61页。

目前，美国48个州和华盛顿哥伦比亚特区执行联邦标准，而阿拉斯加州和夏威夷州则执行本州自行制定的标准。联邦标准由商务部所属的联邦人口普查局按年度并将通货膨胀水平计入后更新调整。联邦贫困标准的划定按照全国总体统一的原则，不再对州县、地域和城乡进行区分。以城乡因素为例来理解，这种做法的主要考虑是：基本生活支出受多种成本影响，一些成本（如住房）在城市较高，但在农村则较低；另一些成本（如公共交通）在城市较低，但在农村却较高。多种因素在城乡之间的水平此消彼长，在一定程度互相抵消，导致系统考虑这些因素进而区别划定贫困标准的必要性不大。

在实行全国总体统一标准的同时，美国政府统筹考虑家庭人口规模、65岁及以上老年人数量、18岁以下未成年子女数量三个因素，对贫困标准加以进一步的细分，形成一个贫困标准体系，使各类结构的家庭基本能够对号入座找到适应自身情况的贫困标准线。美国的贫困标准较高，如2016年养育两个未成年子女的四口之家，对应的贫困标准是每年现金总收入24339美元，约合人民币164775元，相当于年度每人现金收入人民币41194元，远远高于全国同期扶贫标准，也高于世界银行相应标准。

在美国，联邦人口普查局公布的贫困标准和年度《人口普查报告》是获取贫困数据的权威渠道。但考虑到该报告并不按照城乡等因素区分，在实际操作中，美国政府还同时开展社区调查并将所得数据作为补充信息来源渠道。人口普查（Current Population Survey，CPS）同社区调查（Annual Population Survey，APS）两套统计系统主要有3个区别：一是CPS的抽样规模小于APS；二是CPS的统计区间为近一个年度，APS的统计区间为近12个月度；三是CPS只提供面上贫困程度，APS则可以体现细分差异。例如，APS能够反映出农村贫困发生率超出城市贫困发生率的幅度和多年间的走势。

2. 依托税收系统对贫困家庭申请进行审核，以此认定扶贫对象

在美国，认定贫困家庭需由家庭主动申请。地方政府或其指派的机构受理后，依托税收系统对申请家庭收入情况进行核算，对符合条件的认定为"贫困户"。按照2018年联邦贫困标准，并经过上述程序，美国政府认定的贫困人口达5000万人，贫困发生率为15%，主要集中在城市。贫困人口中，现金收入少于每人每天2美元的绝对贫困人口约400万人，绝对贫困发生率为1.2%。如果以世界银行公布的绝对贫困标准每人每天现金收入1.9美元衡量,美国绝对贫困人口会更少,绝对贫困发生率低于1%。尽管贫困规模不大,但分布不平衡,单身母亲家庭、黑人家庭占比明显偏高,反映出美国长期存在的一些深层次的社会问题。

(二)解决贫困问题的非经营性资源配置措施——扶贫政策的制定

自20世纪30年代罗斯福总统时期开始,美国开展了大规模的扶贫工作,联邦政府和州政府分别拟定了专项措施和项目。针对贫困现象主要集中在城市这样特殊的国情,美国制定的扶贫措施带有明显的城市特色,主要的措施有以下六种。

1. 直接和间接增加贫困家庭收入,提高在岗工人的最低工资标准

联邦政府拟定的最低工资标准约合人民币100元/小时,同时,还建立了"生活工资"制度,其标准高于最低工资水平,目的是帮助在大城市里有需要的家庭缓解生活困难。通过社会保障类项目向退休工人和其他贫困程度较深的家庭提供一定数额的现金援助,退休工人是这类项目的主要受益群体。支持贫困纳税人向税务部门申请缴税减免,增加他们的实际收入。同时,这样也起到了鼓励贫困人口积极就业和创业的作用。

2. 促进贫困人口就业和创业

为增加贫困人口就业机会,联邦政府和州政府出资,安排非营利性组织实施,对失业和未充分就业人口开展能力培训并提供求职信息帮助;为支持贫困人口创业谋出路,政府部门还出资设立社区一级的孵化器,在基层为贫困人口提供技术、市场营销等方面的辅导;为缓解失业人群生活困难、防范新增贫困人口,政府向短期非自愿失业者提供失业救助金,最长可达26周。

3. 实施针对性项目解决饥饿和营养匮乏问题

美国联邦政府将解决饥饿和营养匮乏问题作为扶贫的一个重点,出台"补充性营养援助项目"(Supplemental Nutrition Assistance Program,SNAP),通常被称为"食品券项目"。该项目以"老弱病残"为主要帮扶对象,按月向受益人借记卡发放补助金,限定只能使用该借记卡到指定商店购买食品。这一项目将行政和市场手段有机结合,达到了解决贫困人口食物短缺困难、保证帮扶资金定向使用、促进农产品生产消费的综合效果。在项目实施体制机制上,实行联邦—州—郡/县三级负责制。联邦政府负责顶层

设计、制定补助标准和监督监管,州政府负责项目管理、分配资金和政策培训,郡县政府负责受理审核申请、发放补助金和日常管理服务。此外,美国政府还对符合条件的孕妇、哺乳期妇女、5岁以下儿童提供免费营养补助,以实现减缓贫困和提高人口质量的目的。

4. 运用金融和救助手段防范和应对因病致贫问题

联邦政府设立了医疗保险项目,主要帮扶对象为贫困老年人和部分残疾人士。项目实施模式为政府出资投保,待受益人年满65周岁时开始赔付,保险金可用于住院病人护理、家庭健康护理、癌症等重症病人的临终关怀和相关医疗服务。目前,约有4000万老年人享受这一项目,其中约一半人口的收入低于贫困线的1/4。对于其他贫困人口特别是儿童,联邦政府和州政府还开展医疗救助项目,视情况提供部分或全部免费的医疗救助。

5. 引入社会力量参与扶贫

在政府引导下,非政府组织在汇集扶贫资源、执行物资分发任务等方面扮演了积极角色。一些非政府组织接收爱心人士、超市、食品厂家无偿捐赠的食品(主要是临期或产量过剩、滞销的食品),在保证安全食用的前提下,向贫困人口免费发放,以满足急迫需求。一些非政府组织主动向家庭、商场、工厂发起募捐,对收到的无偿衣物等物品进行分拣和无害化处理后交给特定卖场(类似于旧货市场)低价销售,所得销售收入用于开展贫困人口免费就业培训以及其他支持活动。

6. 注重解决儿童贫困和深度贫困问题

在儿童贫困方面,美国政府认为在儿童时期特别是在早期阶段就陷入贫困,将对这类人口终生的生活水平产生重要影响。美国联邦人口普查局指出,宏观经济恶化给人们带来的影响是普遍的,但对儿童的影响尤其明显,并据此提出建议,要在关注贫困家庭的基础上对儿童贫困问题给予足够重视。在深度贫困方面,美国政府把税前现金收入低于国家贫困标准一半的家庭认定为深度贫困家庭。以2016年为例,深度贫困标准为一个四口之家的年收入为1.23万美元(约合人民币8.17万元,人均人民币2.04万元)。按照这一标准,2016年美国的深度贫困发生率为6.2%。

(三) 中美扶贫工作上非经营性资源配置的不同特点

1. 美国扶贫宏观波动较大，中国扶贫战略定力更强

美国扶贫政策等受执政党更迭影响明显。民主党代表中产阶层和贫民阶层，强调保障和改善民生，出台了不少扶贫性质的政策。共和党代表资产阶层和社会保守势力，对社会民生事业投入相对不够。从历史来看，美国在执政党更迭之后，扶贫价值取向、政策导向和投入力度都会发生明显变化，导致扶贫政策不稳定、连续性不足。相比之下，中国政府始终将摆脱贫困作为自身使命，在不同历史阶段全国上下齐心，接续努力，特别是开展脱贫攻坚以来，更是继续加大扶贫力度，实施精准扶贫，推动扶贫工作向纵深发展，取得了举世瞩目的成就。

2. 美国贫困标准局限于当前收入，中国扶贫标准进行多维考虑

美国依据家庭人口结构，建立了细化的贫困标准，对评判不同类型家庭的贫困状况具有指导作用。但是，美国贫困标准仍属"一维指标"，即仅关注现金收入，没有将衣食、基本住房、教育、医疗等现实生活水平进行"多维"的综合考量，贫困标准的内涵不够丰富。目前在计算家庭收入时，仅关注统计年度发生的"增量"，没有考虑家庭已有的财富积累，容易给贫困识别注入"水分"。相比之下，中国扶贫标准以收入指标形式体现，但指标背后包含了"两不愁三保障"内容，纳入了衣食、住房、教育、医疗等维度，不仅考虑了生存和基本生活需要，还体现在发展的要求上。从这一点来看，中国扶贫标准的"含金量"更高。

3. 美国扶贫难以形成工作合力，中国扶贫统筹资源的能力更强、效果更明显

从纵向视角分析美国扶贫工作，美国联邦政府出台的政策属于指导性质，各州政府缺乏落实责任和义务，没有自上而下的有效工作体系；从横向视角看，各州之间扶贫政策措施相互关联性不强，缺乏协调和衔接，容易造成资源浪费和帮扶需求落空。相比之下，中国在扶贫工作上注重发挥中国独具特色的政治优势和体制优势，中国共产党作为执政党强化扶贫开发工作的领导，在脱贫攻坚中实行"五级书记一起抓"，对省级党委和政府开展脱贫攻坚成效考核，实行高规格、严格的约谈督促制度。同时，广泛动员社会力量，围绕脱贫攻坚目标任务出智、出财、出力，形成了全民参与的良好氛围，使贫困地区的贫困人口得到更多实惠。

（四）以扶贫为代表的美国民生政策的启示

尽管美国扶贫工作也存在一些不足，但总体上看，美国扶贫工作在政策上有不少精心设计和独到之处，在实践中也有不少成功的做法，对中国做好扶贫工作具有一定的参考价值。

1. 在城乡统筹下施行全国统一的贫困标准

在中国，区域之间、城乡之间经济社会发展程度存在差异，不同基本生活要素的成本此消彼长，实现一定程度的抵消。因此，从地域和城乡角度来看，在2020年中国农村消除绝对贫困现象之后，可将城市和农村扶贫工作进行统筹，同时施行中国统一的贫困标准，用于国家层面的贫困监测、政策设计和部署实施。各地可结合实际划定高于国家标准的地方贫困标准，用于指导本地扶贫工作。同时，考虑到深度贫困问题解决起来难度要大、影响层面既深又广，可考虑对深度贫困设置明确的标准，实现与中国贫困标准挂钩的量化标准。

关于贫困标准细分问题，美国的做法是结合家庭规模和未成年子女数量等因素对贫困标准进行细分，精细化程度较高。但这种做法采集和核对信息比较困难，行政成本较大，美国仅有3.3亿人口，尚缺乏实用效能，而中国人口规模为14亿多，是美国的四倍，如果采用这种精细化的做法显然会面临更复杂的局面和更大的成本代价。因此，在中国，对贫困标准进行过于细分的做法是不切实际的，而保持中国统一标准的做法更具可行性。

2. 在同一贫困标准下，面向儿童和老年人贫困情况开展针对性监测

在扶贫工作中，做到在同一标准下，有针对性地考虑对老幼贫困人口的保障扶贫工作，并在2020年后继续体现精准扶贫、精准脱贫基本方略的精神。解决儿童贫困问题不仅是当务之急，更是长远问题。解决了儿童贫困问题，就意味着切断了贫困代际传递，同时也防范了"未来贫困"。近年来，中国人口老龄化趋势明显。2021年5月发布的中国第七次人口普查数据显示，老年人口的数量和比重持续攀升，60岁及以上人口总数为2.64亿人，占总人口比重为18.7%，65岁及以上人口总数为1.91亿人，占总人口比重为13.5%，两者比重较2010年分别上升5.44和4.63个百分点，表明人口老龄化程度持续加深。老年人自我发展、获取收入能力相对较弱，致贫和返贫可能性大。随着老年人口规模扩大，老年贫困问题值得引起进一步重视。

3. 形成专业化、综合性的贫困治理体制机制

中国在2020年首次整体消除绝对贫困现象后，相对贫困问题还将长期存在。农村贫困、农村转移到城市的贫困和城市原发贫困将成为贫困的三种主要类型。贫困的多维特征将更加突出，在"绝对"层面存在收入低于贫困标准的收入型贫困，在"相对"层面也将存在获得收入和社会公共服务机会不平等、自身能力差异等社会型贫困。贫困将超越单纯的经济问题，成为涉及法律、教育、医疗、民政、就业等多个领域的复杂社会现象。做好新时期的扶贫工作，需要突破"就扶贫论扶贫"的局限，从统筹经济社会发展全局的高度，巩固脱贫攻坚时期建立起来的顶层设计成果，积极开展贫困治理体制机制上的供给侧结构性改革，推动建成以治理贫困为主体内容的社会发展工作体系。工作体系围绕减缓和消除贫困进而促进社会全面发展的总体目标，识别、监测中国城乡贫困人口，面向各类弱势群体，协调调动经济、基础设施建设、教育、卫生健康、住房保障、就业促进、残疾人、妇女儿童、老年人、退役军人等相关部门，研究提出战略规划、制订实施落实计划、督促检查省级地方推进效果，达到以绝对和相对贫困人口为突破口，实现社会均衡发展的目标。

三、美国政府资源配置领域的扩张[①]

按照西方传统市场经济理论，政府除了在提供法律、国防、教育和社会保障等领域发挥作用外，在市场失灵的情况下，也就是不完全竞争、信息失灵、负的外部性、公共产品失灵和协调失败等情况发生时，也需要政府的介入，这些市场失灵的领域就要由非经营性资源的配置来完成。政府失灵也同样存在，主要是指可能出现诸如腐败、寻租或资源配置效率低下和不正当竞争等。因此，政府需要在市场失灵还是政府失灵这两种没有效率的结果上进行权衡，在市场失灵的情况下需要由政府的非经营性资源来完成资源配置和产出。

以基础研究为例，一般认为基础研究投入大、收益周期长，且具有一定的风险性，私人资本通常不愿介入，但基础研究具有很强的正外部性，

---

① 参见贾根良《开创大变革时代国家经济作用大讨论的新纲领——评马祖卡托的〈企业家型国家：破除公共与私人部门的神话〉》，载《政治经济学报》2017年第1期，第123~136页。

国家应该直接通过提供科研基金解决私人企业没有动力从事基础科学研究的问题，那么，基础科学研究也是非经营性资源配置的主要方面。当基础研究达到一定程度，具有了商业价值后，就要交给市场，非经营性资源退出这个基础研究项目转而投入另一个基础研究的开发，由可经营性资源进行配置和产出。

但事实上，美国政府的资源配置活动并没有仅仅停留在基础研究尚未具备商业价值的阶段，而是深入应用研究和技术创新成果商业化的阶段。例如，当美国通过国家科学基金会（National Science Foundation，NSF）支持基础研究的同时，却又通过美国国防高级研究计划局（Defense Advanced Research Projects Agency，DARPA）、能源部高级研究计划局（Advanced Research Projects Agency-Energy，ARPA-E）和国家卫生研究院（National Institutes of Health，NIH）从事应用研究，并通过诸如小企业创新研究计划（Small Business Innovation Research，SBIR）这样的机构履行风险资本投资的职能。

纵观美国的科技发展，美国政府基本全程参与了突破性技术创新的基础研究、应用研究和商业化的各个阶段，在创建互联网、纳米技术、生物技术和清洁能源等领域全新的市场和部门上，都有政府的直接介入。以美国苹果公司为例，苹果公司虽然在各类"全球最具创新精神企业排行榜"上一直名列前茅，但苹果手机背后的任何一项关键技术都是在政府出资支持下取得的科研成果。例如，互联网的前身是阿帕网，是在20世纪60年代获得美国国防高级研究计划局资助的一个项目，后者隶属于美国国防部。地球定位系统（GPS）开始之初，是20世纪70年代一项被称为导航星的美国军事计划。苹果手机的触屏技术是由一家名叫FingerWorks的公司发明的，该公司是由获得政府资助特拉华大学的一位教授和他的一位博士候选人创办的，他们获得了美国国家科学基金会和中央情报局的资助。即便是苹果手机的语音识别个人助理Siri（苹果智能语音助手）也可以将其血统追溯至美国政府——它是美国国防高级研究计划局一项人工智能项目的副产品。这个案例说明政府在引领创新方面发挥着关键性作用，说明政府是私人企业成功的关键性伙伴，政府承担了企业不想承担的风险。

在美国技术创新方面，非经营性资源配置也同样发挥了重大作用，为重大技术创新的和引导私人风险资本的跟进投入奠定了坚实的基础。美国IT革命、生物技术产业和纳米技术的研究说明，大多数私人风险资本集中在风险投资的中间阶段，而在早期阶段则是由美国"小企业创新研究计划"提供融资的。造成这种状况的主要原因是：激进创新的早期阶段在风险投资上具有资本密集、较低的收益预期和需要长期坚守的特点，而私人风险资本对此却不感兴趣，从而使政府不得不承担起这种风险承担者的职责。事实上，互联网的发明或纳米技术行业的出现，并不是因为私人部门想要这些东西却无法找到投资来源。两者的出现，都是因为政府在私人部门尚未探测的领域所具有的预见性。即使在政府引入这些新技术之后，私人部门仍然不敢去投资。政府竟然不得不去支持互联网的商业化过程。多年以后，私人风险资本家才开始向生物技术和纳米技术公司提供融资。政府对发展初期的技术企业提供的融资相当于"创业天使"的全部投资，而且为私人风险资本投资额的 2~8 倍。1971 年至 2006 年间，在被《研发杂志》年度奖选中的 88 项最重要的创新之中，有 77 项完全依赖于联邦政府提供的研究支持，尤其是（但并不仅仅是）在其初始阶段。此外，生物制药产业 75% 的新发明出自依靠公共资金维持运行的实验室。

在过去几十年中，美国政府主要的推动力和发展方向都来自政府高层官员。在这些美国政府机构中，美国国防部国防高级研究计划局、美国能源部高级研究计划局和国家卫生研究院是突出的代表。与从事基础研究的美国国家科学院和美国国家科学基金会不同，这些机构主要致力于应用研究和科技成果的商业化，它们像投资人那样行动，下注于多样化的创新项目的"投资组合"，美国政府为之提供了保护本国企业、政府采购法等成套的政策体系扶植本国企业的创新。例如，美国的公立学校是苹果产品忠实的客户，1994 年，苹果公司占据了美国小学和高中教育电脑支出的 58%。又如，集成电路技术从贝尔实验室、仙童半导体公司和英特尔公司，转移到苹果手机或平板电脑之类的电子设备的过程，得益于美国空军和美国国家航空航天局的产品采购。作为以这种新的电路设计为基础的处理单元的唯一买家，国防部的采购合同为新生的微处理器行业的发展以及配套电子设备和元件的引入提供了资金——这些设备和元件的价格通常是商业化市场承担不起的。美国国防部国防高级研究计划局先后成功地挑选出数百项新技术和新产品的"优胜者"，涉及领域包括能源、航空航天、导弹防御、信息与通信技术、新材料、生物学、医学等，其中最为突出的技术"优胜者"包括互联网、半导体、全球定位系统、激光器、高超音速飞机、无人驾驶汽车、隐形飞机、微型无人机、智能义肢、远程医疗、合金材料等。

政府的生产性投资和创新活动往往肩负着重大的使命，例如，美国宇航局的"阿波罗登月计划"，先后获得了3000多项专利，带动了20世纪六七十年代美国和全世界在计算机、通信、测控、火箭、激光、材料和医疗等高新技术产业方面的发展。

❋ 本章小结 ❋

没有充分的和成熟的市场经济的发展，就难以有成熟的现代市场经济理论。当今世界市场经济的成熟与发展，孕育了多种市场经济模式，无论是英美的有调节的市场经济、法国的有计划的市场经济、德国的社会市场经济、北欧的福利主义模式，还是中国的社会主义市场经济体制，都是对市场和政府的有效组合的不断尝试和探索。

成熟市场经济"双强机制"是指"强市场"和"强政府"并存。"强市场"意味着市场在资源配置中的主导地位不能动摇，一切决策和行动的依据首先是符合市场规律，按照市场法则对区域资源进行优化配置，任何主体都不能凌驾于市场之上做出违反市场规律的事，有效市场是"强市场"的鲜明特征。"强政府"则是强调在遵循市场规律的基础上做有为政府，也就是说要积极发挥区域政府在三类型资源配置和与之相连的制度创新、组织创新、管理创新和技术创新上的引领作用，在开拓准经营性资源、提供公共产品、弥补市场不足以及国际经济事务中做足功课，促进市场机制的正常运行和区域经济的科学可持续发展。因此，"双强机制"可以概括为有效市场和有为政府的有机融合机制。

中国经济发展模式是成熟市场经济的"双强模式"。习近平新时代中国特色社会主义经济思想深刻体现了中国经济发展的"双强"特色，一方面强调了市场决定资源配置是市场经济的一般规律，市场经济本质上就是市场决定资源配置的经济，必须充分发挥市场在资源配置中的决定性作用；另一方面，也强调了政府的积极有为——必须更好地发挥政府的作用，发挥中国社会主义制度的优越性，发挥党和政府的积极作用。政府的职责和作用主要是保持宏观经济稳定，加强和优化公共服务，保障公平竞争，加强市场监管，维护市场秩序，推动可持续发展，促进共同富裕，弥补市场失灵。这些阐明了中国社会主义市场经济有效的市场和有为的政府有机统一、相互促进的关系。以中国社会民生管理模式为例,可以较好地说明成熟市场经济"双强模式"下的社会民生管理特点。

2016年5月,中共中央、国务院在新发布的《国家创新驱动发展战略纲要》中提出,要发挥社会主义市场经济条件下的新型举国体制优势,集中力量,协同攻关,加快突破重大核心技术,开发重大战略性产品,在国家战略优先领域率先实现跨越,也充分利用了我国社会主义制度的优越性。

以扶贫为例,尽管美国扶贫工作也存在一些不足,但总体上看,美国扶贫工作在政策上有不少精心设计和独到之处,在实践中也有不少成功的做法,对中国做好扶贫工作具有一定的参考价值,比如在城乡统筹下施行全国统一的贫困标准,在同一贫困标准下,面向儿童和老年人贫困情况开展针对性监测,以及形成专业化和综合性的贫困治理体制机制,等等。

思考讨论题

1. 有为政府与有效市场的内涵及标准是什么?
2. 成熟市场经济"双强机制"理论包括哪些内容?
3. 资源配置活动中"强政府"与"强市场"应如何界定?
4. 成熟市场经济条件下的中国社会民生管理模式是怎样的?
5. 美国社会民生资源配置的特点有哪些?
6. 阅读以下材料并思考:中国在市场和政府的关系处理上有什么特色和优势?

凭"房票"买房,为什么是武汉

7月29日,武汉市房管局发布《关于加强购房资格管理工作的通知(征求意见稿)》。意见稿提出,购房先申请购房资格,符合条件才能领到购房的"房票",有效期60天。

这一政策被解读为凭"房票"买房,而"房票"这一称呼,很容易让人联想到计划经济时代的各种票类,因此引发了广泛的关注。那么,到底该如何理解呢?

凭"房票"买房,并非武汉首创

首先,从具体的政策内容来看,所谓的"凭房票买房",是指在武汉限购区域购买住房的意向购房人,要在申请到购房资格后,才能凭认定结果购房。并且,一张"房票"一次只能登记一个楼盘,登记一次后即时锁定,有效期为60天。

因为打上了"房票"的概念,这个政策被视为武汉的首次创新,但事实并非如此。

其实在2019年,武汉市武昌区的二手房买卖就有过类似的试点。而从2020年1月1日开始,武汉已经在全市开始推行商品房资格核查"房票制",购房者要在房管局申请,审批通过才能够正常买房。这次的新政策,只是延续而已。

而在武汉之外的其他城市,类似的购房资格审查早已相当普遍。即便是一张"房票"只能登记认筹一个楼盘的措施,也不是武汉开创的。

以杭州为例,去年(2020年)的《关于进一步明确商品住房公证摇号公开销售有关要求的通知》明确提到,报名参加限购范围内新建商品住房公证摇号销售的购房家庭,在摇号结果公示前,不得参加其他新建商品住房项目的购房意向登记。

其实严格来说,所有针对购房者的限购,都可以理解为"房票制",只不过有的是以户籍作为审查依据,有的是以连续的社保、个税记录等为依据。所以,武汉的政策,只是限购手段的再次升级,只是因为"房票"的噱头,给舆论造成一种误解。

当然,武汉推出的楼市新政,也是有一些创新色彩在里面的。其中最突出的是,将购房资格审查前置了。也就是说,过去是先登记购房意向,交定金,网签时再审查资格,现在是先审查资格,有资格才能去楼盘认筹。

以前,有购房者交了定金,到资格审查阶段又不过关,导致各种纠纷。购房资格审查前置的作用在于,减少不必要的纠纷。提前将不具备购房资格的人"筛"出去,还能减少楼市虚火。

这一招和一对一认筹可以起到组合拳作用,为楼市降温——购房者在意向买房前,要确保有购房资格;有了资格,还得想清楚到底登记哪个楼盘。而相较于过去的一张"房票"可以登记认筹多个楼盘,新政策可以避免楼盘登记人数过多,推高房价上涨的预期。

围绕购房资格审查的改变,以及一对一的认筹机制,至少可以说明两个问题:第一,政府可以动用的调控手段,远比我们想象的要多,更多时候还是决心问题;第二,房地产调控的力度,到了空前强大的地步,房住不炒,稳房价、稳地价、稳预期,不可动摇。

主动加码的武汉,着眼长远发展

这两天,中央层面关于房产调控可谓连出重拳。7月22日的国务院会议提到,对调控工作不力、市场波动大的城市,要坚决予以问责。在推出问责机制后没几天,住建部负责人就针对房价上涨过快,约谈了银川、徐州、金华、泉州、惠州5个城市。

而对于武汉来说,虽然之前的楼市热度不及深圳、杭州等城市,但主动给自己加码,将购房资格审查的端口迁移,其实也不算太意外。

首先,武汉由于疫情,去年房地产行业受到了较为严重的冲击,楼市也因此受到很大的影响,大量的购房需求积压延后。这就导致今年以来,武汉楼市快速回暖,积压的购房需求集中释放,房价出现了明显的上涨趋势。

国家统计局的70城房价数据显示,今年3—6月,武汉新建商品住宅销售价格分别同比上涨了5.5%、6.7%、7.3%、6.7%,二手住宅销售价格分别同比上涨2%、2.8%、3.1%、4.2%。

而武汉在今年3月发布的《市保障房管局办理方案》提到,要确保新建商品住房和二手住房同比价格指数原则上不超过5%。

其次,武汉在过去这些年大力城建,城市面貌实现了较大的提升,加上良好的区位条件,经济发展迅速,房价也是一路上涨。

对一座城市来说,房价上涨是一把双刃剑。有上涨的动力,说明经济在发展,人口在流入,居民有购买力。但上涨过快,泡沫过大,一方面会挤压实体产业,另一方面也会对买不起房的群体造成挤出效应。

比如,武汉作为高等教育的重镇,拥有百万规模的大学生,人才流失问题却相当突出。为了依托高校优势留住人才,武汉不得不推出"百万大学生留汉创业就业计划"。

而从人口增长趋势看,过去十年,武汉的常住人口从978.5万人,增

长到1232.7万人,增量可以排到第九位,但增幅其实要比一些二线城市低很多,包括佛山、南宁、昆明等。

所以,武汉要留住人、留住人才,进一步做大人口规模,就得将房价稳定在大多数人可以承受的范围,楼市调控的需求自然会相当紧迫。如果任由房价上涨,也会对武汉的留人计划起到负面抵消的作用。

正如日前新华社所提到的,"合理房价是一个城市的竞争力所在"。对各大城市来说,稳房价、稳地价、稳预期,减轻房地产依赖,提供更宜居的城市环境,不仅对应着中央的地产调控红线,也是自身长远发展的必然要求。

(资料来源:澎湃新闻网,https://www.thepaper.cn/newsDetail_forward_13832040,有修改。)

市场与计划之争

中国已证明有能力将政策目标转化为具体项目和计划,为全体人民而不仅仅是精英阶层带来明显好处。

有针对性地实施特殊政策和试验计划,可能会导致碎片化制度环境、浪费和过度竞争,所有这些弊端都可能破坏中国建设一个开放、复杂和充满活力的市场经济体系的努力。

1944年,哈耶克(Friedrich A. Hayek)提出,自发的市场秩序在本质上优于共产主义或法西斯政权的限制活力的专制秩序。随后的几十年里,自由市场经济蓬勃发展,而苏联的中央计划经济却崩溃了,历史似乎证明了他的观点。可接下来,世界又见证了中国崛起。

中国惊人的经济增长是众所周知的:国内生产总值(GDP)连续30年保持两位数增长,约7亿人摆脱了贫困,基础设施建设迅猛发展,创新科技与企业不断涌现,以及一个可持续增长与发展的全方位蓝图。

中国的成功削弱了自由市场的神话——自由市场是每个国家的最佳发展战略,以至于连长期以来作为自由市场意识形态倡导者的国际货币基金组织(IMF),也在反思自己的正统观念。然而,中国式的中央计划在西方依然备受鄙夷,那些旁观者以所谓不透明和太压抑的标签,来贬低中国的体制。

但是,中国的制度真的与美国的制度截然相反吗?答案是否定的。

尽管美国政府标榜支持自由市场,但其财政支出比重,自1970年以来一直稳定上升。2019年,美国财政支出占GDP的35.7%,与中国的34.8%差不多。新冠肺炎疫情加速了政府主导经济这一趋势。事实上,美国的经济复苏主要归功于政府的大规模干预。此外,拜登政府现在正推进的立法,即美国就业计划(American Jobs Plan)和美国家庭计划(American Families Plan),都凸显政府在经济中的重要角色。

随着中美两国经济上都越来越重视中央集权的国家能力,"国家与市场""资本主义与社会主义"等常见的二分法显然过于简单化了。这两个国家面临许多相同的挑战,首先是确保富豪精英的决策不以牺牲大众利益为代价。

国家和市场都是社会结构。正如哈耶克所观察到的那样,如果市场基于自身利益自发地形成市场秩序,社会主义和资本主义国家日益增长的官僚机构,可能也会根据既得利益形成某种官僚秩序。如果情况确实如此,限制这些既得利益,以确保国家能够继续专注于为百姓提供社会产品与服务,将变得尤为重要。

只要美国坚持其自由市场主导的体系,它将难以应对这个挑战。相反,美国前总统艾森豪威尔在其告别演说中警告,"军工联合体可能获取不当影响"的威胁会继续存在及泛滥(尽管今天它可能被更名为"军工—产业—科技—金融—媒体复合体")。

这可能有助于解释为什么如今民众对美国机构的信任度如此之低。在2020年爱德曼(Edelman)信任晴雨表中排名的26个国家中,美国在民众对非政府组织、企业、政府和媒体的信任度中,仅排名第18。2021年,它降到第21位。

相比之下,2020年中国的非政府组织、企业、政府和媒体受民众信任度最高。虽然该信任度在2021年下降了10个百分点(从82%降至72%),但中国仍然排名第二。

这可能反映了这样的现实:中国已证明其有能力将政策目标转化为具体的项目和计划,为全体人民而不仅仅是精英阶层带来明显的好处。根据最近一项基于2003年至2016年调查数据的研究,"中国的贫困居民认为政府在提供基本医疗保健、福利和其他公共服务方面越来越有效"。

在德国政治学家海尔曼（Heilmann）看来，中国的"非正统"决策，加上共产党的韧性，使中国成了一只"红天鹅"：这是对西方发展模式的"偏离和未预料到"的挑战。但我们认为，中国的成功不是意外，而是意料之中。

中国充分运用中央规划，推行适应性和实验性的政策制定过程；通过这一过程，机构结构不断更新，以反映新的想法和最佳做法，适应当地情况。正如清华大学公共管理学院院长江小涓最近指出的，"最高决策层的意志"对于社会进步至关重要，因为它可以防止在诸如气候变化等复杂问题上陷入决策僵局。在这些复杂问题上，既得利益集团很容易阻碍进步。

但这并不意味着中国的决策没有协作共识，相反，在做出重大政策决定之前，中国领导人会与智库和学者磋商交流，以获得相关的理论与见解，并访问地方社区以实地了解情况。然后，他们会启动试点计划，以揭示和解决现实中的政策执行问题，通过这种务实的工作习惯，推出可以适应不同环境的改革与发展项目。

可以肯定的是，中国的适应性、试验性务实工作习惯，也无法避免特权与寻租行为。有针对性地实施特殊政策和试验计划，可能会导致碎片化制度环境、浪费和过度竞争，所有这些弊端都可能破坏中国建设一个开放、复杂和充满活力的市场经济体系的努力。

此外，正如加州大学伯克利分校的金志垠（Jieun Kim）和奥布莱恩（Kevin J. O'Brien）所表明的，官僚机构可能会极力抵制进步，因为一些地方官员会担心更高的透明度，会破坏他们的操作灵活性和晋升前景。然而，如果一些特殊的企业或市场参与者获得太大的影响力，也会发生同样的寻租及垄断行为。克服这些特权、垄断、寻租行为的挑战，需要敏捷性、创造性及政治意愿。

自由市场经济是否仍然优于中央计划经济？这可能是个错误的问题。

制度安排是一个复杂的系统，受历史、地理和文化的影响。我们的目标不应是确定一种放诸四海而皆准的教条，而是设计出具备各种特征的体制与机制组合，去适应特定国家和地区的具体情况，并通过适当的制衡，为最多的人带来最大的好处。

中国的政策试验、实施和将改革"算法"制度化的传统已经形成，并开始不断调整其体制结构，以适应不断变化的内外环境。正是这些系统性的治理能力升级，从根本上改变了中国发展的路径，而其经济成果就是最有力的证据。

（资料来源：沈联涛、肖耿《市场与计划之争》，载《联合早报》2021年5月31日，有修改。）

第五章 非经营性资源配置的均等化

本章共分为三节。第一节阐述了非经营性资源配置均等化的定义、意义及其对经济增长、地区经济差距的影响。第二节介绍了非经营性资源配置均等化理论，包括福利经济学、公平正义论和区域协调发展理论。第三节阐述了非经营性资源配置的均等化测量，包括非经营性资源配置均等化指标体系的构建、非经营性资源配置均等化的评价等，系统地介绍了中国目前为实现非经营性资源配置均等化做出的实践探索，最后从基尼系数出发进一步衡量了当前非经营性资源配置均等化水平。

第一节 非经营性资源配置均等化的内涵

非经营性资源的配置主要是为了实现民生目标，民生改善不仅仅是数量问题，更是公平问题，而公平与否与非经营性资源配置的均等化密切相关。

一、非经营性资源配置均等化的定义

"均等"意指"同等、平等"，均等化包括机会均等和结果均等。机会均等是指公民享有非经营性资源配置的机会均等，即确保社会中全部成员平等享有教育、医疗、基本社会保障等非经营性资源配置的权利。结果均等是指社会公民享有的教育、医疗、基本社会保障等非经营性资源配置应在数量和质量上实现大体相等。非经营性资源配置均等化是全体公民都能公平可及地享有大致均等的非经营性资源配置机会和成果，最重要的是获得非经营性资源配置成果的机会均等，但绝不是简单的平均化和无差异化。

非经营性资源配置与民生直接相关，旨在保障全体公民生存和发展基

本需求的非经营性资源配置，是政府非经营性资源配置的最核心内容，是诸多非经营性资源配置中具有保障性质和平等色彩的服务类型。享受非经营性资源配置的成果是属于公民的权利，由政府负责非经营性资源配置的提供。均等化有助于公平分配，实现公平和效率的统一。非经营性资源配置的范围一般包括公共教育、医疗卫生、就业服务、社会保障、人口计生和基本社会服务等满足基本民生需求的非经营性资源配置，以保障公民的生存权与发展权；广义上还包括住房保障、公共文化、基础设施、通信、环境保护等与公民日常生活息息相关的非经营性资源配置，以及消费安全、公共安全、国防安全等保障公民生命财产安全的非经营性资源配置。

二、非经营性资源配置均等化的意义

实现非经营性资源配置均等化，是世界所有现代政府追求的目标。从19世纪末期到20世纪70年代末期，以欧美为代表的西方发达国家开始加强公共财政体制投入，并着手建立较为系统全面的社会保障制度，在医疗、养老、教育等社会民生关键领域对贫富差距导致的社会问题进行调节，对非经营性资源配置均等化或均质化起到了巨大的推动作用。欧美以外的国家在非经营性资源配置均等化程度上差别较大，日本、韩国、新加坡等经济较为发达地区，非经营性资源配置均等化方面受欧美模式影响较大，通过在公共财政、基础教育、公共卫生、社会保障、公用事业等方面有效的制度安排，使非经营性资源配置均等化程度维持在相对较高的水平。发展中国家由于治理理念、政治体制、社会环境、经济基础、人口规模等因素，政府的非经营性资源配置能力不强，非经营性资源配置的均等化水平不高。20世纪80年代以来，公共管理改革运动席卷全球，世界各国都在不断深化非经营性资源配置制度安排和非经营性资源配置方式的变革，非经营性资源配置均等化程度较低的国家，也开始努力探寻适合本国特点的实现非经营性资源配置均等化的途径和策略。

非经营性资源配置均等化问题会导致区域之间、城乡之间、不同群体之间在基础教育、公共医疗、社会保障等社会民生领域方面的不同差距，是社会公平、公正的焦点问题之一，基本非经营性资源配置均等化是缩小城乡差距和贫富差距以及地区间不均衡发展的重要途径。

首先，非经营性资源配置体系建设是实现共同富裕的根本保障。非经营性资源配置需求增长是经济社会发展进入新阶段的重要标志。人类社会发展是一个需求不断拓展和逐步得到满足的过程。伴随着技术进步和物质产品供给能力的提升，民众越来越追求幸福感，而公平正义、共同富裕是衡量幸福感的重要指标，要实现社会的公平公正、幸福感的持续增强，就必然意味着非经营性资源配置需求的不断增长。随着经济的不断发展，非经营性资源配置需求必然呈现不断增长的趋势，标志着一个社会的经济社会发展已经进入了一个新阶段。改善民生、加快教育、医疗、社会保障、就业和收入分配等，都离不开完善非经营性资源配置体系。加快非经营性资源配置体系建设，是经济社会发展到一定阶段的必然要求，是实现共同富裕、促进社会和谐的重要内容。

其次，加快非经营性资源配置体系建设是促进社会公平正义的重要举措。加快非经营性资源配置体系建设，可以在一定程度上校正社会财富初次分配的不平衡，并对初次分配产生积极影响，有利于缓解和抑制利益分化进程及其引发的社会矛盾。完善非经营性资源配置体系的一个重要方面是使非经营性资源配置逐步扩展到整个社会，实现基本非经营性资源配置均等化，消除非经营性资源配置领域存在的不公平现象。同时，完善的非经营性资源配置体系为促进社会公平和权利平等提供强大的基础平台，有利于振奋民众的精神，提高社会总体效率。

最后，做好非经营性资源配置是建设服务型政府的重要内容。进行非经营性资源配置是政府的重要职责。发挥政府在非经营性资源配置体系中的主体作用，加快公共财政建设步伐，加大财政支出中用于社会非经营性资源配置项目的比重，是建设服务型政府的首要之举。一些落后国家，社会动荡、民众生活质量低下的主要原因也是非经营性资源配置发展滞后，总量供应不足，公共投入短缺，分配不平衡。解决这些问题的关键在于转变政府职能，解决政府在社会公共领域的缺位问题，政府要承担好非经营性资源配置任务，提高非经营性资源配置的效率，实现非经营性资源的有效配置。

三、非经营性资源配置均等化对经济增长的影响

非经营性资源配置的均等化可以营造稳定的社会环境，有效缓解经济飞速发展造成的社会矛盾，建立公平、和谐与稳定的社会环境，而稳定的社会环境是经济平稳健康发展的基础。非经营性资源配置均等化能够促进社会公平正义，营造较好的社会制度环境，有利于经济要素的自由流动，

推动社会经济进步。基本公共环境保护、基本公共文化等非经营性资源配置与人民生活密切相关,环境质量的提高和精神文明生活的丰富能够显著提高人民的获得感。基本公共安全供给能够保护人民生命财产安全,是社会稳定、经济发展、人民幸福的根本。非经营性资源配置的供给均等化可以通过营造稳定的社会环境促进经济增长。

非经营性资源配置的过度均等化也可能对经济增长造成负面影响,这也是一个关于"公平与效率"的老生常谈的问题。非经营性资源配置均等化的终极目标是达到人与人之间享有的非经营性资源配置均等化,这一对公平追求的目标可能会影响经济效率,达成目标所需的巨额开支会增长,非经营性资源配置的供给不均等可能会对社会成员造成心理冲击,使其产生心理失衡,不利于社会的和谐稳定。非经营性资源配置是劳动力择业时考虑的重要因素,地区之间、城乡之间和社会群体之间的供需结构失衡将导致人力资源的配置失衡,损失经济效率。例如,当劳动力在不同地区、不同群体之间流动时,由于社保制度存在地区和身份差异,导致劳动力流动时不能均等地享受所在地或所在人群的失业保险、养老保险和最低生活保障等非经营性资源配置,人为地造成不公,也会导致生产率和资源配置效率的降低。

四、非经营性资源配置均等化对地区经济差距的影响

(一)"极化效应"下的非经营性资源配置均等化的破坏

在追求经济快速增长、经济效率第一思想的主导下,"极化效应"显著。由于各地区自然禀赋差别很大,区域发展战略也不尽相同,在快速形成财富积累的同时,也容易导致区域经济的不平衡,尤其表现在各地区提供社会民生服务的经济基础上,长期的非经营性资源配置不均衡,势必破坏蒸蒸日上的发展态势,转而形成抱怨消极的社会舆论氛围,反过来破坏经济发展的可持续性。

通常,经济越发达的地区,提供非经营性资源配置的能力越强。一方面,非经营性资源配置水平高可以拉动消费、增加投资,在本地区累积人力资本。居民在经济发达地区的生活满意度高、获得感强,人才不易流失,且经济发达地区的居民消费能力与储蓄能力较经济不发达地区更强。较高的人力资本水平可以提升创新效率,提高创新水平,人力资本和知识

使生产表现出规模收益递增的特征，促进经济增长，扩大与经济不发达地区的经济差距。另一方面，经济发达地区对物质资本、人力资本的需求高，非经营性资源配置水平也高，能够将其他地区的优势资源吸引过来，经济落后地区发展更加受限，形成"强者愈强，弱者愈弱"的两极分化现象。

（二）"涓滴效应"下的非经营性资源配置均等化改进

在经济迅猛增长一段时期之后，经济发展必然要由高速增长阶段转向高质量发展阶段，追求区域协调发展，注重非经营性资源配置的均等化。这种从效率向非经营性资源均等化配置的转换可以通过"涓滴效应"来实现，把发达地区或先富人群的收入转移到欠发达地区和贫困人群，逐步缩小地区经济差距。

一方面，通过推动非经营性资源配置均等化，能够提高经济落后地区劳动力的身体素质和知识素质。人力资本是最重要的生产要素，对基本教育、基本医疗、基本社会保障和就业服务的投入能够为落后地区的经济发展打下坚实的基础。另一方面，非经营性资源配置均等化能够对生产要素的自由流动起到正面作用。当经济落后地区可以享有经济发达地区教育、医疗、社会保障等非经营性资源配置的同等权利时，就可以吸引人才回流，市场机制也能更好地发挥资源配置作用。生产要素从边际报酬低的地方转移到边际报酬高的地方，降低生产成本，提升利润水平，继而吸引更多投资，加速区域间要素流动。发达地区的经济产业可以更好地与经济落后地区进行经验与技术交流，充分利用当地的土地资源、自然资源、廉价劳动力及政策优势取得较好的经济效益，形成不同地区间产业要素相互补偿、相互依赖的格局，促进产业分工及生产要素的充分利用，推动各地区经济均衡发展，缩小地区经济差距。

第二节 非经营性资源配置均等化理论

一、福利经济学

20世纪20年代，庇古发表了《福利经济学》，以基数效用论为基础，提出社会福利等于个人福利的加总,并把福利水平与国民收入总量及收入分配等情况等同起来,开创了福利经济学的完整体系。社会福利的概念有广义和狭义之分,广义上的社会福利包括因财物占有、自由、家庭幸福等产生的满足感,狭义的社会福利被称为"经济福利",即可以用货币来衡量的那部分福利,福利经济学研究的是"经济福利"。

根据边际效用价值论,收入增加使得个人效用水平增加,富人的货币边际效用小于穷人的货币边际效用,如果将富人的一部分收入转移给穷人,整个社会的效用都会得到增加。基于此,庇古提出两大基本命题:①国民收入总量越大,社会经济福利越大;②国民收入分配越趋于均等化,社会经济福利越大。但实行国民收入分配均等化并不可取,绝对的平均主义会使社会发展失去活力、丧失效率,公共服务是满足全社会公共需要的服务,非经营性资源配置更是涉及全体社会公众的"根本权益"与"底线需求",能够作为国民收入与社会经济福利的媒介,因此可以引申出两个基本结论:①非经营性资源配置总量越大,社会经济福利越大;②非经营性资源配置均等化情况越好,社会经济福利越大。

庇古的理论被称为"旧福利经济学",对于政府通过促进公共服务均等化来提高社会福利具有启示性意义,为后续公共服务均等化理论拓展打下了基础,"新福利经济学"的思想仅作为这一基础性影响的补充。新福利经济学的核心是"帕累托最优"。以卡尔多、希克斯为代表的"补偿原则论"在序数效用论的基础上使用帕累托最优标准定义社会福利最大化,并提出"补偿原则"来提升决策的公平性,基本思想是经济政策变动后,将一部分利益从受益者转移给受损者用于补偿,若补偿后仍有剩余,则社会福利就是增加的。"补偿原则"为政府调整财政支出结构、增加非经营性资源配置提供了理论基础。以萨缪尔森等人为代表的"社会福利函数论"认为社会福利与社会中多种影响因素存在一定的函数关系,社会福利最优点在效用可能性曲线与社会无差异曲线的切点处,强调个人选择与合理分配的重要性。以阿马蒂亚·森为代表的"能力中心观"强调个人能力的提高是政府提供公共服务的目的,只有保障每个人的基本生存与发展条件,使社会成员享有大致均等的非经营性资源配置,才能保障每位社会成员在起点上有近似的发展机会。非经营性资源配置具有"公共产品"的属性,对于非经营性资源配置的资源配置,若是扩大其覆盖范围,则可以在其他人的境况没有变坏的情况下,使得至少一个人的境况变好,符合帕累托改进原则。推进非经营性资源配置均等化能够促进社会整体福利接近最大化。

二、公平正义论

约翰·罗尔斯（John Bordley Rawls）的《正义论》于1971年正式出版，对福利经济学中的功利主义思想进行了批评，阐述了公平与正义理论。罗尔斯认为，天赋与能力的差异不应该成为不平等分配的理由，一个社会的公平状况应当取决于社会中境况最差的那部分人，要实现社会公平，就要对出身与天赋的不平等进行补偿，因此要最大限度地使社会中"最少受惠者"受益，使利益分配倾向于社会中的弱势群体。罗尔斯的这一理论被称为"差别原则"。

将"差别原则"应用到非经营性资源配置的资源配置中，则可得出由于社会福利水平取决于境况最差的那部分人的福利水平，政府在提供非经营性资源配置时，应在确保其他人基本利益的前提下，致力于使这部分"最少受惠者"的福利得到增加，从而使得整体的社会福利增加。

三、区域协调发展理论

区域之间发展不平衡的问题会严重影响人民群众的幸福感与获得感，2017年的中央经济会议工作提出要实现基本公共服务均等化，基础设施通达程度比较均衡，人民生活水平大体相当。区域协调发展战略成为新时代的重大战略之一。区域经济学中，区域均衡（收敛）和区域非均衡（发散）的研究可以被看作公共服务供给均等化与差异化的透视，学界围绕着促进区域协调发展提出两种理论思路。

（一）市场区域协调论

新古典经济增长理论认为地区之间资本、劳动和技术等要素的自由流动将导致经济趋同。在市场机制的作用下，生产要素会从边际报酬低的地方向边际报酬高的地方流动，以获取更高的回报，长期不断流动使得要素收益均等化，实现区域均衡发展。在市场区域协调论中，区域经济发展的收敛是由于市场的自发调节能力，公共服务均等化是区域经济平衡的结果，然而公共服务具有"公共产品"的特点，仅凭市场机制无法有效供给，需要政府进行干预。同时，经济落后地区若能提升基础设施、基础教育等非经营性资源配置水平，也能够推动资本、劳动等要素的流动，非经营性资源配置均等化与地区经济发展并不只是单向的因果关系。

（二）政府区域协调论

贡纳尔·缪尔达尔（Gunnar Myrdal）提出循环累积因果理论，该理论认为某一社会经济因素的变化会在动态的社会进程中影响另一社会经济因素，而后者的变化会反过来加强前者的变化，形成累积性的循环发展趋势，社会经济进程会沿着该因素最初的变化方向发展。缪尔达尔批判新古典主义的"市场机制能够自发调节区域经济均衡发展"论，认为市场作用会加剧地区间的不平衡，一旦某些地区的经济发展水平超过平均水平，就会获得累积的竞争优势，这种优势将一直保持下去，使得发达地区发展速度更快而落后地区发展速度更慢。

阿尔伯特·奥图·赫希曼（Albert Otto Hirschman）提出"极化效应"和"涓滴效应"来解释通过政府干预促进经济发展由发达地区向落后地区延伸的过程。"极化效应"是指由于区域经济的发展不平衡，经济发达地区借助对经济落后地区要素的吸引加速自身发展，而经济落后地区的发展因此受到抑制。"涓滴效应"是指经济发达地区发展到一定程度时，经济社会方面的进步因素通过落后地区与发达地区的交流得到扩散，从而推动其经济发展。"极化效应"出现在经济发展的早期，而在经济发展后期政府应出面干预，加强发达地区的"涓滴效应"，促进落后地区经济发展。赫希曼主张对落后地区公共通讯、基础设施等公共服务物质资本范畴方面的投入是促进"涓滴效应"的主要手段。

罗伯特·卢卡斯（Robert E. Lucas）将人力资本与知识引入经济增长模型，打破了传统的收益递减理论，认为发达国家的人力资本与知识积累会形成生产的收益递增，并吸引发展中国家的资本，扩大国家与地区间的经济发展差距。卢卡斯模型揭示了人力资本的积累是经济得以持续增长的决定性因素和产业发展的真正源泉，非经营性资源配置中的基本教育、基本医疗、基本社会保障等对人力资本的形成与流动具有积极作用，因此，非经营性资源配置均等化与地区经济发展是彼此作用的双向互动关系。

第三节 非经营性资源配置的均等化测量

对非经营性资源配置均等化水平的测量首先要建立一套评价均等性的指标体系。清晰而全面的评价指标体系，可以帮助决策者从客观的数据指标中判断当前状况，做出更科学可靠的战略决策。统一口径的指标体系，也可以避免定义模糊和逻辑混乱的问题，防止陷入公说公有理、婆说婆有理的尴尬局面。

一、非经营性资源配置均等化指标体系的构建

由于非经营性资源配置的"机会均等"难以量化比较，但"机会均等"最终会反映在"结果均等"上。与民生相关的各类公共服务和公共产品资源是非经营性资源配置的主要领域，这里以基本公共服务为例说明非经营性资源配置的均等化问题。《"十三五"推进基本公共服务均等化规划》对基本公共服务均等化进行了定义，是指全体公民都能公平可及地获得大致均等的基本公共服务，其核心是促进机会均等，重点是保障人民群众得到基本公共服务的机会，而不是简单的平均化。享有基本公共服务是公民的基本权利，保障人人享有基本公共服务是政府的重要职责。推进基本公共服务均等化，是全面建成小康社会的应有之义，对于促进社会公平正义、增进人民福祉、增强全体人民在共建共享发展中的获得感、实现中华民族伟大复兴的中国梦，都具有十分重要的意义。

基本公共服务均等化的目标是使基本公共服务体系更加完善，体制机制更加健全，在学有所教、劳有所得、病有所医、老有所养、住有所居等方面持续取得新进展，基本公共服务均等化总体实现。

——均等化水平稳步提高。城乡区域间基本公共服务大体均衡，贫困地区基本公共服务主要领域指标接近全国平均水平，广大群众享有基本公共服务的可及性显著提高。

——标准体系全面建立。国家基本公共服务清单基本建立，标准体系更加明确并实现动态调整，各领域建设类、管理类、服务类标准基本完善并有效实施。

——保障机制巩固健全。基本公共服务供给保障措施更加完善，基层

服务基础进一步夯实，人才队伍不断壮大，供给模式创新提效，可持续发展的长效机制基本形成。

——制度规范基本成型。各领域制度规范衔接配套、基本完备，服务提供和享有有规可循、有责可究，基本公共服务依法治理水平明显提升。

结合上述国家文件和指标选取的全面性、系统性、独立性、代表性、可行性和科学性等原则，本书选取基本教育、基本医疗卫生、基本社会保障及就业、基础设施、基本公共安全、基本公共文化和基本环境保护7大类、共计44个指标来评价非经营性资源配置水平，本章研究的非经营性资源配置均等化是指区域间非经营性资源配置水平在多大程度上实现了结果均等。

本书构建的非经营性资源配置均衡性指标体系见表5-1。

表5-1 非经营性资源配置均衡性指标体系①

一级指标	二级指标	三级指标
教育非经营性资源配置	经费支持	人均财政教育支出
		财政教育支出占财政支出的比重
	生师比	小学生师比
		初中生师比
		高中生师比
	每万人学校数量	每万人小学学校数量
		每万人初中学校数量
		每万人高中学校数量
医疗卫生非经营性资源配置	经费保障	人均医疗卫生财政支出
		医疗卫生支出占财政支出的比重
	医疗卫生服务可得性	每万人医疗卫生机构数
		每万人卫生技术人员数
		每万人医疗机构床位数
	支付水平	城镇居民人均医疗保健支出
	孕产妇保健水平	孕产妇死亡率

① 参见董玥《基本公共服务均等化对地区经济差距的影响研究》，山东财经大学硕士学位论文，2021年。

续表 5-1

一级指标	二级指标	三级指标
社会保障和就业非经营性资源配置	经费保障	人均财政社保和就业支出
		财政社保就业支出占财政支出的比重
	最低生活保障	城市居民最低生活保障平均标准
	社会保险覆盖率	养老保险覆盖率
		失业保险覆盖率
		工伤保险覆盖率
		生育保险覆盖率
	就业保障能力	城镇登记失业率
		城镇登记失业人员数
	就业人员工资	城镇单位就业人员平均工资
基础设施公共服务	交通运输水平	城市人均道路面积
		每万人公共汽电车运营数
	生活设施水平	城市用水普及率
		城市燃气普及率
	生活环境水平	城市人均公园绿地面积
	邮电通信水平	人均邮电业务量
基本公共安全服务	经费保障	人均财政公共安全支出
		财政安全支出占财政支出的比重
	交通安全服务水平	每万人交通事故数
基本公共文化服务	经费支持	人均财政文体传媒支出
		财政文体传媒支出占财政支出的比重
	文化供给能力	人均公共图书馆藏书量
		每万人博物馆数
环境保护非经营性资源配置	经费支持	人均环境保护支出
		财政环保支出占财政支出的比重
	污染治理水平	人均二氧化硫排放量
		人均废水排放量
	城市保障水平	每万人拥有公共公厕数量
		生活垃圾无害化率

二、非经营性资源配置均等化的评价

关于非经营性资源配置均等化的评价方法，一般采用 TOPSIS（Technique for Order Preference by Similarity to an Ideal Solution）评价方法（也称逼近理想解排序法）。其原理为：在归一化的原始矩阵中得到现有方案中的最优方案和最劣方案，分别计算各评价对象与最优方案、最劣方案间的距离，与最优方案距离越小的方案越符合期望结果。各评价指标与最优解之间的相对接近程度越大时，该评价指标与最优解之间的距离越小，均等化水平也就越高。对一级评价指标赋权，得出赋权后非经营性资源配置差异指数，指数越大表示非经营性资源配置差异越大，均等化水平就越低；指数越小表示非经营性资源配置差异越小，均等化水平就越高。

按照 TOPSIS 评价方法，当前中国各地区非经营性资源配置指标差异值及综合均等化差异值见表5-2，中国一、二级评价指标与对应的城乡非经营性资源配置差异最小值之间的相对接近程度见表5-3。①

表5-2 中国各地区非经营性资源配置各分项指标差异值及综合均等化差异值

地区	医疗卫生	基础设施	基本公共教育	综合均等化差异	地区	医疗卫生	基础设施	基本公共教育	综合均等化差异
北京	0.600	0.375	0.576	0.531	河南	0.542	0.599	0.341	0.494
天津	0.214	0.588	0.684	0.466	湖北	0.355	0.635	0.481	0.471
河北	0.642	0.750	0.262	0.551	湖南	0.527	0.700	0.246	0.485
山西	0.617	0.567	0.537	0.578	广东	0.723	0.434	0.498	0.573
内蒙古	0.681	0.822	0.436	0.642	广西	0.319	0.515	0.272	0.358
辽宁	0.279	0.672	0.696	0.519	海南	0.474	0.341	0.449	0.429
吉林	1.000	0.666	0.565	0.771	重庆	0.052	0.529	0.463	0.313
黑龙江	0.453	0.427	0.580	0.486	四川	0.323	0.640	0.317	0.408
上海	0.170	0.000	0.578	0.253	贵州	0.408	0.499	0.441	0.443

---

① 参见孔凡文、张小飞、刘娇《我国城乡基本公共服务均等化水平评价分析》，国家统计局 2015 年 7 月 13 日发布，http://www.stats.gov.cn/tjzs/tjsj/tjcb/dysj/201507/t20150713_1213901.html。

续表5-2

地区	医疗卫生	基础设施	基本公共教育	综合均等化差异	地区	医疗卫生	基础设施	基本公共教育	综合均等化差异
江苏	0.409	0.455	0.477	0.443	云南	0.615	0.790	0.405	0.596
浙江	0.387	0.559	0.428	0.447	陕西	0.379	0.719	0.286	0.442
安徽	0.299	0.697	0.352	0.425	甘肃	0.312	0.675	0.405	0.440
福建	0.542	0.423	0.444	0.478	宁夏	0.525	0.637	0.492	0.545
江西	0.437	0.640	0.291	0.446	新疆	0.647	0.478	0.711	0.621
山东	0.334	0.666	0.413	0.450	平均值	0.457	0.569	0.453	0.486

表5-3 一、二级评价指标与城乡非经营性资源配置差异最小值之间的接近程度

	医疗卫生	基础设施	基本公共教育	综合均等化差异
P^+	0.052	0.000	0.246	0.253
P^-	1.000	0.822	0.711	0.771
D^+i	2.410	3.186	1.305	1.367
D^-i	3.095	1.620	1.550	1.624
C	0.562	0.337	0.543	0.542

根据上述评价结果，可以发现中国各地区城乡非经营性资源配置水平均存在不同程度的差异。从表5-2可以看出，中国各地区城乡非经营性资源配置水平均存在不同程度的差异。其中，中国城乡非经营性资源配置综合均等化差异的平均值为0.486，差异值最小的是上海为0.253，差异值最大的是吉林省为0.771，城乡差异最低值与最高值的地区之间相差3倍多。同时，从表5-3可以看出，中国各地区城乡非经营性资源配置综合均等化差异值与对应的城乡差异最小值之间的相对接近程度为0.542，表明中国城乡非经营性资源配置总体差异还比较大，均等化水平较低。因此，推进城乡非经营性资源配置均等化，实现中国城乡统筹发展的形势仍然十分严峻。

从分项上看，首先，中国基本公共教育的城乡差异平均值相对较小，这得益于中国自2006年9月1日开始全面实行的九年义务教育制度，经

过多年的发展，城乡间义务教育阶段基础设施和财政投入的协调性逐渐增强，使得城乡间的基本公共教育差距逐年缩小。其次，中国医疗卫生的城乡差异平均值也相对较小。这得益于国家推行的农村医疗合作制度，使得农村看病问题得到了改善，医疗卫生机构条件、医疗科技人员配备和医疗设备等方面也有了一定的改进，缩小了和城市的差距。但基础设施城乡差异相对较大，反映中国城市建设快速发展，城市基础设施不断完善，而农村虽然也实行了"村村通"等工程，但由于农村地域广阔，其基础设施完善度和城市相比还有较大差距。

还需要特别关注的是，城乡非经营性资源配置均等化水平与地区经济发展水平不完全相关。从表5-2可以看出，中国各地区城乡医疗卫生差异指数较小的3个地区为重庆0.052、上海0.170、天津0.214，差异指数较大的3个地区是内蒙古0.681、广东0.723、吉林1.000。重庆、上海、天津3个城市经济发展水平较高，城乡医疗卫生差异指数较低，但经济较发达的广东省医疗卫生城乡差异却比较大，这表明医疗卫生城乡均等化水平和经济发展程度不完全相关。同理，从表5-2可以看到中国各地区城乡基础设施和基本公共教育的差异情况，其中，城乡基础设施差异指数较小的3个地区为上海0、海南0.341、北京0.375，城乡基础设施差异指数较大的3个地区为河北0.750、云南0.790、内蒙古0.822。城乡基本公共教育差异指数较小的3个地区为湖南0.246、河北0.262、广西0.272，差异指数较大的3个地区为天津0.684、辽宁0.696、新疆0.711。这两方面指标也说明城乡非经营性资源配置均等化水平与地区经济发展水平不完全相关。

上述评价分析表明，中国城乡非经营性资源配置水平是不均等的，其中目前最需要加强的依次是乡村基础设施建设、乡村基本公共教育和乡村医疗卫生发展。同时，城乡非经营性资源配置均等化水平虽然与地区经济发展水平有一定关系，但在很大程度上还受其他多项因素的综合影响。因此，应采取以下措施：第一，健全财政管理体制，缩小城乡财政差距；第二，强化和完善对非经营性资源配置均等化较差地区的转移支付力度，提升地方政府对非经营性资源配置的重视度；第三，完善非经营性资源配置法律体系，使非经营性资源配置均等化有法可依；第四，对城乡非经营性资源配置建设进行长远规划，促使农村构建合理的非经营性资源配置体系和布局；第五，加强均等化程度较低地区的监管

力度，完善公众需求表达机制，确定不同地区非经营性资源配置水平的最低标准，定期进行监督与考核。

三、中国目前为实现非经营性资源配置均等化做出的实践探索

一是确定了"完善公共财政制度，逐步实现基本公共服务均等化"的方针。主要做法是通过改革财政管理体制，完善公共财政制度，加大财政转移支付力度，调整税收返还和财政补助政策，为逐步实现基本公共服务均等化探索财政制度基础。

二是坚持基础教育的公益性质，努力实现教育公平。主要做法是加大财政对教育的投入，规范教育收费，扶持贫困地区、民族地区教育，健全学生资助制度，保障经济困难家庭、进城务工人员子女平等接受义务教育。

三是坚持公共医疗卫生的公益性质，努力构建公共卫生服务体系。主要做法是坚持预防为主、以农村为重点、强化政府责任和投入，完善国民健康政策，鼓励社会参与，努力建设覆盖城乡居民的公共卫生服务体系、医疗服务体系、医疗保障体系、药品供应保障体系，为群众提供安全、有效、方便、价廉的医疗卫生服务。

四是加快建立覆盖城乡居民的社会保障体系，保障人民基本生活。主要做法是以社会保险、社会救助、社会福利为基础，以基本养老、基本医疗、最低生活保障制度为重点，以慈善事业、商业保险为补充，加快完善社会保障体系。促进企业、机关、事业单位基本养老保险制度改革，探索建立农村养老保险制度。全面推进城镇职工基本医疗保险、城镇居民基本医疗保险、新型农村合作医疗制度建设。

五是坚持实施积极的就业政策，健全公共就业服务体系。主要做法是在完善市场就业机制，支持自主择业、自谋职业的同时，加强政府促进就业的责任和政策引导。健全面向全体劳动者的职业教育培训制度，加强劳动力转移就业培训。建立统一规范的人力资源市场，形成城乡劳动者平等就业的制度。完善面向所有困难群众的就业援助制度，及时帮助零就业家庭解决就业困难。积极做好高校毕业生就业工作。规范和协调劳动关系，完善和落实国家对农民工的政策，依法维护劳动者权益。

四、非经营性资源配置均等化水平与基尼系数

基尼系数（Gini index 或 Gini Coefficient）是指国际上通用的、用以衡量一个国家或地区居民收入差距的常用指标。基尼系数最大为"1"，最小等于"0"。基尼系数越接近0表明收入分配越趋向平等。国际惯例把0.2以下视为收入绝对平均，0.2～0.3视为收入比较平均，0.3～0.4视为收入相对合理，0.4～0.5视为收入差距较大，当基尼系数达到0.5以上时，则表示收入悬殊。

从居民收入构成上看，除了第一次市场分配收入以外，还有很大一部分来自政府的转移收入，所以居民收入的均等化程度也可以在某种程度上反映出非经营性资源在不同居民配置上的均等程度，基尼系数值越低则非经营性资源配置均等化水平越高。表5-4是经济合作与发展组织（OECD）代表国家和中国的基尼系数。

表5-4 OECD代表国家和中国的基尼系数

年份	加拿大	芬兰	日本	英国	美国	中国
2004	0.321	0.266	—	0.354	0.360	0.473
2005	0.315	0.265	—	0.359	0.380	0.485
2006	0.316	0.268	0.329	0.364	0.384	0.487
2007	0.317	0.269	—	0.373	0.376	0.484
2008	0.315	0.264	—	0.369	0.378	0.491
2009	0.316	0.259	0.336	0.374	0.379	0.490
2010	0.316	0.264	—	0.351	0.380	0.481
2011	0.313	0.264	—	0.354	0.389	0.477
2012	0.317	0.260	0.330	0.351	0.389	0.474
2013	0.320	0.262	—	0.358	—	0.473
2014	0.313	0.257	—	0.356	—	0.469
2015	0.318	0.260	0.339	0.360	—	0.462
2016	0.307	0.259	0.355	0.351	0.415	0.465

续表 5-4

年份	加拿大	芬兰	日本	英国	美国	中国
2017	0.310	0.266	0.354	0.357	0.482	0.467
2018	0.303	0.269	0.334	0.366	0.485	0.468
2019	0.301	—	—	0.366	—	0.465

（资料来源：OECD 数据库，HTTPS：//STATS.OECD.ORG/。）

表 5-4 显示中国基尼系数一直在 0.4 以上，收入差距较大。欧美等发达国家基尼系数基本都在 0.4 以下，贫富差距在合理范围内，但美国近几年的基尼系数逐年上升，收入差距明显扩大。

基尼系数通常是指收入系数，由居民的收入定义，但如果收入中加上不动产、金融资产、贵重物品和债，也就是按资产计算出来的基尼指数则可以称之为财富基尼系数。财富基尼系数是用来判断财富分配公平程度的指标，由于财富具有累积性，所以财富基尼系数通常大于收入基尼系数，绝大部分国家包括美国的财富基尼系数都集中在 0.6 到 0.8 的区间内。财富基尼系数和收入基尼系数本身不具备可比性，但财富基尼系数更可以显示财富分配的公平正义机制，更显出必须对弱势群体从生存、安全、教育、医疗、卫生保健、就业等方方面面进行救助的迫切性。表 5-5 是世界主要国家和地区的财富基尼系数。

表 5-5　世界主要国家和地区的财富基尼系数

国家和地区	2008 年	2018 年	2019 年	2019 年人口数量/亿	2019 年人口占总人口比重	2019 年名义 GDP /美元	2019 年 GDP 占世界 GDP 比重	2019 年人均 GDP /美元
世界	0.804	0.904	0.885	76.31	100.00%	859098.2	100.00%	11258
荷兰	0.65	0.736	0.902	0.17	0.22%	9136.6	1.06%	53557
俄罗斯	0.699	0.875	0.879	1.47	1.92%	16575.6	1.93%	11291
瑞典	0.742	0.865	0.867	0.10	0.13%	5560.9	0.65%	55767
美国	0.801	0.852	0.852	3.27	4.29%	205443.4	23.91%	62808
巴西	0.620	0.823	0.849	2.09	2.74%	18686.3	2.18%	8921
乌克兰	0.667	0.955	0.847	0.44	0.58%	1308.3	0.15%	2957

续表 5-5

国家和地区	2008年	2018年	2019年	2019年人口数量/亿	2019年人口占总人口比重	2019年名义GDP/美元	2019年GDP占世界GDP比重	2019年人均GDP/美元
泰国	0.710	0.902	0.846	0.69	0.91%	5049.9	0.59%	7274
丹麦	0.808	0.835	0.838	0.06	0.08%	3556.8	0.41%	61834
菲律宾	0.717	0.826	0.837	1.07	1.40%	3309.1	0.39%	3103
沙特阿拉伯	0.737	0.810	0.834	0.34	0.44%	7865.2	0.92%	23337
印度尼西亚	0.764	0.840	0.833	2.68	3.51%	10421.7	1.21%	3893
印度	0.669	0.854	0.832	13.53	17.73%	27187.3	3.16%	2010
格林纳达	0.763	0.842	0.827	0.00	0.00%	11.9	0.00%	10642
安提瓜和巴布达	0.747	0.838	0.823	0.00	0.00%	16.1	0.00%	16732
多米尼加	0.763	0.840	0.823	0.00	0.00%	5.5	0.00%	7693
黎巴嫩	0.762	0.889	0.819	0.07	0.09%	566.4	0.07%	8257
圣文森特	—	—	0.818					
德国	0.667	0.816	0.816	0.83	1.09%	39476.2	4.60%	47491
奈及利亚	0.729	0.894	0.809	1.96	2.57%	3972.7	0.46%	2028
南非	0.763	0.806	0.806	0.58	0.76%	3682.9	0.43%	6373
莱索托	0.767	0.795	0.805	0.02	0.03%	27.4	0.00%	1299
伯利兹	0.763	0.815	0.803	0.00	0.01%	18.7	0.00%	4884
塞浦路斯	—	—	0.801					
海地	0.755	0.820	0.801	0.11	0.15%	96.6	0.01%	868
博茨瓦纳	0.751	0.783	0.800	0.02	0.03%	186.2	0.02%	8259
智利	0.777	0.773	0.798	0.19	0.25%	2982.3	0.35%	15923
挪威	0.633	0.791	0.798	0.05	0.07%	4341.7	0.51%	81336
也门	0.613	0.801	0.798	0.28	0.37%	269.1	0.03%	944
赞比亚	0.766	0.787	0.798	0.17	0.23%	267.2	0.03%	1540
爱尔兰	0.581	0.83	0.796	0.05	0.06%	3824.9	0.45%	79376

续表 5-5

国家和地区	2008年	2018年	2019年	2019年人口数量/亿	2019年人口占总人口比重	2019年名义GDP/美元	2019年GDP占世界GDP比重	2019年人均GDP/美元
马来西亚	0.733	0.82	0.796	0.32	0.41%	3585.8	0.42%	11373
阿联酋	—	—	0.796	—	—	—	—	—
老挝	—	—	0.794	—	—	—	—	—
土耳其	0.718	0.871	0.794	0.82	1.08%	7713.5	0.90%	9368
赤道几内亚	0.688	0.781	0.793	0.01	0.02%	134.3	0.02%	10262
拉脱维亚	0.670	0.788	0.789	0.02	0.03%	344.1	0.04%	17843
纳米比亚	0.847	0.776	0.788	0.02	0.03%	145.2	0.02%	5931
秘鲁	0.738	0.795	0.788	0.32	0.42%	2220.5	0.26%	6941
文莱	—	—	0.787	—	—	—	—	—
阿曼	—	—	0.786	—	—	—	—	—
科摩罗	0.711	0.766	0.783	0.01	0.01%	11.8	0.00%	1415
巴拿马	0.766	0.795	0.78	0.04	0.05%	650.6	0.08%	15575
巴巴多斯	0.706	0.788	0.778	0.00	0.00%	49.9	0.01%	17465
中非共和国	0.782	0.768	0.777	0.05	0.06%	22.2	0.00%	476
中国香港	0.740	—	0.777	0.07	0.10%	3626.8	0.42%	4&471
以色列	0.677	0.766	0.777	0.08	0.11%	3705.9	0.43%	44215
墨西哥	0.749	0.8	0.777	1.26	1.65%	12207.0	1.42%	9673
牙买加	0.686	0.788	0.775	0.03	0.04%	157.1	0.02%	5354
哈萨克斯坦	0.655	0.952	0.772	0.18	0.24%	1793.4	0.21%	9790
冈比亚	0.723	0.755	0.771	0.02	0.03%	16.3	0.00%	796
哥伦比亚	0.765	0.807	0.77	0.50	0.65%	3310.8	0.39%	6666
刚果共和国	—	—	0.769	—	—	—	—	—
阿根廷	0.740	0.792	0.768	0.44	0.58%	5198.7	0.61%	11719
巴拉圭	0.766	0.785	0.768	0.07	0.09%	405.0	0.05%	5822
摩洛哥	0.690	0.802	0.766	0.36	0.47%	1179.2	0.14%	3273

续表 5-5

国家和地区	2008 年	2018 年	2019 年	2019 年人口数量/亿	2019 年人口占总人口比重	2019 年名义GDP/美元	2019 年GDP占世界GDP比重	2019 年人均GDP/美元
巴布亚新几内亚	0.738	0.76	0.766	0.09	0.11%	235	0.03%	2730
玻利维亚	0.762	0.779	0.764	0.11	0.14%	402.9	0.05%	3646
科威特	—	—	0.763	—	—	—	—	—
越南	0.682	0.708	0.761	0.96	1.25%	2452.1	0.29%	2566
厄瓜多尔	0.760	0.776	0.759	0.17	0.22%	1084.0	0.13%	6345
尼加拉瓜	0.755	0.778	0.759	0.06	0.08%	131.2	0.02%	2029
新加坡	0.689	0.758	0.757	0.06	0.08%	3641.6	0.42%	63249
埃及	0.689	0.909	0.756	1	1.30%	2509.0	0.29%	2520
刚果民主共和国	—	—	0.755	—	—	—	—	—
马拉维	0.736	0.733	0.751	0.18	0.24%	70.7	0.01%	389
中国台湾	—	—	0.751	—	—	—	—	—
哥斯达黎加	0.732	0.769	0.75	0.05	0.07%	601.3	0.07%	12027
阿尔及利亚	0.67	0.758	0.749	0.42	0.55%	1737.6	0.20%	4115
巴林	—	—	0.747	—	—	—	—	—
萨摩亚	—	—	0.747	—	—	—	—	—
英国	0.697	0.747	0.746	0.67	0.88%	2553.0	3.32%	42526
肯尼亚	0.699	0.732	0.745	0.51	0.67%	879.1	0.10%	1711
喀麦隆	0.711	0.725	0.743	0.25	0.33%	386.8	0.05%	1534
萨尔瓦多	0.746	0.759	0.743	0.06	0.08%	260.6	0.03%	4058
委内瑞拉	—	—	0.743	—	—	—	—	—
芬兰	0.615	0.767	0.742	0.06	0.07%	2767.4	0.32%	50111
卢旺达	0.714	0.728	0.742	0.12	0.16%	95.1	0.01%	773
几内亚	0.693	0.716	0.741	0.12	0.16%	109.1	0.01%	879
奥地利	0.646	0.764	0.739	0.09	0.12%	4552.9	0.53%	51205

续表 5-5

国家和地区	2008 年	2018 年	2019 年	2019 年人口数量/亿	2019 年人口占总人口比重	2019 年名义GDP/美元	2019 年GDP占世界GDP比重	2019 年人均GDP/美元
圭亚那	0.707	0.75	0.734	0.01	0.01%	38.8	0.00%	4979
多哥	0.711	0.719	0.734	0.08	0.10%	53.6	0.01%	679
特立尼达和多巴哥	0.689	0.748	0.732	0.01	0.02%	238.1	0.03%	17130
安哥拉	—	—	0.731	—	—	—	—	—
乍得	0.681	0.715	0.73	0.15	0.20%	112.7	0.01%	728
吉布地	—	—	0.729	—	—	—	—	—
乌干达	0.723	0.714	0.729	0.43	0.56%	274.6	0.03%	643
加拿大	0.688	0.726	0.728	0.37	0.49%	17133.4	1.99%	46213
圣露西亚	—	—	0.728	—	—	—	—	—
利比里亚	—	—	0.727	—	—	—	—	—
塞内加尔	0.697	0.705	0.726	0.16	0.21%	241.3	0.03%	1522
捷克共和国	0.626	0.758	0.725	0.11	0.14%	2452.3	0.29%	23026
马尔代夫	—	—	0.724	—	—	—	—	—
马达加斯加	0.722	0.702	0.722	0.26	0.34%	138.5	0.02%	527
乌拉圭	0.708	0.741	0.721	0.03	0.05%	596	0.07%	17278
加蓬	0.784	0.700	0.719	0.02	0.03%	168.5	0.02%	7953
津巴布韦	0.845	0.707	0.719	0.14	0.19%	310	0.04%	2147
柬埔寨	0.714	0.704	0.718	0.16	0.21%	245.4	0.03%	1510
爱沙尼亚	0.675	0.715	0.716	0.01	0.02%	307.3	0.04%	23231
莫桑比克	0.689	0.700	0.716	0.29	0.39%	147.2	0.02%	499
几内亚比绍	0.710	0.697	0.712	0.02	0.02%	14.6	0.00%	778
尼泊尔	—	—	0.710	—	—	—	—	—
贝宁	0.713	0.689	0.707	0.11	0.15%	103.5	0.01%	902
马里	0.750	0.682	0.707	0.19	0.25%	171.6	0.02%	900

续表 5-5

国家和地区	2008 年	2018 年	2019 年	2019 年人口数量/亿	2019 年人口占总人口比重	2019 年名义 GDP/美元	2019 年 GDP 占世界 GDP 比重	2019 年人均 GDP/美元
伊朗	0.707	0.705	0.705	0.83	1.08%	4540.1	0.53%	5501
瑞士	0.803	0.741	0.705	0.09	0.11%	7051.4	0.82%	82279
突尼斯	0.693	0.683	0.705	0.12	0.15%	398.7	0.05%	3447
塞舌尔	0.760	0.679	0.704	0.00	0.00%	15.9	0.00%	16376
阿鲁巴岛	—	—	0.703	—	—	—	—	—
中国	0.550	0.714	0.702	14.28	18.71%	136081.5	15.84%	9532
斐济	0.709	0.694	0.702	0.01	0.01%	55.4	0.01%	6267
所罗门群岛	—	—	0.700	—	—	—	—	—
斯里兰卡	0.665	0.687	0.700	0.21	0.28%	889	0.10%	4188
加纳	0.692	0.682	0.699	0.30	0.39%	655.6	0.08%	2202
叙利亚	—	—	0.699	—	—	—	—	—
法国	0.730	0.687	0.696	0.65	0.85%	27775.4	3.23%	42738
约旦	0.678	0.677	0.696	0.10	0.13%	422.3	0.05%	4238
冰岛	0.664	0.731	0.694	0.00	0.00%	258.8	0.03%	76855
塞拉利昂	0.687	0.671	0.694	0.08	0.10%	40.9	0.00%	534
西班牙	0.570	0.697	0.694	0.47	0.61%	14190.4	1.65%	30391
葡萄牙	0.667	0.736	0.692	0.10	0.13%	2406.8	0.28%	23466
布基纳法索	0.728	0.674	0.688	0.20	0.26%	141.3	0.02%	715
瓦努阿图	—	—	0.688	—	—	—	—	—
乔治亚州	0.725	0.678	0.687	0.04	0.05%	176.0	0.02%	4397
苏丹	—	—	0.687	—	—	—	—	—
尼日尔	0.729	0.660	0.682	0.22	0.29%	92.9	0.01%	414
汤加	—	—	0.682	—	—	—	—	—
布隆迪	0.699	0.654	0.681	0.11	0.15%	30.4	0.00%	272

续表 5-5

国家和地区	2008 年	2018 年	2019 年	2019 年人口数量/亿	2019 年人口占总人口比重	2019 年名义GDP/美元	2019 年GDP占世界GDP比重	2019 年人均GDP/美元
吉尔吉斯斯坦	0.680	0.673	0.681	0.06	0.08%	80.9	0.01%	1267
毛里塔尼亚	0.686	0.667	0.681	0.04	0.06%	52.4	0.01%	1189
孟加拉国	0.660	0.671	0.678	1.61	2.11%	2740.3	0.32%	1698
波兰	0.657	0.722	0.677	0.38	0.50%	5856.6	0.68%	15444
塞尔维亚	—	—	0.676	0.07	0.09%	554.4	0.06%	7992
圣多美和普林西比	—	—	0.674	—	—	—	—	—
新西兰	0.651	0.708	0.672	0.05	0.06%	2049.2	0.24%	43204
卢森堡	0.650	0.663	0.670	0.01	0.01%	708.9	0.08%	117312
意大利	0.609	0.689	0.669	0.61	0.79%	20838.6	2.43%	34372
蒙古	—	—	0.668	—	—	—	—	—
巴基斯坦	0.698	0.650	0.665	2.12	2.78%	3145.9	0.37%	1482
亚美尼亚	0.684	0.645	0.663	0.03	0.04%	124.3	0.01%	4212
匈牙利	0.651	0.662	0.663	0.10	0.13%	1578.8	0.18%	16264
立陶宛	0.666	0.655	0.663	0.03	0.04%	534.3	0.06%	19073
毛里求斯	0.661	0.640	0.662	0.01	0.02%	142.2	0.02%	11222
斯洛文尼亚	0.626	0.646	0.662	0.02	0.03%	540.1	0.06%	25992
坦桑尼亚	0.676	0.650	0.661	0.56	0.74%	580.0	0.07%	1030
保加利亚	0.652	0.647	0.659	0.07	0.09%	651.3	0.08%	9237
利比亚	—	—	0.659	—	—	—	—	—
澳大利亚	0.622	0.658	0.656	0.25	0.33%	14339.0	1.67%	57591
塔吉克斯坦	—	—	0.656	—	—	—	—	—
阿富汗	—	—	0.655	—	—	—	—	—
阿塞拜疆	0.678	0.643	0.654	0.10	0.13%	469.4	0.05%	4718

续表5-5

国家和地区	2008年	2018年	2019年	2019年人口数量/亿	2019年人口占总人口比重	2019年名义GDP/美元	2019年GDP占世界GDP比重	2019年人均GDP/美元
希腊	0.654	0.682	0.654	0.11	0.14%	2180.3	0.25%	20721
黑山共和国	—	—	0.648	—	—	—	—	—
罗马尼亚	0.651	0.728	0.647	0.20	0.26%	2395.5	0.28%	12281
克罗地亚	0.654	0.631	0.645	0.04	0.05%	609.7	0.07%	14669
摩尔多瓦	—	—	0.645	—	—	—	—	—
波黑	—	—	0.642	0.03	0.04%	210.2	0.02%	6056
马耳他	0.664	0.631	0.640	0.00	0.01%	145.5	0.02%	33131
阿尔巴尼亚	0.642	0.629	0.637	0.03	0.04%	151.0	0.02%	5239
伊拉克	—	—	0.633	—	—	—	—	—
卡塔尔	—	—	0.633	—	—	—	—	—
土库曼斯坦	—	—	0.63	—	—	—	—	—
日本	0.547	0.631	0.626	1.27	1.67%	49713.2	5.79%	39082
白俄罗斯	0.628	0.614	0.621	0.09	0.12%	596.6	0.07%	6312
厄立特里亚	—	—	0.621	—	—	—	—	—
埃塞俄比亚	0.652	0.612	0.62	1.09	1.43%	843.6	0.10%	772
韩国	0.579	0.670	0.606	0.52	0.68%	16194.2	1.89%	31318
比利时	0.662	0.659	0.603	0.11	0.15%	5427.6	0.63%	47270
缅甸	—	—	0.597	—	—	—	—	—
东帝汶	—	—	0.565	—	—	—	—	—
斯洛伐克	0.629	0.498	0.498	0.05	0.07%	1059.1	0.12%	19421
多米尼加共和国	0.723	—	—	0.11	0.14%	855.6	0.10%	8051
埃斯瓦蒂尼	0.780	—	—	0.01	0.01%	47.1	0.01%	4146
危地马拉	0.779	—	—	0.17	0.23%	784.6	0.09%	4549
洪都拉斯	0.743	0.804	—	0.10	0.13%	239.7	0.03%	2500

续表 5-5

国家和地区	2008 年	2018 年	2019 年	2019 年人口数量/亿	2019 年人口占总人口比重	2019 年名义GDP/美元	2019 年GDP占世界GDP比重	2019 年人均GDP/美元
象牙海岸	0.712	—	—	0.25	0.33%	430.1	0.05%	1716
中国澳门	0.580	—	—	0.01	0.01%	550.8	0.06%	82535
波多黎各	0.753	—	—	0.03	0.04%	1011.3	0.12%	33271

（资料来源：瑞士信贷全球财富数据表，http://www.199it.com/archives/1146794.html。）

世界财富基尼系数大大高于收入基尼系数，说明资产在收入差距上的巨大影响，比如美国前 10% 的富人大约占有 80% 的社会总财富，而前 1% 的富人占有 40% 的财富，前 0.1% 的富人占有 20%，前 0.01% 仍然占有 10%。这个数字明显高于中国。通常地域广阔的国家的财富基尼系数会比较高。而比起收入来，家庭财富受到的地域影响更大，特别是由于财富包含了房产这一区域价格差异极大的资产，所以地区差距较大，基尼系数容易偏高。这也说明收入不平等中，最主要的拉动因素是地区间收入差距，但在地区内部，收入不平等程度反而不是很高。总体上看世界的财富分配是很不均等的，这也在某种程度上说明了要保持社会的稳定，非经营性资源配置的均等性就更显重要。

✳ 本章小结 ✳

非经营性资源配置均等化是全体公民都能公平可及地享有大致均等的非经营性资源配置机会和成果，最重要的是获得非经营性资源配置成果的机会均等，但绝不是简单的平均化和无差异化。均等化有助于公平分配，实现公平和效率的统一。非经营性资源配置的范围一般包括公共教育、医疗卫生、就业服务、社会保障、人口计生和基本社会服务等满足基本民生需求的非经营性资源配置，以保障公民的生存权与发展权；广义上还包括住房保障、公共文化、基础设施、通信、环境保护等与公民日常生活息息相关的非经营性资源配置，以及消费安全、公共安全、国防安全等保障公民生命财产安全的非经营性资源配置。

必须关注非经营性资源配置的过度均等化也可能对经济增长造成负面

影响，非经营性资源配置的供给不均等可能会对社会成员造成心理冲击，不利于社会的和谐稳定。非经营性资源配置不均衡还将导致人力资源的配置失衡，损失经济效率。

非经营性资源配置水平的衡量指标包括基本教育、基本医疗卫生、基本社会保障及就业、基础设施、基本公共安全、基本公共文化和基本环境保护7大类，共计44个指标。

目前，中国城乡非经营性资源配置水平是不均等的，其中最需要加强的依次是乡村基础设施建设、乡村基本公共教育和乡村医疗卫生发展。同时，城乡非经营性资源配置均等化水平虽然与地区经济发展水平有一定关系，但在很大程度上还受其他多项因素综合影响。中国已经确定了"完善公共财政制度，逐步实现基本公共服务均等化"的方针。主要做法是通过改革财政管理体制，完善公共财政制度，加大财政转移支付力度，调整税收返还和财政补助政策，为逐步实现非经营性资源配置均等化探索财政制度基础。

思考讨论题

1. 非经营性资源配置均等化的内涵是什么？
2. 非经营性资源配置均等化对经济增长的影响有哪些？
3. 非经营性资源配置均等化理论有哪些？内容是什么？
4. 如何构建非经营性资源配置均等化指标体系？
5. 中国目前为实现非经营性资源配置均等化做了哪些实践探索？
6. 阅读以下材料并思考：如何理解民生需求点就是经济增长点？美国扶贫工作的主要类别包括哪些？为什么美国扶贫工作成效不大？

14亿人汇聚的民生需求点都是经济增长点

无论面临多大挑战和压力，无论付出多大牺牲和代价，让人民过上好日子这一点始终不渝、毫不动摇

保障和改善民生没有终点，只有连续不断的新起点，14亿人汇聚的民生需求点都是经济增长点

"两万人的就业方向都是什么？"习近平总书记在看望参加全国政协十

三届三次会议的经济界委员时，得知刘永好委员计划今年（2020年）在他的企业内新增两万人就业，关切地询问。"养猪、食品加工和物流。今年5月以前新招了一万人，打算再招一万人。"刘永好这样回答。会场里的一问一答，体现出习近平总书记对就业这一最大民生的高度重视，传递着保障和改善民生的鲜明导向。

民生无小事，枝叶总关情。翻开历史的照片，许多瞬间刻印在人们心中。湘西十八洞村的围炉夜话，河北阜平农民炕上的盘腿而坐，湖北新冠肺炎疫情防控考察时"武汉人喜欢吃活鱼"的殷殷叮嘱……习近平总书记念兹在兹的，始终是人民群众，始终是人民对美好生活的向往。党的十八大以来，无论是织就世界上规模最大、覆盖人口最多的社会保障网络，还是攻克世界最复杂的扶贫难题，抑或是兑现疫情防控阻击战中"人民至上、生命至上"的承诺，以习近平同志为核心的党中央始终把群众安危冷暖放在心上，千方百计为群众排忧解难。这是以人民为中心的发展思想的生动写照，是当代共产党人初心使命的深刻书写。

当前，受疫情影响，世界经济深度衰退，我国经济下行压力加大，保障与改善民生的困难增多。但无论面临多大挑战和压力，无论付出多大牺牲和代价，让人民过上好日子这一点始终不渝、毫不动摇。疫情防控期间，习近平总书记多次强调要"切实保障基本民生"，要求"实实在在帮助群众解决实际困难"，明确"落实就业优先战略和积极的就业政策"。今年的《政府工作报告》围绕保障和改善民生，做出了具体部署。下一阶段，加强公共卫生体系建设，提高基本医疗服务水平；扩大低保保障范围，对城乡困难家庭应保尽保；做好高校毕业生、退役军人、农民工、城镇困难人口等重点群体的就业工作……每一项工作，都需要各级党委、政府保有"时不我待、只争朝夕"的紧迫感；每一个任务，都需要各级领导干部增强"守土有责、守土担责、守土尽责"的责任心。

民生工作面广量大，任何一件小事乘以14亿人口都是一项巨大挑战。这就要求抓落实、谋发展、促民生，必须找准政策发力点、提高治理精准度。一方面要坚持问题导向，从群众最关心、最直接、最现实的事入手，老百姓期盼什么，就朝什么方向努力。另一方面要坚持底线思维，着力解决好民生领域存在的突出短板和薄弱环节，在"稳"和"保"的基础上积极进取。从各地实践来看，广东为620家重点企业落实"一对一"服务，累计助其新招员工超过14万人；湖北武汉设置1800万元的专用消费券,支持低保、特困和建档立卡贫困人口等困难群众;安徽、河南、陕西等多地出台支持大学生创业就业政策,在招聘规模、担保贷款、培训补贴等方面给予倾斜……事实证明,办法总比困难多。在群众操心事、烦心事、揪心事上持续用力,拿出更有针对性的务实举措,就一定能够战胜眼前困难、实现长远目标。

人民的期盼是经济社会发展的"指南针",民生绝不是只有投入没有产出的"纯福利"。实际上,把人民的事办好了,把百姓的困难解决了,经济增长就有持久的动力。从贫困人口脱贫释放的巨大消费潜力,到2亿多老龄人口催生的"银发经济",从城镇老旧小区改造激发的市场新需求,到教育、医疗等产业广阔的发展前景,保障和改善民生没有终点,只有连续不断的新起点,14亿人汇聚的民生需求点都是经济增长点。正如习近平总书记所指出的:"从解决好人民群众普遍关心的突出问题出发推进全面小康社会建设,符合推进供给侧结构性改革的要求,有利于创造新的增长点、提高长期增长潜力,而新的增长点就蕴含在解决好人民群众普遍关心的突出问题当中。"

"中国共产党把为民办事、为民造福作为最重要的政绩,把为老百姓做了多少好事实事作为检验政绩的重要标准。"对于一个始终以人民为中心、为人民谋幸福的政党来说,民生改善只有进行时,没有完成时。聚焦"幼有所育、学有所教、劳有所得、病有所医、老有所养、住有所居、弱有所扶"目标,一件接着一件办,我们一定能在发展中保障和改善民生,不断增强广大人民群众的获得感、幸福感、安全感。

(资料来源:《人民日报》2020年6月10日第5版,http://opinion.people.com.cn/n1/2020/0610/c1003-31740923.html,有修改。)

美国的扶贫工作,为什么不成功?

很多朋友可能不知道,美国政府也一直在搞扶贫工作。2014年时,美国白宫发布了一份报告,说我们已经向贫困宣战50年。也就是说,美国政府搞的扶贫工作,比中国还要长,到现在已经差不多57年。可是,1965年时美国的贫困率大约是17%,到2012年时美国的贫困率大约是15%。经过了将近50年,只下降了两个百分点。去年(2020年)由于疫

情,美国又新增了800多万贫困人口。

为什么美国的扶贫工作,见效这么缓慢且不明显呢?主要原因在于,美国的扶贫工作跟中国的扶贫工作完全是两码事。美国的扶贫工作,主要以救济为主。也就是说,美国的扶贫主要停留在"授人以鱼"的阶段。

美国政府针对贫困人口的扶贫救济,大概有以下五类。

1. 医疗保障和保险补助

美国是一个资本主义兼自由市场主义国家,私有化程度非常高。美国没有全民覆盖的医疗保险制度。奥巴马当年搞了一个医疗保险改革,想要把低收入群体囊括进来,遭到了持续的非议。由于贫困人口没有能力缴纳医疗保险,美国政府在申请人申请后,会提供一部分补助,帮助贫困人口购买医疗保险。不过坦白讲,这项政策其实算不上扶贫,充其量只是对贫困人口维持生存的一个最低保障。

2. 食品券

疫情期间,我们看到很多美国失业人员,纷纷跑去排队领食品券。食品券是美国针对贫困人员一个非常大的福利,每个州的标准和政策都不太一样。总而言之,就是给予贫困人口一定数量的食品券,他们拿了食品券后可以到超市或商店买吃的,确保不被饿死。严格来讲,食品券也只是一项救济措施,算不上对贫困人口本身能力的提升,不能带来多大帮助。

3. 住房贷款和补贴

对于负担不起房租的贫困人口,可以向美国政府申请一定数量的低息贷款或补贴,确保不会无家可住、流落街头。

4. 助学贷款和校园免费午餐

美国的大学学费非常贵,而且优质的教学资源基本全部集中在私立学校,更贵。比如一个美国学生,在读法学,一年学费是5万美元。美国的学生一般很早就独立了,这个5万美元学费需要自己交。这个学生没有这么多钱交学费,于是申请了助学贷款。只期望毕业后能顺利找到工作,不会被贷款压垮。奥巴马在当总统时,有次演讲时提到,他毕业后花了21年,才还清全部助学贷款。

因此,助学贷款也算是针对贫困人口的一项救济福利。同时,美国的公立中小学一般会提供免费或接近免费的午餐。这也算是美国政府对贫困人口的一项福利。

特朗普在任总统期间,新冠肺炎疫情暴发后,特朗普迟迟不愿封闭学校，其中一个重要原因，就是为了保障贫困人口家庭的孩子中午能够在学校有饭吃。

5. 各项低收入救济金等

美国政府为了鼓励生育，对于多生孩子的家庭会有一定的资助。这项资助一般根据家庭收入而定。也就是说，如果你家里越穷，则资助补贴越高，而家里收入越高，则资助补贴越少。而在新冠肺炎疫情期间，美国国会通过了大规模的纾困计划，失业者可以领钱，贫困人口可以领钱。金额不是很高，时间也不是无限期的，但可以直接领，相当于是对贫困人口的救济。

上面是一些比较大的扶贫开支。实践中除此以外，还有一些优惠退税，针对贫困人员的就业培训等。

从上面这些可以看出，美国的扶贫工作主要以直接给补助、资助以及各项救济金为主。经过50多年的扶贫，美国花了超过16万亿美元，用在各项扶贫救济上，但美国的贫困人口一如既往的多，从来没有清零过。

为什么美国花了这么多钱用于扶贫，却仍然无法消除贫困呢？

美国当地一家媒体曾经做过一项民调，对为什么无法脱贫清零进行调查。调查结果显示，无法脱贫的首要原因，就是与政府提供的福利政策有关。

排在第一位的原因显示，很多人之所以无法脱贫，是由于政府为穷人提供了太多福利，阻碍了人们脱贫的主观能动性。

另外，李光耀在他的《论中国与世界》这本书中提到，西方社会长期渲染的制度论，也降低了人们作为贫困人口的耻感。

西方的社会理论学家一直坚持不懈地宣称，个人的不幸和失败往往不是由个人造成的，而是由整个社会制度、经济制度的缺陷造成的。在这种理论下，很多人对于自己的失败逐渐失去耻感，而沉浸在靠吃低保、补助为生的生活中。

上面这些因素结合起来，导致美国的扶贫工作一直没有实质性进展。即便美国政府已经向贫困宣战50多年，为此也花费了超过16万亿美元的巨额资金，但是，三四千万的贫困人口，如同美国社会一个尾大不掉的包袱，怎么甩也甩不掉。

而中国政府开展的扶贫工作，摆脱了单纯救济的路线，是一套立体式的打法。中国的扶贫，是以找准当地产业定位、提升当地生产能力为终极

目标的。

一般来讲，先是对贫困地区开展基建工作，解决道路交通、用水用电、教育、医疗、通信等基本的底层通道问题。底层基建打通后，当地人就被纳入整体化的市场经济之中。接下来，就可以寻找适合当地的特定产业，开展定向帮扶工作。通过提供小额贷款、提供种苗和养殖技术，逐渐帮助扶贫对象发展自己的产业，实现当地生产能力的提升。在此过程中，还要定向提供劳动技能培训、企业管理机制培训等，确保当地不仅生产能力有所提升，还要有匹配的劳动力和科学的管理体系等。

同时，改变思想观念的工作也不能丢，即给当地人员树立脱贫信心，从帮助脱贫变成主动脱贫等。思想观念的改变，才是脱贫后不返贫的内在动力。

这一整套组合拳打下来后，效果比美国政府的单纯救济式扶贫要好很多。这也是中国政府为什么能够在短短三四十年间，让七八亿农村人口实现全面脱贫的根本原因。

那么，美国这些政治精英难道不知道他们的这些扶贫救济措施起不到根本作用吗？他们也知道。但是，他们没有办法去像中国政府一样开展扶贫工作。他们的总统，一届也就是四年，而且其中只有三年是正儿八经当总统，剩下一年在忙着竞选。在这种情况下，如果他们像中国政府那样去开展扶贫工作，则路还没修完，自己也该下台了。

他们的这种短期轮岗式制度，导致无法做超出任期以外的长远规划。所以，他们只能搞短期单线救济扶贫模式。这种模式搞来搞去，不但没有完全能够消灭贫困人口，反而还养出了一堆贫困人口。

（资料来源：网易，2021年2月16日，https：//www.163.com/dy/article/G3OMKN8C0545KZQY.html，有修改。）

第六章　非经营性资源配置的区域政府竞争

本章共分为三节。第一节阐述了区域政府竞争（regional government competition，RGC）理论的源起和构建理论的依据，由此引申出非经营性资源配置的区域政府竞争理论。第二节阐述了区域政府非经营性资源配置竞争的实现形式、竞争表现，以及区域政府竞争对非经营性资源的配置作用和配置管理的政策意义。第三部分对全球民生经济投资新引擎、全球民生创新新引擎、全球民生管理规则新引擎的构建做了展望。

第一节　区域政府竞争理论

一、区域政府竞争理论的源起

亚当·斯密对市场竞争规律的经典论述奠定了市场竞争理论的基础，同时也对政府税收的竞争做了初步提示。他在《国富论》中提出："土地是不能移动的，而资本则容易移动。土地所有者，必然是其地产所在国的一个公民。资本所有者则不然，他很可说是一个世界公民，他不一定要附着于那一个特定国家。一国如果为了要课以重税，而多方调查其财产，他就要舍此他适了。他并且会把资本移往任何其他国家，只要那里比较能随意经营事业，或者比较能安逸地享有财富。"[①] 亚当·斯密的论述从人们对资本税差异的反应视角分析了要素可移动性对于政府间税收制度竞争的影响。

---

① ［英］亚当·斯密著：《国民财富的性质和原因的研究》（下卷），郭大力、王亚南译，商务印书馆1972年版，第408页。

20世纪30年代,西方资本主义国家爆发严重的经济危机,使得古典经济学家坚持的自由放任、自由竞争可以实现经济均衡的传统理论遇到了严重挑战。凯恩斯摒弃自由放任的观点,提出了国家干预经济的政策主张,肯定了政府在弥补市场缺陷、调整宏观经济运行中的积极作用,使得政府成为与市场经济相辅相成的有机组成部分。由此,政府对市场竞争的影响问题也成为研究的热点之一,政府竞争理论也开始得到发展。

明确地对区域政府竞争进行研究的是美国经济学家查尔斯·蒂布特(Charles Tiebout),他在《一个关于地方支出的纯理论》[1]中提出了第一个论述政府竞争的经济学模型。这一模型认为,政府是公共产品的提供者,居民是公共产品的消费者,居民在选择居住的社区时,首先会考虑该社区的税负水平和服务结构,以及在此条件下自身可以获得的利益。在居民拥有充分的流动性时,居民可以通过自由迁徙到另外的社区,以享受更加有利的税收和公共服务的水平,因此,政府竞争的结果就是,不同辖区政府的不同税收选择在居民拥有自由流动性时趋向一致。蒂布特理论开辟了区域政府竞争研究的先河,对于财政理论和政府竞争理论都有非常重要的启示意义。

此后,又有很多经济学家对"蒂布特模型"的假定进行扩充或修正,从而得出了不同的结论而使得区域政府竞争理论不断丰富。哈耶克(F. A. Hayek)认为区域政府的行动具有私有企业的许多优点,却较少有中央政府强制性行动的危险。区域政府之间的竞争或者一个允许迁徙自由的地区内部较大单位间的竞争,在很大程度上能够提供对各种替代方法进行试验的机会,而这能确保自由发展所具有的大多数优点。尽管绝大多数个人根本不会打算搬家迁居,但通常都会有足够的人,尤其是年轻人和较具企业家精神的人,他们会对区域政府形成足够的压力,要求它像其竞争者那样根据合理的成本提供优良的服务,否则他们就会迁徙他处。[2] 奥茨(W. E. Oates)通过对具有流动性的资本要素进行实证分析,分别从美国48个州的区域政府横截面数据构成样本和43个国家的中央和州级政府横

---

[1] 参见[美]蒂布特著《一个关于地方支出的纯理论》,吴欣望译,载《经济社会体制比较》2003年第6期,第37~43页。

[2] 参见[英]哈耶克著《自由秩序原理》,邓正来译,生活·读书·新知三联书店1997年版,第16~17页。

截面数据构成样本,来证明模型所提出的结论是成立的。① 并且,奥茨早在1972年就开始探讨区域政府竞争有效性的条件,认为区域政府竞争的有效性依赖于下面的条件:①区域政府规模足够小以至于其决策不能影响资本市场;②区域政府之间不存在战略决策行为;③区域政府提供的公共产品不具有地区外部效应;④区域政府具有恰当的财政工具,这意味着区域政府对流动的经济体征收收益税,或者以居住地的方式而不是以来源区域的方式征收。在这些条件下,区域政府竞争将类似于完全竞争市场的情形,"看不见的手"将导致资源的帕累托有效配置。这些条件却如同完全竞争所要求的条件一样在现实中是很难满足的,而事实上奥茨提出的有效性条件也并不充足。大量的文献通过不断修改上述假定而不断扩展,得到了不尽相同的含义。

近一段时期,随着各区域经济竞争实践的展开,区域竞争理论研究日渐丰富,区域政府作为经济活动中的一个重要变量被引入竞争模型中,博弈论、制度创新等方法在区域政府竞争分析中得到大量运用,区域政府竞争理论日臻成熟。

二、区域政府竞争的理论依据

(一) 基于新制度经济学的经济组织理论

人们对经济要素的组织和生产主要有两种基本形式,首先是以企业等经济组织或个体劳动者的形式对经济要素的直接组织和生产,其次是以政府的形式对经济要素的间接组织,从而构成对经济要素的二重组织。

1. 古典企业理论

科斯认为企业之所以存在的一个基本原因在于,相对于市场而言,如果由企业家来支配各种具体经济要素,可以较大程度地节约交易费用。阿尔钦(Alchian)和哈罗德·德姆塞茨(Harold Demsetz)认为,企业是一种"队"所使用和投入的专门代理市场,它能更优越地或廉价地汇集和核

---

① Oates W E. "The Effects of Property Taxes and Local Public Spending on Property Values: An Empirical Study of Tax Capitalization and the Tiebout Hypothesis". *Journal of Political Economics*, 1969 (10), pp. 57–71.

实关于异质资源的知识。艾尔弗雷德·D. 钱德勒（Alfred D. Chandler. Jr）则强调，现代工商企业的管理制度取代了市场机制而协调着货物从原料供应，经过生产和分配，直至最终消费的整个过程。

2. 马克思主义的经济学理论

企业的性质和职能可以概括为以下几点：企业首先是一种生产机构，它的基本功能是组织生产；企业从市场购买劳动力等生产要素，将它们结合在一起，以生产一种或多种产品；企业的生产在权威的命令或指挥下有序进行；企业不是为了自身的消费而生产，而是为了给市场、社会等提供商品和服务；企业要进行成本和收益的比较。

由上可知，无论产权理论还是马克思政治经济学，都认为企业内部具备类似市场的配置和整合资源的职能，通过对经济要素的合理组织和利用，从而积累财富，推动企业发展。如果把区域比作一个大型的企业，区域政府就是整个区域的企业家，可以像企业组织内部投入产出一样，对区域内资源进行自由调配。

不过，对于区域经济发展和区域经济竞争，区域政府必须要和本区域的企业密切配合，通过所掌握的区域资源对企业行为进行超前引领，如果区域政府的资源调配能力落后于企业的市场行为，也会阻碍市场效率的发挥。

（二）基于公共经济学的区域公共产品和服务理论

现代市场经济一般可以分为两大部门：公共部门和私人部门。私人部门包括家庭和企业，其经济活动主要通过市场进行，提供私人产品（包括私人劳务），私人产品则是指具有排他性的和竞争性的商品和劳务，其经济活动亦被称为私人部门经济；公共部门主要指政府部门，其经济活动主要通过财政形式，包括预算内和预算外两部分，提供公共产品和服务。公共产品（包括公共服务）则是指具有非排他性和非竞争性的产品和劳务，其经济活动亦被称为公共部门经济。公共部门和私人部门在社会经济过程中相互影响和相互作用。公私两部门的收支流程相互交织，公共部门不但运用多种财政手段包括税收、国债、购买性支出和转移性支出等来联系私有部门，而且进入市场，构成价格体系中的一部分。因此，在分配领域中，政府一方面把私人收入转移归公共使用，另一方面通过购买和补助支出来提供企业和家庭的收入；在生产和产品流通中，政府通过提供公共产品和公共劳务，同时购买私人部门的产品和劳务满足政府正常运营的需要。区域政府在区域经济和社会生活中主要是提供区域公共产品和服务。

区域公共产品（包括区域公共服务）是指在受益范围内具有区域性特点的公共产品，即在特定地理区域内对部分居民具有非竞争收益的公共产品。主要包括治安和消防、公共卫生、垃圾处理、交通设施和管理、给排水服务、区域经济秩序等。区域公共产品具有以下七个特征。

一是受益的区域性。这是指区域公共产品在消费上具有空间的限制性。对于大部分区域公共产品而言，尽管新来的居民无须耗费更多的成本便可获得，然而这种受益却被局限在一个地区中。交通、道路、治安、水利等都存在着这种受益的区域性特征。

二是市场的相似性。这是指区域公共产品与私人产品在市场上买卖具有相似性的特点。人们在选择一个地区居住时，会充分考虑该地区区域政府的税收和提供的公共产品的组合状况，从而使自己的满足程度最大化。这实际上等于人们在一个拥有各种地区的"市场"上选购最适合自己地区的这样一种"商品"，区域政府则是地区这种"商品"的推销者。

三是拥挤效应。这是指由于区域公共产品随区域人口规模的扩大，使用者的不断增加，这些公共产品变得拥挤，导致消费者付出一定的拥挤成本。公园和监狱等最有可能出现这种效应。

四是溢出效应。这是指区域公共产品的受益与区域行政的空间范围出现不一致的情况，一般指其受益范围大于相应的行政界限，从而向相邻的地区扩散的现象。

五是提供的层次性。区域是一个多层次的概念，中央政府只有一个，而区域政府具有多个层次，因此，提供的区域公共产品也具有层次性。不同层次的区域公共产品的受益范围也不同。

六是非竞争性的相对性。公共产品的非竞争性包括两方面，即边际成本和边际拥挤成本为零，但区域公共产品存在拥挤成本和区域性的问题。首先，拥挤成本导致竞争性，当区域政府向新来者提供已有的公共产品时，进入者可能发生边际拥挤成本，区域政府将获得边际收益，因此，区域政府就存在为不断获得边际收益而努力吸引新进入者的利益驱动机制，并最终形成区域政府间为争夺新进入者而展开提供公共产品的竞争活动。

其次，选民自由选择不同辖区使区域公共产品的提供具有竞争性，即选民可以"用脚投票"① 来选择不同区域政府提供的公共产品。

七是非排他性的相对性。区域政府提供的公共产品具有辖区性质，在该辖区内，区域公共产品对辖区居民来说是非排他性的，而在其他辖区的居民就不会享受到该辖区的公共产品的利益，因此，对于其他辖区的居民，该辖区的区域公共产品具有排他性。

（三）基于公共选择理论的区域政府的理性假设理论

经济学对任何一个个体都有理性假设，一般包括经济理性和社会理性两种。

1. 区域政府的经济理性假设

经济理性是西方经济学的基本假设。经济理性认为：第一，市场能够自发形成既保护个人利益也促进公共利益发展的秩序，市场规律是一个自然演进的过程，而任何形式的干预都是对市场规律的破坏；第二，市场提供了个人发展的公平竞争环境，市场规律面前人人平等，无论人出身的高低贵贱；第三，市场尊重个人意志并保障个人自由选择，任何取代和违背个人意愿的强制都是对市场自由竞争机制的践踏；第四，对私利的追求可以使公共利益自动增长，而以个人私利组织起来的市场社会是人类社会的自然秩序，个人利益是公共利益的基础，而市场推进了公共利益的发展。

区域政府经济竞争的理论假设前提是区域政府具有经济理性，即在市场经济条件下，区域政府及区域政治活动中的各主体都是理性的"经济人"，都会根据成本与收益的核算，追求自身利益的最大化。区域政府的经济理性是由以下两部分决定的。

首先是人格化的区域政府具有经济理性。在市场经济活动中，区域政府与其他诸如企业、个人等市场主体一样，都是具有相对独立利益的主体，具有追求自身利益最大化的内在要求。因此，理性的区域政府一方面要追求辖区利益的最大化，会选择成本最小、收益最大的决策；另一方面

---

① "用脚投票"一词来源于股市，即选择离开，卖掉其持有的公司股票。"用脚投票"是指资本、人才、技术流向能够提供更加优越的公共服务的行政区域，最早由美国经济学家蒂伯特提出。

要追求政府官员自身利益的最大化,会选择政绩、物质利益最大化和权力、职位最高化的行动决策。

其次是区域活动中各主体具有经济理性。区域活动中的主体包括区域政治家、区域选民和利益集团。对于区域政治家,追求自身政治前程的最优化必然会体现一种自身利益的最大化;对于区域选民,决定投票的考虑是政治家提供的那些公共产品和公共服务,能够使其最大程度地满足自己的欲望,并使自己能够承担最小的税收负担。对于人格化的区域利益集团,希望那些能够服从和服务于集团的根本利益的政治家当选,从而使集团利益最大化。

区域政府的经济理性具有多种表现形式。

一是区域政府与中央政府竞争。区域政府作为区域共同利益的代表者,总希望能从中央政府获得更优惠的政策和财力支持,从而谋取比别的地区更快的发展速度和不断增进的福利。

二是区域政府纵向的利益之争。上下级区域政府都是行政管理组织,对于相同的公共事务都有管辖权。各级政府出于经济利益或是减少工作量的自利需要,也会发生冲突。

三是区域政府横向的利益之争。不同地区由于经济发展的差异会引起社会整体资源配置的不均衡问题,从而引起不同地区的利益分化。理性的区域政府为追求本地区利益的最大化,必然产生对经济资源的争夺,有时甚至为了自利而损害全社会公利或是别的地区的利益。

四是区域政府内部各部门的利益之争。对管理权限的争夺是各部门之间相互竞争的主要表现。部门间的不正当竞争会造成相互推诿和扯皮,从而降低行政效率。

五是区域政府为本地企业争利。有些区域政府的经济发展考核指标与企业经济实力密切相关,因此,一旦本区域企业与竞争对手争利,特别是当与其他区域企业争利时,区域政府为保护辖区利益而进行行政干预就很难避免。

六是区域政府对流动性经济要素的争夺。在开放经济条件下,经济要素可以在国际、国内的两个市场进行流动,区域政府通过吸引更多的资金、人才和技术等稀缺性要素来不断扩大本地区利益,从而形成相互竞争。

2. 区域政府的社会理性假设

经济理性是依据个人稳定的利益偏好在各种行动中做出的选择；而社会理性不关注某一个人的理性或非理性选择结果，而是强调众多个人的理性选择后果。① 社会理性认为人的行动是受社会环境和社会结构的制约，社会理性的行动原则不仅在于最大限度地获取狭窄的经济效益，还包括政治的、社会的、文化的、情感的等众多内容，其价值取向不一定是自私自利的，也可以包括利他主义、社会公平、爱国主义等价值观。与经济理性相比，社会理性对传统的经济理性做了三个方面的修正：一是改变传统的完全理性的假设，二是承认人的行为也有非理性的一面，三是关注制度文化对个人偏好和目的的影响作用。但它们的相同点是在一定程度上都承认人的行动是有一定目的性的，都是为了追求"利益"或"效益"的最大化。②

区域政府从其社会属性和定位来看，更具备社会理性假设的条件，区域政府是社会主体，脱离社会的政府没有任何存在价值，区域政府不仅担负着区域经济发展的职责，更要在社会公平、价值观引领、发展平台构造上将区域社会利益的最大化放在首位。区域政府的发展也必然要受经济、社会、政治、文化、法律等多方面因素的共同制约，这些都决定了区域政府的社会理性存在的必然。

3. 区域政府是具有经济理性和社会理性的辩证统一体

在市场经济条件下，经济理性与社会理性相互之间并不是完全排斥的，而是具有辩证的统一性，具体表现在以下三个方面。

第一，由于确立了市场经济和多种经济成分，行为主体具有相对独立的利益，这就具备了经济理性的充分和必要条件。事实上，无论企业还是区域政府，建立有效的激励和约束机制都暗含了这样一个前提：人是经济理性的，如果只有社会理性，那他就会全心全意地把区域和企业搞好，奉献自己、贡献社会，激励和约束机制也就没有存在的必要了。

第二，行为主体又是属于社会的，具有社会属性，受到社会的制约和推动。企业在发展到一定程度后，仅仅关心利润和对股东负责、偶尔赞助

---

① Hechter M, Kanazawa S. "Sociological Rational Choice Theory". *Annual Reviews of Sociology*, 1997, 23 (1), pp. 191-214.

② 参见文军《从生存理性到社会理性选择：当代中国农民外出就业动因的社会学分析》，载《社会学研究》2001年第6期，第19～30页。

某项社会公益事业已远远不能彰显企业的形象和档次。发展良好的企业需要在公众中树立起一个对社会负责的新形象，即承担社会发展的责任，社会属性在企业发展过程中得到不断强化。区域政府本身就承担着社会发展的固有使命，对区域选民负有提供公共产品和公共服务的社会责任，其社会属性是显而易见的。

第三，经济理性和社会理性的辩证统一还表现在，经济理性是行为主体的个体性的内在要求，是竞争的主要动力，而社会理性是行为主体在社会活动中通过竞争和发展来认知和学习所获得的，合理和有效的竞争需要社会理性进行不断的规范，因此是一种外在要求。对区域政府的理性假设不能通过否定其中一种理性来确立另一种理性。理性的企业为使自身利益最大化必然参与市场竞争，而理性的区域政府为使自身利益最大化也会与其他区域政府展开竞争。尽管企业竞争与区域政府经济竞争的内容有很大的区别，但基本的理性假设是一致的，即经济理性和社会理性的统一体。

三、非经营性资源配置的区域政府竞争理论

近年来，有关"政府间竞争"的经济学讨论和跨学科讨论日益增多，尤其是有关辖区政府间竞争的演化论分析比较盛行。与"政府间竞争"有关的概念包括"制度竞争""地域竞争""辖区竞争"等。亚当·斯密最早涉及政府间竞争问题研究，他分析了政府税收对可移动要素和不可移动要素的影响，进而对君主和社会收入的影响。① 这一研究为以后研究政府竞争的作用机制和效应提供了有益的启示。其后，许多学者研究过有关政府竞争问题，其中具有代表性的有：克努特·维克塞尔（Knut Wicksell，1898）② 和埃里克·罗伯特·林达尔（Erik Robert Lindahl）③、萨缪尔森

---

① 参见［英］亚当·斯密著《国民财富的性质和原因的研究》（下卷），郭大力、王亚南译，商务印书馆1972年版，第408页。

② Wicksell K. *Interest and Prices*. London：Macmillan，1898.

③ Lindahl E R. "Just Taxation：A Positive Solution"（translation by Elizabeth Henderson）. Musgrave R A，Peacock A T（ed.）. *Classics in the Theory of Public Finance*. London：Macmillan，1958.

（Samuelson，1954）[①]、蒂布特（Tiebout，1956）[②]、布雷顿（Breton，1996）[③]、张维迎和栗树和（1998）[④]、阿波尔特（Apolte，1999）[⑤]、何梦笔（Carsten Herrmann-Pillath，2002）[⑥]、周业安（2003）[⑦]、陈云贤和顾文静（2017）[⑧]等。政府竞争理论首先要对政府行为进行分析，因此绝大多数模型都将区域政府竞争分为税收竞争和公共产品竞争。种种传统意义的政府竞争很接近政府间的非经营性资源配置竞争。

陈云贤在2017年发表的《论区域政府竞争》，首次将区域政府看作中观经济学研究主体，将上述理论进行了整合，从资源划分的角度重新定义了区域政府的资源配置范围和方式，赋予了区域政府双重属性身份，从9个方面全面论述了成熟市场经济条件下的区域政府竞争的主要手段，并将政府竞争理论延伸至政府与市场新型关系的全面搭建，是区域政府竞争理论的一次系统、全面的表述。

但资源分为三类——经营性资源、非经营性资源和准经营性资源，针对非经营性资源配置，区域政府存在哪些竞争呢？结合陈云贤等提出的区域政府资源配置竞争的9个方面，梳理非经营性资源配置的区域政府竞争理论如下。

（一）非经营性资源配置的平衡发展理论

资源的稀缺性决定了任何一个区域都必须通过一定的方式把有限的资源合理分配到区域的各个领域中去，以实现资源的最佳利用，即用最少的

[①] Samuelson P A. "The Pure Theory of Public Expenditure". *The Review of Economics and Statistics*，1954，36（4）.

[②] Tiebout C M. "A Pure Theory of Local Expenditures". *Journal of Political Economy*，1956，64（5）.

[③] Breton A. *Competitive Governments：An Economic Theory of Politics and Public Finance*. New York：Cambridge University Press. 1996.

[④] 张维迎、栗树和：《地区间竞争与中国国有企业的民营化》，载《经济研究》1998年第12期。

[⑤] Apolte T. *Die Ökonomische Konstitution eines föderalen Systems：Dezentrale Wirtschaftspolitik zwischen Kooperation und institutionellem Wettbewerb*. Tübingen：Mohr Siebeck，1999.

[⑥] ［德］何梦笔主编：《秩序自由主义》，董靖、陈凌、冯兴元等译，中国社会科学出版社2002年版。

[⑦] 周业安：《地方政府竞争与经济增长》，载《中国人民大学学报》2003第1期。

[⑧] 陈云贤、顾文静：《区域政府竞争》，北京大学出版社2017年版。

资源耗费获取最佳的效益。在一定的范围内，区域对其所拥有的各种资源的配置合理与否，对区域民生经济发展的成败有着极其重要的影响。资源如果能够得到相对合理的配置，民生经济效益就会显著提高，社会幸福感就强；否则，民生经济效益就明显低下，民生发展就会受到阻碍。因此，区域之间的民众幸福感的竞争的实质就是区域非经营性资源配置优化与否的竞争。

在现代市场经济体制下，市场机制是资源配置的决定性力量，但非经营性资源关系到国计民生，所以区域非经营性资源优化配置主要依靠政府进行资源配置，但也不排除借用PPP模式让市场的力量发挥作用，提高非经营性资源的配置效率。

平衡发展理论以哈罗德-多马经济增长模型（Harrod-Domar model）为理论基础，认为落后区域存在供给不足和需求不足的双重恶性循环，即"低生产率—低收入—低储蓄—资本供给不足—低生产率"和"低生产率—低收入—消费需求不足—投资需求不足—低生产率"，其实质是资本市场的资本瓶颈和产品市场的需求不足。解决落后区域这两种恶性循环的关键是实施区域平衡发展战略，即同时在各产业、各领域进行投资，既促进各产业、各部门协调发展，改善供给状况，又在各产业、各区域之间形成相互支持性投资的格局，不断扩大需求。因此，平衡发展理论强调产业间和区域间的关联互补性，主张在各产业、各区域之间均衡部署生产力，实现产业和区域经济的协调发展。

平衡发展理论存在一定的缺陷。由于资金的有限性，资金投入必须考虑产出率的问题，如果资金均衡使用，那么每个产业所得到的资金都不会充足，尤其是区域内的优势产业的投资将得不到保证，也不能获得好的效益，落后产业更没有条件发展起来。因此，实际的做法是各区域根据自身所处区位，以及拥有的资源、产业基础、技术水平、劳动力等不同经济发展条件，充分考虑不同产业的投资产出效率，优先保证具有比较优势的产业的投资，而不可能兼顾各个产业的投资。

（二）区域间公共产品投资竞争理论

1. 基础设施投资竞争理论

狭义的"城市资源"就是城市基础设施，不仅包括教育、科技、医疗卫生、体育、文化等软件公共设施，并且伴随着城市现代化的进程，还包括智能城市的系列开发和建设等。硬件公共设施多指六大系统工程性基础设施,即能源供应系统、供水排水系统、交通运输系统、邮电通讯系统、环保环卫系统、防卫防灾安全系统。软件公共设施主要是指行政管理、文化教育、医疗卫生、商业服务、金融保险、社会福利等社会性基础设施。随着城乡一体化的进程,城乡基础设施还包括了乡村生产性基础设施、乡村生活性基础设施、生态环境建设和乡村社会发展基础设施四大类,也包括逐步开发和建设的智能城市系列工程等。它们从经济学意义上作为新的资源生成,具有基础性、非贸易性和准公共产品性,成为促进一国经济增长的新领域和创新经济学理论的新路径。

20世纪50年代,发展经济学家开始将"基础设施"这一概念引入经济学研究领域,并认为基础设施对于发展中国家的经济增长和经济发展有着极其重要的作用。罗斯托在《经济成长的阶段》一书中对基础设施的重要意义做了特别强调,认为基础设施是经济发展的重要前提条件。艾伯特·赫希曼在其《经济发展战略》中提出了著名的"不平衡增长理论",认为发展中国家应该集中有限的资源和资本发展基础设施,保障经济增长。20世纪80年代末期后,随着新古典增长理论和内生增长理论的兴起,关于基础设施投资与经济增长的研究主要集中于基础设施提升经济发展的效益方面。首先,基础设施发展促进生产效率的增加[1];基础设施好坏会影响生产成本高低,而且基础设施薄弱的城市不能为新的小企业提供"孵化器"功能。基础设施状况还会影响各区域的投资环境竞争力和市场的发展。据估计,目前世界资本市场中90%的投资直接流向发达国家,9%的直接投资流向发展中国家,其余国家得到的投资数量极少。综上所述,对内生(新)增长理论学家来讲,基础设施作为公共资本的一部分对私人部门的产出、生产率和资本形成都具有显著的正向影响,也可以说,基础设施可能通过提升私人资本回报率而促进经济的增长。

2. 区域政府R&D[2]投资

政府R&D资助是指从各级政府部门获得的计划用于科技活动的经费,

---

[1] Easterly W, Rebelo S. "Fiscal Policy and Economic Growth: An Empirical Investigation". *Journal of Monetary Economics*, 1993, 32 (3), pp. 417-458.

[2] R&D (research and development, 研究与试验发展),指在科学技术领域,为增加知识总量(包括人类文化和社会知识的总量),以及运用这些知识去创造新的应用进行的系统的创造性的活动,包括基础研究、应用研究、试验发展三类活动。

包括科学事业费、科技三项费、科研基建费、科学基金、教育等部门事业费中计划用于科技活动的经费,以及政府部门预算外资金中计划用于科技活动的经费。政府R&D资助的政策工具主要分为三类:政府对私人部门的直接资助、对公共研究的资助(政府科研机构和大学)以及税收优惠。①

  政府直接资助企业是指政府在财政预算内安排经费对特定产业、特定企业的R&D项目给予直接拨款资助,直接资助的对象一般是有较高社会收益的研发项目,或者是有助于实现政府特定目标(如健康和国防)的研发项目。通过政府采购和向选定企业的研发提供资金的方式,直接向企业的研究开发提供补助。科技拨款资助的主要目的是促进和刺激私人部门增加R&D投资,引导产业技术创新方向,从而达到促进技术创新发展和调整产业结构的目的。政府对公共研究的资助是指政府为了促使科研机构和高校加大对公共需要和基础性知识的供给,而将科技拨款投向科研机构和高校。例如,中国的国家重点实验室、美国的联邦实验室以及法国的国家研究中心所属的实验室,这些机构的设立或者是为了满足公共的需要,或者是为了提供企业所需的基础知识,使之成为创新源,从而促进技术创新的发展。政府作为技术创新活动的参与者,以期通过基础知识和基础技术的扩散来对私人部门的技术创新起到推动作用。因此,公共研发的研究领域主要是社会收益较大的技术科学和能迅速有效地促使经济体产生创新能力的基础科学研究。对R&D的税收优惠是指通过税收优惠政策,给予企业R&D支出一定的税收减免或者抵扣优惠,将本应上缴财政的部分资金留给企业,支持企业的创新活动。大多数国家都采用税收激励政策。通常采用的税收优惠有以下几种:税收减让、税收折扣、税收减免、特别税率减免、延迟纳税、加速折旧和设备免税购置等。中国也出台了一系列支持科技创新的税收优惠政策,间接支持企业R&D活动。采用税收政策以激励企业的研究开发,其中,直接资助研发之政策效果如何,特别是资助金额之大小能否刺激企业更多的研发创新活动,常是学者对各种研发补助政策最关切的问题。

  关于政府R&D投资的经济效应主要有以下几种研究结论。

---

① Guellec D, Pottelsberghe B V. "The Impact of Public R&D Expenditure on Business R&D". *Economics of Innovation and New Technology*, 2003, 12 (3).

Mario Coccia 通过分析劳动生产率增长与 R&D 投资增长水平之间的关系，发现中国生产总值中的 R&D 投资是生产率增长差异超过 65% 的直接原因；经济分析表明，劳动生产率的增长函数是一个研发投资收益递减的凹函数，该函数在 2.3%～2.6% 能够最大限度地影响劳动生产率的长期增长，而其关键因素就是持续的生产力和技术改进。[1]

Eric C. Wang 通过构造一个跨国家的生产模型，考虑了研发资本与人力资本存量、专利与学术出版物以及环境因素的影响，对 R&D（研究与发展）活动的相对效率进行了评价。研究结果显示：任何国家都可以通过有效管理 R&D 资源来提高它的利用率，而不是仅靠增加 R&D 投资量。[2]

Eric C. Wang, Weichiao Huang 结合生产模型和数据包络分析方法对 30 个国家的 R&D 活动的相对效率进行了评价。结果表明，只有不到一半的国家的 R&D 活动是数据包络分析（Data Envelopment Analysis, DEA）有效，并且其中有三分之二的 R&D 活动处于现阶段规模报酬递增。[3]

Maryann P. Feldman, Maryellen R. Kelley 研究了政府 R&D 投入政策在促进知识外溢方面的作用，认为研发补贴对于促进难以准确估量的公众知识外溢现象，是最有可能提高创新和经济增长的政策工具之一。[4]

Takayuki Hayashi 对于 1980 年以来日本所提出的有关基础研究方面的计划，研究了日本的五个研发措施对政府部门的影响，提出基础研究可以促进政府、高校和企业之间的技术联系，有利于促进政府 R&D 计划的进一步实施。[5]

Elias G. Carayannis, Jeffrey Alexander, Anthony Ioannidis 通过对美国、

---

[1] Coccia M. "An Approach to the Measurement of Technological Change Based on the Intensity of Innovation". *Working Paper Ceris-CNR*, 2003, pp. 7 – 26.

[2] Wang E C. "R&D Efficiency and Economic Performance: A Cross-Country Analysis Using the Stochastic Frontier Approach". *Journal of Policy Modeling*, 2007, 29 (2), pp. 345 – 360.

[3] Wang E C, Huang W C. "Relative Efficiency of R&D Activities: A Cross-Country Study Accounting for Environmental Factors in the DEA Approach". *Research Policy*, 2007, 36 (2), pp. 260 – 273.

[4] Feldman M P, Kelley M R. "The Exante Assessment of Knowledge Spillovers: Government R&D Policy, Economic Incentives and Private Firm Behavior". *Research Policy*, 2006, 35 (10), pp. 1509 – 1521.

[5] Takayuki Hayashi. "Effect of R&D Programmes on the Formation of University-Industry-Government Networks: Comparative Analysis of Japanese R&D Programmes". *Research Policy*, 2003, 32 (8), pp. 1421 – 1442.

德国和法国的知识管理、战略管理间理论联系的研究,认为这二者加速了研发机构、大学、政府和企业的合作,这种合作所产生的知识共享同时又进一步推动社会知识共享及其更深层次的合作,如此良性循环,提高了技术知识转化为经济增长的速度。①

Paul A. David, Bronwyn H. Hall, Andrew A. Toole 运用计量经济学方法从微观层次对政府 R&D 投入是否会影响企业技术创新的角度进行研究,结果表明,政府 R&D 投入会影响企业研发的预期报酬。②

(三) 民生产品提供的竞争理论

区域政府竞争的存在与区域政府供给民生产品的职能密不可分。斯蒂格利茨(Stislitz)十分关注区域政府竞争与民生产品供给,他认为:"一般说来,更分散地提供公共物品和服务——由地方社区提供的产品和服务——不仅为在社区中开展竞争奠定了基础,而且还获得了泰伯特(Tiebout)③以及在他的经典著作之后发表的论文所强调的潜在利益。"同时,"和管理不善的社区相比,管理良好的社区可以以较低的成本提供公共服务,因而可以吸引移居者,增加财产价值。因此,和企业里的竞争一样,社区里的竞争也发挥着相同的作用,它不仅确保了公共物品得以有效的供应,而且在公共物品的数量和种类上也更符合公众的需求……社区里的竞争还为社区的变革注入了活力,使社区适应了人们的偏好和技术的变化"。④

蒂布特认为,区域政府竞争可以促进民生产品的有效供给。如果居民能够在社区之间流动,他们通过选择社区显示出自身的偏好。社区要么提供居民需要的产品,要么居民迁移到其他能够提供更符合他们偏好的民生产品或者能够有效率地提供这些民生产品的社区。因此,社区间的竞争就类似于厂商间为了消费者而展开的竞争。前者也像后者一样,能够导致资

---

① Carayannis E G, Alexander J, Ioannidis A. "Leveraging Knowledge, Learning, and Innovation in Forming Strategic Government-University-Industry (GUI) R&D Partnerships in the US, Germany, and France". *Technovation*, 2000, 20 (9), pp. 477–488.

② David P A, Hall B H, Toole A A. "Is Public R&D A Complement or Substitute for Private R&D? A Review of the Econometric Evidence". *Research Policy*, 2000, 29 (4–5), pp. 497–529.

③ 泰伯特现多译为蒂布特。

④ [美] 约瑟夫·E. 斯蒂格利茨著:《政府为什么干预经济:政府在市场经济中的角色》,中国物资出版社 1998 年版,第 90~91、100 页。

源的有效配置,达到帕累托最优。对于区域民生产品而言,决定有效率水平的机制不是"用手投票"的选举方式,而是社区间的"用脚投票"。

Justman、Thisse 和 Ypersele 认为,在基础设施服务上的竞争,区域政府比较多地进行多样化方面的竞争,多样化的基础设施不仅能减少财政支出上的浪费,更重要的是多样化基础设施难以被对手模仿,可以形成区域间的差异化竞争优势,满足区域多元化的需要,也可以刺激其他区域政府提高其基础设施多样化水平,形成良性循环。[1]

另外,竞争可以作为一个发现区域性民生产品有效提供方式的过程。哈耶克认为,竞争不但可以促使区域政府有效提供区域性民生产品,而且会激励区域政府寻找、发现更有效的民生产品提供方式。[2] 不过,也有学者认为区域政府竞争对区域政府提供民生产品不利,原因在于如果各区域都采取了诸如财政补贴、税收减让、财政贴息或政府担保的软贷款等积极政策来吸引外资和鼓励本地投资,就会导致各地竞相压低税收水平、主动减少政府应得收益的现象,这种不计代价的引资竞争也被称为"扑向低层的竞争",结果会导致区域财政收入不足,难以提供最优水平的公共服务。

Bucovetsky 分析了基于民生产品投资的政府竞争。[3] 他认为,政府的基础设施投资可以产生劳动力的集聚效应,即良好的基础设施和公共环境有助于为本区域吸引更多的流动性较强的熟练劳动力,但区域间的民生产品投资竞争也可能是破坏性的。他通过对民生产品投资模型的纳什均衡分析,认为即使假定各个辖区初始条件相同,均衡也未必是对称的。问题不仅在于各个辖区的民生产品投资太多,而且还在于太多的辖区都会选择进行投资。不同辖区之间的要素流动性越强,竞争就越强,因为政府之间为吸引流动性要素的竞争可能会损耗掉民生产品投资产生的租金。John Douglas Wilson 考察了具有自利倾向的区域政府官员的民生产品投资倾向对于辖区民生产品支出的影响。他认为,区域政府官员非常有动力进行民生产品投资,因为这可以对本辖区的劳动力和资本的效率产生正效应,辖区政府可以得到更多的税基。因此,民生产品投入和税收收入之间的正相

---

[1] Justman M, Thisse J F, Ypersele T V. "Taking the Bite Out of Fiscal Competition". *Journal of Urban Economics*, 2002, 52 (2), pp. 294–315.

[2] 参见 [英] 哈耶克著《自由秩序原理》,邓正来译,生活·读书·新知三联书店1997年版。

[3] Bucovetsky S. "Inequality in the Local Public Sector". *Journal of Political Economy*, 1982, 90 (1), pp. 128–145.

关关系被一再强化。假定资本可以在不同辖区间自由流动,则区域政府官员会陷入"支出竞争",反而比资本不能流动时降低了本辖区居民的福利。① Jon H. Fiva 和 Jom Rattso 利用空间计量经济学方法,经验性地估计了政府之间福利竞争的结果。② 区域政府之间的福利竞争并不会导致辖区民生产品的提供不足,因为区域政府具有的内在冲动和巨大的财政能力使得它们通常会产生过度的民生产品支出。

Keen 和 Marchand 考察了区域政府利用基础设施投向来吸引资本流动的情况,认为这将导致生产性基础设施提供的过量和生活性基础设施提供的不足。③ 中国学者张军、高远、傅勇和张弘研究了中国的基础设施建设问题,发现在控制了经济发展水平、金融深化改革以及其他因素之后,区域政府之间在"招商引资"上的标尺竞争和政府治理的转型是解释中国基础设施投资决定的重要因素,这意味着分权、蒂布特竞争、向发展式政府的转型对改进政府基础设施的投资激励是至关重要的。④

(四) 政府间民生产品供给制度竞争理论

何梦笔的政府竞争理论。与政府税收竞争的新古典分析范式不同,这一理论把政府间的制度竞争作为主要的分析对象,强调制度的动态演化机制。这一政府竞争范式是以德国维腾大学教授何梦笔为代表,在吸收借鉴布雷顿和阿波尔特的政府竞争理论和演化经济学分析方法基础上建立的。制度竞争理论包括纵向和横向两个竞争方向的分析范式,也就是说,任何一个区域政府都与上级政府在资源和控制权的分配上存在互相竞争的关系,同时,这个区域政府又在横向的层面上与同级区域政府展开竞争。在分析中国和俄罗斯等大国的经济转轨时,如果不能从国家和区域这两个维度入手的话就很难解释一些重要的现实问题。何梦笔的贡献在于把国家和区域这两个维度引入对经济转轨的分析之中,从而建立起大国体制转型的

---

① Wilson J D. "Theories of Tax Competition". *National Tax Journal*, 1999, 52 (2), pp. 269 – 304.

② Fiva J H, Rattso J. "Local Choice of Property Taxation: Evidence from Norway". *Public Choice*, 2007, 132 (3), pp. 457 – 470.

③ Keen M, Marchand M. "Fiscal Competition and the Pattern of Public Spending". *Journal of Public Economics*, 1997, 66 (1), pp. 33 – 53.

④ 参见张军、高远、傅勇、张弘《中国为什么拥有了良好的基础设施》,载《经济研究》,2007 年第 3 期。

分析范式。在这一范式下，纵向政府间竞争主要表现在政治市场上，横向政府间竞争主要表现在要素市场、产品市场和政治市场上以及生产和消费过程中，同时，选民、消费者、投资者、雇员与政府之间也存在互动关系。

从经济学角度看，政府竞争是一种一般化的交换范式。例如，区域和中央的行为主体为争取民众的赞同和忠诚而互相竞争，竞争的砝码就是他们各自提供的政府服务。这时，政府竞争就与市场竞争通过各辖区对诸如投资、人才等重要生产要素的竞争互相衔接起来，这些要素决定了各区域经济增长的最终结果。在中央与区域的行为主体之间还存在对资源分配的竞争，主要表现在从经济增长收益中关于财政收入分配的竞争。

柯武刚和史漫飞的制度竞争理论[①]。柯武刚和史漫飞是从国与国之间以及内部各区域之间两个层次来分析制度竞争的。他们探讨了制度竞争过程中政治过程与经济过程的互动关系，尤其强调开放既可以增加制度创新的知识也可以强化退出机制，因此开放对于制度竞争和制度创新有重要作用。不但如此，制度竞争还会经由经济过程对政治过程产生影响：在经济竞争过程中的"退出"会向政治主体传递信号，政治主体可以被看作"公共企业家"，或者"政治企业家"，但公共企业家缺少市场中真正的企业家的那种灵活应变的能力和经验。而有组织的利益集团和全体选民，因为主体利益的非直接性和信息不对称等原因也不可能真正认识到变革的必要性，所以必须借助于一个有足够规模的集团才能使他们的投票产生影响。因此，"退出"机制才能真正实现开放和制度上的创新。

制度竞争可以大大促进区域政府在经济、制度和政治上的创造性。区域政府要规范辖区间政府的竞争必须遵循一定的原则，其中主要有国内贸易和要素的流动（原产地原则）、职能下属化原则和竞争性联邦制，尤其是自由宪章在制度演化研究中的框架搭建。

何梦笔[②]、李扬和冯兴元等的中国区域政府制度竞争。何梦笔、李扬和冯兴元等应用政府间竞争理论分析了中国区域政府竞争与公共产品融资

---

① 参见［德］柯武刚、史漫飞著《制度经济学：社会秩序与公共政策》，韩朝华译，商务印书馆2000年版，第115页。

② 参见［德］何梦笔著《政府竞争：大国体制转型的理论分析范式》，陈凌译，载《广东商学院学报》2009年第3期。

问题。他们认为中国区域政府竞争具有如下的制度与环境特点：一是中国的区域政府没有决定财政制度的立法权限，而且在正式的财政制度之外存在大量非正式的财政关系。二是中国区域政府竞争是在一个单一制的主权国家框架内推行分权的结果。三是人力资本的流动还受到比较明显的限制。四是谋取中央政府提供的优惠政策和特殊待遇成为区域政府竞争的重要内容。五是处于政治经济体制改革进程中的区域政府竞争表现出许多非制度化的过渡性特征。他们还着重分析了中国区域政府竞争的积极作用和消极作用，积极的作用主要表现在区域政府竞争推动了经济体制变革、促进了对外开放、改善了基础设施等，消极的作用则表现为区域保护主义、重复建设、过度竞争的压力、招商引资等领域的无序、恶性竞争等。最后，他们提出了规范政府间竞争的对策措施。

冯兴元对布雷顿、何梦笔等的政府竞争理论进行了系统的综述，并以此为基础建立了中国区域政府间竞争理论的分析框架。他认为，中国政府间竞争主要是制度竞争。中国改革开放以来区域政府间制度竞争主要有两种形式：一个是税收竞争和补贴竞争，另一个是规制竞争。同时，由于受开放度、侵权程度、市场化程度、独立财力的大小、区位条件等因素的不同，各地区政府间制度竞争的强度也不一样。①

周业安、冯兴元和赵坚毅认为，在区域政府竞争中，政府总体上推行六类政策，包括区位政策、核心能力促进政策、传播政策、产品政策、销售配送政策和价格政策。每项政策均配有若干政策工具。② 周业安在区域政府竞争与区域经济增长的关系上进行了较为系统的分析，进取型、保护型和掠夺型区域政府引领下的区域经济增长情况大不相同。③ 杨瑞龙深入地探讨了中国政府在制度创新中的作用和区域政府在制度创新进入权上的竞争。在放权让利的大背景下，当自上而下的改革面临障碍时，可分享剩余索取权和拥有资源配置权的区域政府在一定阶段扮演了制度创新第一行动集团的角色，对推进中国市场化改革起到特殊作用，由此认为一个中央集权型计划经济的国家有可能成功地向市场经济体制渐进过渡，其现实路径是：改革之初的供给主导型制度创新方式逐步向中间扩散型制度创新方

---

① 参见冯兴元《论辖区政府间的制度竞争》，载《国家行政学院学报》2001年第6期。
② 参见周业安、冯兴元、赵坚毅《地方政府竞争与市场秩序的重构》，载《中国社会科学》2004年第1期。
③ 参见周业安《地方政府竞争与经济增长》，载《中国人民大学学报》2003年第1期。

式转变，并随着排他性产权的逐步确立，最终过渡到与市场经济内在要求相一致的需求诱致型制度创新方式，从而完成体制模式的转变。① 在区域政府对制度创新进入权的竞争上，杨瑞龙和杨其静认为主要是由中央政府主导的非平衡改革战略下的潜在制度收益引起的。②

张维迎和栗树和主要是运用三阶段动态博弈模型来分析中国区域竞争与中国国有企业民营化的关系。他们认为，放权导致了区域间竞争，区域间的激烈竞争促使区域政府对企业进行民营化以增强区域经济竞争力，因此区域政府之间的竞争进一步引发了国有企业民营化。这种逻辑框架可以较好地解释中国20世纪90年代中后期所出现的区域政府竞争推动的区域国有企业民营化改革浪潮。③

李军鹏认为，区域竞争理论在新制度经济学中占有重要地位。④ 区域竞争是两个以上的行政区域政府竞争性地提供公共产品，以便吸引投资与发展本行政区域经济的政府间的竞争。区域竞争是不同行政区域之间政府的竞争，包括国家与国家之间的竞争，以及一个国家内部区域政府之间的竞争。国家间竞争机制是国与国之间政府治理能力、政府质量之间的竞争，国家间的竞争延伸到一个国家内部，就会引发区域政府竞争。区域竞争是各个行政区域即各国或各区域政府之间在投资环境、法律制度、政府效率等方面的跨区域竞争。区域竞争是产生产权保护机制、有限政府制度和政治企业家创新制度的前提。区域竞争理论是新制度经济学理论的基础，是理解产权、国家和经济绩效三者关系理论的核心。区域竞争包括如下内容：一是投资环境竞争。各区域改善本行政区域内的投资环境，吸引更多的资本家、政治企业家和人才到本行政区域投资，政府为投资者提供良好的社会治安环境、便捷的政府服务、完善的基础设施、优惠的投资政策等条件。二是法律制度竞争。各区域政府完善本行政区域内的法律法规，制定保护投资者权益、保护财产权利和公民权利的法律，公正地执行法律，政府行为受到严格的公法约束，市场经济运行免于政府的不正当干

---

① 参见杨瑞龙《我国制度变迁方式转换的三阶段论——兼论地方政府的制度创新行为》，载《经济研究》1998年第1期。
② 参见杨瑞龙、杨其静《专用性、专有性与企业制度》，载《经济研究》2001年第3期。
③ 参见张维迎、栗树和《地区间竞争与中国国有企业的民营化》，载《经济研究》1998年第12期。
④ 参见李军鹏《论新制度经济学的政区竞争理论》，载《中国行政管理》2001年第5期。

预。三是政府效率竞争。各区域政府进行行政改革,使政府成为一个廉价和廉洁的政府,为投资者提供优质的政府服务,政府严格按行政程序办事,政府工作程序便民、公开、公正,等等。区域竞争机制的作用表现在:有效解决政府中存在的"委托—代理问题";防止政府对市场经济的不正当干预,维护市场竞争机制;等等。

(五) 中观经济学视角下的区域政府竞争

上述各种区域政府竞争理论,从不同侧面揭示出区域政府竞争存在客观性,而本书着重阐述中观经济学视角下的区域政府竞争。

区域政府竞争理论是中观经济学理论体系的核心。2013 年,陈云贤、邱建伟合著的《论政府超前引领》[①] 就已经从区域政府超前引领职能上论证了各区域政府竞争的必然性。2015 年,陈云贤、顾文静在《中观经济学——对经济学理论体系的创新与发展》[②] 中指出区域政府是中观经济学的研究主体,分析了区域政府的双重属性和双层竞争体系,进而提出了现代市场经济的双强机制理论。在这几本著作的基础上,2017 年 4 月,陈云贤、顾文静在《区域政府竞争》[③] 中对区域政府之间的竞争实质、竞争路径和竞争手段等进行了系统阐述。陈云贤等认为,区域政府竞争必须遵循市场经济规律,在区域资源配置、经济发展、城市建设、社会民生等方面的项目、政策、事务上进行竞争。区域政府竞争主要包括项目竞争、产业链配套竞争、人才和科技竞争、财政和金融竞争、基础设施竞争、进出口竞争、环境体系竞争、政策体系竞争、管理效率竞争 9 个方面。实质内涵是在区域资源配置中,对可经营性资源采取什么政策以增强企业活力;对非经营性资源采取什么政策以创造良好环境;对准经营性资源采取什么方式参与、遵循什么规则、配套什么政策,以实现区域可持续增长的问题。区域政府竞争的实质体现在对资源优化配置的竞争上。2020 年 10 月,

---

① 陈云贤、邱建伟:《论政府超前引领——对世界区域经济发展的理论与探索》,北京大学出版社 2013 年版。
② 陈云贤、顾文静:《中观经济学——对经济学理论体系的创新与发展》,北京大学出版社 2015 年版。
③ 陈云贤、顾文静:《区域政府竞争》,北京大学出版社 2017 年版。

《市场竞争双重主体论：兼谈中观经济学的创立与发展》[①]一书出版，从中观经济领域入手研究了区域政府一系列活动主体、行为特征及相关理论，在理论上构建新型经济学体系，阐述了区域政府竞争与企业竞争之间的主要区别，提出区域政府竞争力可以用投入端（财政支出结构）和产出端（区域绩效评估）的区域资源规划（DRP）模型及其评估体系来量化测定，区域政府的"三类九要素"竞争会产生城市经济（广义）的规模效应、集聚效应和邻里效应，区域经济会呈现符合"二八定律"的分布，最终促使投资者"用脚投票"选择区域政府，即投资者通过人、财、物的流动，选择能够提供更优越的公共环境和服务以促进商业发展的区域。

第二节 区域政府非经营性资源配置的竞争表现

一、区域政府非经营性资源配置竞争的实现形式

（一）区域非经营性资源配置的要素性特征

政府的非经营性资源配置主要用于满足国计民生，是市场经济发挥作用的基础，政府的非经营性资源配置可以被视为经济发展的必然要素之一。非经营性资源配置规则是被制度经济学反复证明的经济发展的重要要素之一；用于民生的区域基础设施也是区域政府的非经营性资源配置，是区域经济发展的重要基础条件之一；基础教育、基础科研、基础技术开发等都是区域非经营性资源配置的重点内容，也是保持和提升区域经济竞争力的重要资源和发展基础。因此，区域非经营性资源配置是综合性的区域经济发展的要素。

（二）区域非经营性资源配置与辖区非流动性要素分类的一致性

区域政府提供的非经营性资源配置主要包括辖区基础设施和各项制

---

① 陈云贤：《市场竞争双重主体论：兼谈中观经济学的创立与发展》，北京大学出版社2020年版。

度，属于辖区内的非流动性要素，也是政府所提供的主要公共服务，通过区域政府服务的竞争来驱动各区域之间的重要的流动性要素（如投资、人才等）的配置，区域政府的基础设施、政策制度和投资、人才等要素的有效配置决定了各区域经济增长的最终结果。

辖区基础设施也可称为狭义的"城市资源"，即指城市基础设施，不仅包括教育、科技、医疗卫生、体育、文化等软件公共设施，并且伴随着城市现代化的进程，还包括智能城市的系列开发和建设等。正如前述，硬件公共设施多指六大系统工程性基础设施，即能源供应系统、供水排水系统、交通运输系统、邮电通讯系统、环保环卫系统、防卫防灾安全系统。软件公共设施主要是指行政管理、文化教育、医疗卫生、商业服务、金融保险、社会福利等社会性基础设施。随着城乡一体化的进程，城乡基础设施还包括了乡村生产性基础设施、乡村生活性基础设施、生态环境建设和乡村社会发展基础设施四大类，也包括逐步开发和建设的智能城市系列工程等。它们从经济学意义上作为新的资源生成，具有基础性、非贸易性和准公共产品性。

辖区自然资源是经济发展中的非流动性要素。区域政府在推进经济社会发展中，总是通过相关制度来不断规范和调整人们开发和利用自然资源的行为，这些制度可以是指令性的，也可以是禁令性的，因此，区域政府对自然资源存在着经济计划和经济秩序的交互规制。

区域政府制度包括经济、政治和文化等各项制度，是区域政府对辖区进行管理的各种规范和计划。根据这些制度，人们形成的相关活动，影响区域发展。制度作为经济发展的重要要素是无可置疑的，也是区域政府提供非经营性资源配置的重要组成部分。除了政府制定的正规制度外，辖区的人文环境也是经济发展中的非流动性要素。在考虑经济发展问题时，非正规的文化习俗、传统行为准则等制约着正规制度的作用效果，因而人们有时又把它称为"潜规则"，是制度经济学研究的"制度"不可缺少的一部分。区域政府可以利用相关制度来引导和营造辖区内的人文环境。因此，区域政府提供的非经营性资源配置与辖区的基础设施、自然资源、社会制度和人文环境等非流动性要素具有一致性。区域政府可以利用辖区的非流动性要素来吸引可流动性要素的流入，从而推动辖区经济的发展。

（三）区域政府通过辖区非流动性要素实现竞争

区域政府通过提供更好的非经营性资源配置来参与竞争，实施竞争的路径是行使区域政府的各项职能，而具体形式是提供各种更优的非流动性要素。所以，区域政府经济竞争的实现形式主要有四个方面：提供更优的基础设施、制订和实施更优的计划秩序、制订和实施更优的自发秩序、引导和造就更优的人文环境。

区域政府通过提供辖区内各种非流动性要素使其他区域的各种流动性要素流入本区域，使可流动性要素和非流动性要素获得更好的结合，最终推动区域经济的发展，实现竞争的目的。

二、区域政府非经营性资源配置竞争的表现

陈云贤认为，广义的区域政府竞争是区域政府对可经营性资源（产业经济）、非经营性资源（民生经济）和准经营性资源（狭义城市经济）的政策配套措施的竞争，也就是"三类九要素"竞争，其实质是区域政府对产业发展、城市建设、社会民生中的目标函数——财政收入的竞争。狭义的区域政府竞争，主要是指区域政府对准经营性资源（即城市基础设施投资）开发、建设等政策配套措施的竞争，其实质是区域财政投资性支出策略的竞争。[①]

根据这一理论，区域政府非经营性资源配置的竞争主要体现在民生领域的各个方面，包括民生项目竞争、民生产业链配套竞争、民生产品的进出口竞争、民生发展的人才科技竞争、民生财政竞争、民生基础设施竞争、民生环境体系竞争、民生政策体系竞争和民生管理效率竞争，属于广义的区域政府竞争内容。

1. 民生项目竞争

民生项目主要是政府为民办实事、办好事的"民心工程"和"德政工程"。各区域政府在民生项目上的竞争主要体现在重点民生领域的项目建设效率和民生福祉的提高水平。从中国各区域的民生项目竞争上看，主要集中在养老、医疗、教育、住房等短板领域的补足速度和程度。2021

---

① 参见陈云贤《市场竞争双重主体论：兼谈中观经济学的创立与发展》，北京大学出版社2020年版。

年，中国发布"十四五"规划纲要，20个主要指标中有7个是民生福祉类的，占比超过三分之一，是历次五年规划中最高的。民生重点项目包括推进中央事权和地方事权相结合的直接关系民生的重大系列项目，包括城镇老旧小区的改造，推进新型城镇化过程当中的公共服务设施建设，以及养老、托幼等一系列直接关系民生的系列项目。各地政府项目投资更多向惠及面广的民生项目倾斜。同时，围绕教育、医疗、住房、养老等领域提出具体方案。2021年是中国"十四五"规划的开局之年，各地围绕加快补齐关键短板，一大批民生工程提速开工、率先落地，其中，养老、医疗、教育、住房等领域成为重点。各地民生项目建设的竞争，既可以解决好群众关切问题，也能有效促进非经营性资源配置的效率。一方面，民生项目通过增加服务供给，创造就业岗位，扩大消费，促进形成强大国内市场；另一方面，民生项目将撬动巨大的投资空间，以完善的基础设施孵化新业态发展，培育发展新动能，释放经济发展的巨大潜力。

当前民生项目的竞争还可以拓展民生经济发展空间，通过民生基础设施和公共服务等领域的持续发力，可以提高民生服务与社会保障的相对供给水平与综合承载能力，也可以极大地促进高科技在民生领域的应用，比如利用信息技术推动各类数字民生工程的建设等。

另外，民生项目投资的区域性和国际间横向流动，也成为各区域横向竞争的主要目标。不同区域因区位和发展水平不同，其要素的拥有量差异较大，项目投资为了追求效率，带动资本流动，并激活流动目的区域的其他生产要素，民生项目投资在区域间的横向流动促进了区域经济和社会的发展，这种发展又促进了区域内部分工和贸易，进一步加速了要素的流动。

2. 民生产业链配套竞争

民生产业链是各个生产民生产品的产业部门之间基于一定的技术经济关联，并依据特定的逻辑关系和时空布局关系客观形成的链条式关联关系形态。区域民生产业链条则将产业链的研究深入区域民生产业系统内部，分析各民生产业部门之间的链条式关联关系，探讨城乡之间、区域之间民生产业的分工合作、互补互动、协调运行等问题。在经济实践中，不少地区也在进行民生产业链构建与延伸的积极尝试。

民生产业链配套竞争实质上是民生产业链的整合竞争。整合的本质是对分离状态的现状进行调整、组合和一体化，产业链整合是对产业链进行调整和协同的过程。对产业链整合的分析可以分别从宏观、产业和微观的视角进行。民生产业链整合是产业链环节中的区域政府通过调整、优化相关民生产业关系使其协同行动,提高整个民生产业链的运作效能,最终提升民生产业链竞争优势的过程。

民生产业链整合可分为横向整合、纵向整合和混合整合三种类型。横向整合是指通过对产业链上相同类型民生产品生产的约束来提高产品提供的集中度,从而增加对民生产品价格的控制力,防止个别企业为获得垄断利润而对民生产生破坏。纵向整合是指民生产业链上的政府通过对上下游企业施加纵向约束,使之接受一体化或准一体化的合约。混合整合是指和本民生产业紧密相关的企业进行一体化或是约束,它既包括了横向整合又包括了纵向整合,是两者的结合。

民生产业链配套竞争有利于民生产品成本的降低,有利于更好的民生产品的出现,有利于民生产品生产技术创新氛围的形成,有利于打造民生产品的区位品牌,有利于区域经济的发展和民众幸福感的提升。

3. 民生产品的进出口竞争

在经济全球化的发展趋势下,进出口是各区域政府竞争最激烈的领域,包括民生领域无处不存在竞争。从各国民生领域的进出口情况来看,重要的民生战略物资都在加强储备,必要时也会进口民生战略物资,在国外出现紧急民生物资援助需求时,也会加大出口力度。各国对外民生援助和国际民生产品的进口也存在一定竞争。

(1)"一带一路"倡议与民生经济。[①] 以中国"一带一路"倡议为例,"一带一路"倡议在国际上的建设一直坚持共商、共建、共享的原则,强调"一带一路"的建设成果要惠及各参与者和相关方,让沿线各国和地区人民对于建设成果有真切实在的获得感。综观"一带一路"国际合作的发起、展开和推进,"一带一路"的民生内涵主要体现在增加就业、便利生活、文教发展、公共安全和紧急援助五个方面。据世界银行发布的《"一带一路"经济学:交通走廊的机遇与风险》估算,预计到 2030 年,"一带一路"倡议的相关投资所创造的大量就业岗位能在全球范围内帮助至少 760 万人口摆脱极度贫困,并帮助至少 3200 万人口摆脱中度贫困。"一带一路"倡议还建成了一大批标志性的民生基础设

---

① 参见刘乐《惠民生与"一带一路"高质量发展》,载《中国发展观察》2021 年第 2 期,第 20~21、40 页。

施——从孟加拉国的第一座大型净水厂帕德玛水处理厂到填补巴基斯坦近四分之一电力缺口的萨希瓦尔电站,从马尔代夫首座跨海大桥中马友谊大桥到非洲"万村通"数字卫星电视项目,"一带一路"倡议在水、电、路、网等领域的民生建设项目显著地改善了当地民众的生活配套设施,促进普通百姓能够以更加稳定、安全和经济的方式享受现代生活的种种便利。"一带一路"倡议还积极开展文化和教育方面的合作项目,例如举办艺术节、电影节、音乐节、文物展、图书展等活动,并合作进行图书广播影视精品创作和互译互播,以及开展教育互联互通合作和人才培养培训合作(包括双向留学、合作办学、师资培训、人才联培等),以丰富百姓的精神文化生活和满足民众的优质教育需求。在推动医疗卫生和灾害防治领域中取得重大成就,包括传染病疫情通报、疾病防控、医疗救援、传统医药领域的互利合作,共同打造健康丝绸之路,倡导共同构建人类卫生健康共同体。在灾害防治领域,鉴于"一带一路"相关国家和地区共同面临地质灾害、气象灾害、洪旱灾害和海洋灾害等多种灾害,建立了"一带一路"沿线国家灾害防治和应急管理机制。"一带一路"倡议丰富的民生内涵体现出"一带一路"倡议注重民生、保障民生、改善民生的民生导向,也反映出"一带一路"倡议以民为本的人文关怀,惠民生成为"一带一路"倡议的鲜明底色。

增进民生福祉是人类发展事业的根本价值所在。与之呼应,"一带一路"倡议具有鲜明的民生内涵。近几年来,"一带一路"建设的各参与者和相关方在多个国家、多个领域建成了一系列的民生工程,并将惠民生确立为"一带一路"高质量发展的主要目标和基本内涵。以此为指引,"一带一路"倡议的民生建设需要进一步走深走实、做精做细,积极助力,将"一带一路"倡议打造为造福民众、惠泽民生的国际典范。

(2)新冠肺炎疫情下的医疗物资进出口竞争与合作。2020年新冠肺炎疫情在全球暴发后,由于医疗贸易用品国际分工不同和疫情的不确定性,各国和地区出现了不同程度的医疗资源透支现象。医疗产品的国际供给成为各国在国际标准、国际规则调整和重构中获取话语权的重要竞争领域。

疫情相关医疗用品贸易大国主要为发达国家,但中国目前也是前十个医疗用品贸易大国之一（见表6-1）①。无论是进口还是出口，发达国家的医疗用品贸易占总贸易的比重均高于世界平均水平。新冠肺炎疫情暴发后，中国以个人防护用品为代表的劳动密集型产品迅速显示出强大的出口竞争力，但在技术密集型的药品和医疗设备等方面高度依赖进口。疫情的全球暴发导致各国在医疗用品上的激励竞争，越来越多的国家和地区开始意识到疫苗接种的重要性，世界范围内的进口替代疫苗种类也在不断增加，但在预防重大传染疾病的疫苗品类上，发展中国家仍依赖于从欧美发达国家和地区进口。总体而言，疫苗等关乎民生的战略性医药资源，欧洲、北美洲和中国以及其他发展中国家都存在政府之间的竞争。

表6-1 2019年前十名疫情相关的医疗用品贸易国家的贸易结构

贸易类型	国家	医疗用品在本国进口/出口贸易中占比	各类医疗用品在本国医疗进口/出口贸易中占比			
			药品	医疗耗材	医疗设备	个人防护用品
进口	世界	6%	56%	17%	14%	13%
	1. 美国	8%	59%	16%	16%	10%
	2. 德国	7%	57%	18%	12%	13%
	3. 中国	3%	46%	15%	23%	16%
	4. 比利时	13%	75%	12%	8%	5%
	5. 荷兰	8%	55%	20%	16%	8%
	6. 日本	6%	56%	16%	16%	13%
	7. 英国	6%	62%	15%	11%	12%
	8. 法国	6%	53%	20%	12%	15%
	9. 意大利	8%	66%	15%	9%	9%
	10. 瑞士	13%	80%	9%	6%	5%

---

① 参见郎丽华、冯雪《疫情下如何促进我国医疗贸易发展》，载《开放导报》2020年第3期，第79～85页。

续表 6-1

贸易类型	国家	医疗用品在本国进口/出口贸易中占比	各类医疗用品在本国医疗进口/出口贸易中占比			
			药品	医疗耗材	医疗设备	个人防护用品
出口	世界	6%	55%	17%	14%	14%
	1. 德国	9%	57%	15%	15%	13%
	2. 美国	7%	35%	29%	25%	12%
	3. 瑞士	29%	88%	5%	5%	2%
	4. 荷兰	10%	58%	18%	17%	7%
	5. 比利时	15%	74%	12%	7%	6%
	6. 爱尔兰	38%	71%	20%	5%	4%
	7. 中国	2%	10%	22%	19%	49%
	8. 法国	9%	65%	14%	9%	13%
	9. 意大利	8%	75%	7%	6%	12%
	10. 英国	8%	64%	15%	11%	10%

（资料来源：WTO 统计报告。）

但如何面对新冠肺炎疫情的挑战是全世界都必须面对的问题，单纯的政府竞争并不能从根本上解决问题。所以，各国也应在这次危机中加深对自身医疗产业的现实认知与潜力评估，竞争的同时也必须加强合作。中国在此次新冠肺炎疫情中把控得当，率先有序复工复产，较好地把握了时间窗口，扩大具有比较优势的医疗产品的国际供给，创造具有市场潜力的医疗产品的生产和贸易空间，一方面提高了中国医疗贸易行业的进出口竞争力；另一方面也向世界展示了构建世界命运共同体的发展理念与治理能力，对遏制贸易保护主义、维护全球化成果有很大的帮助。

4. 民生发展的人才科技竞争

民生领域的竞争归根结底也是民生领域人才的竞争。

第一，民生领域人才竞争最根本的是重视民生领域的人才与科技，确立人才资源是第一资源、科学技术是第一生产力的理念。围绕这一理念，实施人才战略，强化对民生领域人才的培养、引进和使用，在辖区内营造尊重知识、尊重人才、尊重科技的社会氛围，营造有利于民生领域人力资源形成、人才成长、科技创新的良好环境。民生领域人才的稀缺性、独特性、不可替代性决定了民生领域人才的高端价值性。从世界范围来看，哪个国家重视民生领域人才、重视科技，哪个国家的人民幸福指数就高。从中国区域政府来看，哪个地方重视民生领域人才、重视科技，哪个地方就更汇集人才。例如，深圳的发展既得益于改革开放，更得益于改革开放以后对民生领域人才、科技的重视。

第二，民生领域人才竞争最关键的是完善本土民生领域人才培养体系，加大本土民生领域人才培养投入，提高民生科技创新投入。区域政府对民生领域人才培养与科技创新的投入包括直接投入和间接投入。对民生教育、科技的直接投入包括：向所属学校和科研院所的民生教育和研究直接提供财政经费支持；通过课题经费、科研奖励、财政补贴等方式直接资助和激励个人和机构从事与民生密切相关的教育培训和科研活动。间接投入则包括教育和科技的环境建设、平台建设，用良好的人才环境来吸引和留住人才。

第三，民生领域人才科技竞争最核心的是科技民生领域人才的引进和培养。从世界范围和历史贡献来看，科技民生领域人才是民生领域人才科技竞争的核心，是实现科学技术是第一生产力的保证。科技民生领域人才具有较高的创造力和科学探索精神，能为科学技术发展和人类进步做出科技贡献，是任何国家、任何地区的稀缺资源和宝贵财富。在中国，科技民生领域人才为国家发展做出重大贡献，超级杂交水稻、汉字激光照排、高性能计算机等基础科学和工程技术科学方面的成果背后，都是科技民生领域人才的伟大贡献。

5. 民生财政竞争

在中国，从分税制改革以来各级区域政府实际上有了独立利益，成为具有市场竞争力的利益主体，因此，区域政府之间的民生财政竞争也成了区域政府竞争的重要手段。区域民生财政竞争包括民生财政收入竞争和民生财政支出竞争。所谓民生财政收入竞争是区域政府通过追求民众满意度和幸福感竞赛，调整税收。这是最根本的竞争，通过各级区域政府的政绩考核体系来加强。所谓民生财政支出竞争是通过扩大政府民生支出来增加社会民生的资本增量，从而促进社会民生的发展。从社会发展螺旋来说，民生财政收入和民生财政支出没有本质的区别，而对幸福增长动力来说，民生财政支出才是最终的驱动力；再者，从区域政府的政绩动机来看，民生财政收入最终是为了民生财政支出，民生财政支出特别是民生支出才能有效体现政府政绩。因此，区域政府的民生财政竞争集中体现在民生财政支出结构上。

6. 民生基础设施竞争

区域政府改善发展民生环境的竞争，即区域政府生产和供给城市民生基础设施等硬环境和软件公共产品（如教育、医疗和智慧城市等软环境）的竞争，是区域政府追求利益集合最大化的竞争，这种竞争不仅能够实现辖区居民利益和区域政府官员个人及集体利益的最大化，而且也能够维护国家的整体利益，从而有利于促进区域经济的协调发展。硬环境的竞争，从大的方面来讲，主要包括民生基础设施建设和产业配套环境的改善。软件基础设施建设现在越来越重要，也成为区域政府非经营性资源配置竞争的一个重要领域。最有吸引力的软件基础设施的建设主要是民生智能化建设，包括民生大数据平台建设、云计算平台建设和智慧城市建设。这些软件基础设施的建设一般通过项目化实施，所以区域政府非经营性资源配置竞争的形势通常也表现为民生项目化竞争态势。

区域政府致力于民生基础设施环境的改善，是因为民生基础设施对经济社会发展具有支撑和引导功能，能促进地区经济加速发展，同时也有利于保证国家利益的实现和促进区域经济的协调发展，从而实现区域政府利益集合的最大化。支撑功能表现为一个区域的民生基础设施体系必须能够支撑一个地区的经济社会发展。也就是说，一个区域的民生基础设施体系供给要能够适应一个区域经济社会发展的需求，其支撑程度如何，表现为超前型、适应型、滞后型三种基本类型。超前型，指一个区域的民生基础设施供给水平超前于一个区域经济社会发展的需求，造成民生基础设施供给过剩；适应型，指一个区域的民生基础设施供给水平基本适应区域经济社会发展的需求，既不会造成基础设施供给水平不足，也不会造成民生基础设施供给水平过剩；滞后型，指一个区域民生基础设施供给水平滞后于一个区域经济社会发展的需求，造成民生基础设施对这个区域经济社会发展的瓶颈制约。区域政府在改善民生基础设施环境方面进行竞争，就是要使本区域民生基础设施建设水平基本适应或适度超前于本区域经济社会发展的需求；即如果考虑本区域经济社会发展潜力的充分发挥，基础设施建设水平适当超前于本区域经济社会发展水平也是合适的。但如果过于超前，就会使民生基础设施供给严重过剩，部分民生基础设施的供给能力处于闲置状态，造成民生基础设施供给的边际效益和资源的利用效率下降；

如果过于滞后，就会使基础设施供给不足，使得经济社会发展能力得不到充分发挥。基础设施供给能力是"木桶原理"在起作用，它的供给水平不是由最长的那块木板所决定的，而是由最短的那块木板所决定的。区域政府非经营性资源配置竞争的目的就是要避免民生发展短板的存在。

7. 民生环境体系竞争

民生基础设施建设其实也是环境体系竞争的重要组成部分，所以这里的民生环境更主要的是指民生的区位环境、人文环境、服务环境和信用环境。区域政府民生环境体系的竞争主要表现在以下四个方面。

第一，区域政府通常通过宣传自己的民生区位优势来获得竞争优势。民生区位优势表现在交通位置、地理位置、经济位置等方面，体现的是比较优势。例如，中国昆山临近上海、珠三角临近港澳、佛山临近广州，其民生发展早期甚至现在都离不开区位优势。

第二，区域政府通常通过提升民生服务软环境来获得竞争优势，提供就业服务和基本社会保障等基本民生性服务。例如，提供教育、医疗、公共文化等公共事业性服务，提供路电网、公路网、水利网、铁路网、通讯网等环境保护、基础设施建设等公益性基础服务，提供生产安全、消费安全、社会安全等公共安全性服务。

第三，区域政府还可以通过塑造良好的民生人文环境来获得区域竞争优势。区域政府通过提倡和营造一个良好的具有现代意义的人文环境作为实施竞争的重要手段。民生人文环境，在一定意义上已变成对投资成本的考核。对于一个企业来说，它所看重的人文精神包含当地人力资源的优秀性，比如，具备现代意识、商品意识，有勤勉的民风、开放的心态、温和的民众性情等。这些因素能够有效降低企业的法制风险、经济风险和经营风险。因此，民生人文环境是提升城市竞争力的一项重要因素，一个城市最大的竞争力就在于把每个人变成"归人"，而不是"过客"。对一个地域和城市来说，最后就是民生人文环境的竞争，看你能不能为人才的发展提供一个好的民生人文环境，让优秀人才和企业不仅在这里创业，更在这里守业。

第四，区域政府的社会民生信用体系的竞争越来越重要。随着区域经济社会的发展，社会民生信用体系建设不断成为区域竞争的重要手段和保障。一个成熟的社会民生信用体系所能发挥的功能，不仅能整顿和规范区域社会经济秩序，同时还能将政府管理和社会监督相结合，提升区域政府民生管理效能。区域政府通过加快推进社会民生信用体系建设，构建本区域包括民生信用信息采集、管理、使用、公示、发布的信用体系平台，来提升区域治理水平和区域信用竞争力。

8. 民生政策体系竞争

区域政府除了在上述各方面展开竞争之外，更为重要的是在民生政策体系方面展开的竞争。政策体系的复杂性、多样性和结构影响的广泛性，使得区域政府在这方面展开的竞争会影响到区域经济、社会发展的各个方面。从这个意义上来说，政策体系的竞争是最根本的，因为人才科技、财政金融、基础设施、软硬环境等都会受到政策竞争的影响。

民生政策体系包括收入分配政策、教育政策、医疗政策、就业政策、社会保障政策、社会治理政策、环境保护政策、住房政策、生育政策、扶贫政策、税收政策等。这些政策的内容制定和实施效率直接关系到该区域社会民生的质量和区域竞争力。以社会保障政策为例，西方发达国家经过100多年的探索和实践，已经建立了较完备的社会保障政策体系，有效缓和了社会矛盾，保障了社会公众的基本生活，并为西方的经济飞速发展奠定了坚实的民生基础，在人才竞争和产业竞争上有着极强的优势。

但西方民生政策体系在不断竞争的过程中，也出现了盲目攀比、保障过度的问题。仍以社会保障政策为例，各国为了凸显本国社会民生的福利优厚，不断拔高社会保障的标准，最后造成社会保障开支庞大、政府财政负担过重、税收负担过重、社会效率低下等问题，对民生文化习惯也产生了一定的负面影响，自愿失业和懒人现象有所攀升，对社会经济发展反而造成阻滞。所以，区域政府在民生政策体系竞争上，既要比较政策体系带给民众的安全感和幸福感，解决社会矛盾冲突，也要考虑民生政策体系对经济造成的负面影响。

9. 民生管理效率竞争

区域政府的管理效率是区域政府行政管理活动、行政管理速度、行政管理质量、行政管理效能的总体反映，是对区域政府的行政能力、执政能力、服务能力的综合评价，既要体现区域政府"做什么"，又要体现区域政府"如何做"。所谓"做什么"就是行政的合规性，这里面有三个标准。第一，合法性标准。行政是否符合宪法、法令、法规以及国家的路线、方针、政策。第二，利益标准。即行政结果是否符合国家的基本利益，是否有利于区域内经济、社会的发展。第三，质量标准。行政过程是否符合规定的程序，是否遵守预算控制流程。"做什么"是基础，是底线，是准绳。所谓"如何做"就是行政的效率性，这里面有四个标准。第一，数量标准。单位时间内完成的行政工作量。第二，时间标准。规定的期限内是否完成行政目标。第三，速度标准。完成行政任务是否坚持了"最短时间原则"或"最快速度原则"。第四，预算标准。是否节约了行政成本，是否坚持了人力、物力、财力的预算，即看其是否严格控制预算，在一定预算指标内完成相应的行政任务或更多的行政任务。这里前三个标准之间实际上可以相互转化，因此本质上就是一个标准，只是计算的方式或看问题的角度不一样。

当然，区域政府行政管理效率还包括微观效率和宏观效率、组织效率和个人效率。所谓微观效率是指单个行政主体或部门或个人所表现出来的行政效率；所谓宏观效率是从指区域总体来看，一定时期内经济与社会的发展，可以用经济增长指数或社会发展指数来衡量。所谓组织效率是指特定行政管理单位机构从事行政管理活动和提供公共服务的时效、办事速度、投入产出比率等，是对行政服务单位机构总体性的评价；所谓个人效率是指特定行政人员在履行职责过程中所体现的时效、办事速度等，是对具体操办事务的行政服务人员的办事效率评价。

基于上述的理解，区域政府管理效率的竞争主要通过下列方式来表现。

一是区域政府行政管理服务总体合规性评价。如果区域政府行政机构、部门或相关人员非法行为太多，不讲法规，不遵规矩，不守纪律，办事不讲程序，行贿受贿，利用权力寻租行为泛滥。那么，该区域行政管理服务没有竞争性。

二是区域行政管理服务流程的通畅性和信息的透明性。如果办事流程是清楚的，时间节点和任务节点是清晰的，政府相关机构或部门之间少有互相推诿、扯皮的现象，责权利非常清楚，且信息是公开透明的，有相应的服务信息指导或咨询平台，就能保证管理服务的公平公正性。那么，该区域行政管理服务就有竞争性。

三是区域行政管理服务的效率性评价。如果区域政府行政机构、部门或个人提供管理服务时理念正确、服务意识良好、态度端正，且业务熟练，处理事情不会因人而异，时间观念强，能够集中办事、减少距离、减少时间，等等。那么，该区域行政管理服务就有竞争性。

因此，管理效率的竞争本质上就是服务意识的竞争、工作态度的竞争、任务责任的竞争、工作技能的竞争，以及信息技术平台条件的竞争。区域政府通常通过树立良好的服务文化，培养管理队伍的服务意识、工作技能和职业素养，同时能利用信息技术平台加强联络与沟通，实施一站式服务来提升管理效率。近几年在各省市的工业园区普遍实行的并联式服务和一站式服务，其目的就是要提升管理效率，进而提高招商引资的竞争力。

三、区域政府竞争对非经营性资源的配置作用

非经营性资源实际上就是区域政府辖区内的所有社会公益产品和公共产品的总和，是区域政府直接管理的资源，因为其非排他性和非竞争性，使其不符合经营性资源的逐利原则。这是非经营性资源与可经营性资源的最大区别。区域政府的一项重要职能就是配置非经营性资源，从而优化发展环境。

第一，非经营性资源配置的非经济性。区域政府配置非经营性资源的目标是通过优化投资环境来间接获得经济利益的最大化，体现在改变营商环境带来投资机会的增加。

第二，非经营性资源配置具有相对稳定性。非经营性资源不可能在区域之间自由、低成本地跨界流动，从这个意义上说，非经营性资源具有"不动产"的特点。区域政府对非经营性资源要保持相对稳定、固化，才能保持非经营性资源对区域环境营造的稳定性。

第三，非经营性资源配置主体的宏观性。非经营性资源具有非经济性，配置主体只能是区域政府而非市场参与的企业或个人。区域政府从区域准宏观的角度来配置非经营性资源，以实现其配置的均衡性，从而优化总体区域的宏观环境。

第四，非经营性资源配置在区域之间的竞争性和排他性。例如，有些区域拥有较多的优质基础教育资源，但能否享受到优质教育资源则与入学申请人的户口所在地、房产区位等有很大关系。区域政府为了吸引更多优秀的人才，会进一步加强非经营性资源的优化配置，提升区域环境的比较优势。

区域发展环境是区域为吸引投资所提供的各种条件的集合，是一个动

态的多层次和多因素的综合系统，既有硬的环境也有软的环境。区域政府对非经营性资源的竞争来自两种途径：一是向上竞争来获得直接的非经营性资源。即通过向上级区域政府争取获得更多的项目、优惠政策，或更多的财政支持和转移支付来改变区域的硬环境。二是通过自我优化来间接获得非经营性资源。即通过理念的改变、文化的塑造、政策的引导、服务的提供等来优化区域内的软环境，以吸引更多的经营性资源或非经营性资源的汇聚和容纳。不管哪种方式都有利于区域发展环境的改造。所以，从这个意义上说，区域政府对非经营性资源的配置作用，实质是在优化发展环境。

四、区域政府竞争对非经营性资源配置管理的政策意义

非经营性资源操之于区域政府之手，是区域政府在社会事业各项功能的集中反映，也是区域政府与区域政府之间竞争作为"优化环境制度"的主要对象。完善提升非经营性资源的配置功能有利于实现区域内社会公益和公共产品分布的均衡性，有利于提升区域内社会公益和公共产品的质量层次和规模档次，有利于营造更好的营商环境从而创造更多的财富。

第一，完善非经营性资源的配置功能要求在政府垂直管理时，上级区域政府对下级区域政府要适度放手，不要管控过严，下级区域政府在区域内的社会公益和公共产品配置方面要有充分的自主权、自决权和自治权。因为区域政府在有限的财政条件下也是有"经济理性"的，会在非经营性资源配置过程中发挥有限财政的最大效用。

第二，完善非经营性资源的配置功能要求保持区域政府与区域政府之间的适度竞争，即横向的适度竞争。对于非经营性资源来说，竞争是保证配置有效性的最好手段。上级区域政府应尽可能采用项目竞争等方式来促使下级区域政府提高竞争力，并实现大区域的社会公益和公共产品配置的平衡。但上级区域政府要防止过度竞赛、强者过强的马太效应，防止社会公益和公共产品在局部过度集中、过度优越的问题。

第三节 构建全球民生经济发展新引擎[①]

世界各国有竞争但也有合作，区域之间的经济合作、民生合作不在少数，类似欧盟、北美自由贸易区、东盟共同体等区域经济合作都是典型的区域合作范例。由中国发起和主导建立的上海合作组织、亚洲基础设施投资银行、丝路基金、金砖国家新开发银行等国际组织在国际安全、经济贸易、地区合作、全球性问题和国际热点问题等领域发挥着越来越重要的作用。世界格局和全球秩序正在重塑，而新一轮科技革命将加速世界秩序重塑的历史进程。2020年，新冠肺炎疫情肆虐全球，世界更需要在抗疫救助等民生领域加强合作，在人类共同危机面前仍然奉行单边主义和霸凌行径，一味强调区域竞争，会给世界民生发展带来更大的风险。当今世界需要构建全球民生经济发展新引擎。

一、构建全球民生经济投资新引擎

（一）加大民生基础设施投资建设

1. 推进新型城镇化

发达国家城镇人口一般占总人口的80%以上。随着世界各国城乡一体化的进程和以城市为中心的城镇体系的形成，以人为核心的新型城镇化的规划与建设，"海绵城市""海绵社区"地下管廊、防洪排涝设施建设，城乡一体化水、电、路、气基础设施建设，城乡基本公共服务教育、医疗、文化、体育等设施建设，以及发展休闲旅游、商贸物流、信息产业、交通运输等，将为世界各国提供新的增长潜力。

2. 推进民生基础设施现代化

民生基础设施现代化包括能源基础设施、交通基础设施、环保基础设施、信息基础设施和农田水利设施等建设的现代化。该投资回旋空间大、潜力足，能有效推动各国经济增长。

---

① 参见陈云贤《构建全球经济治理体系》，载《财经界》2017年第6期。

（二）加大民生领域科技项目投入

例如，美国的国家制造创新网络计划（National Networks of Manufacturing Innovation，NNMI 计划），首期投入 10 亿美元，计划 10 年内建立 45 个制造业创新中心（Institutes for Manufacturing Innovation，IMI）。此外，还有英国知识转移伙伴计划（Knowledge Transfer Partnership，KTP 计划），以及基于信息物理系统（CPS）智能制造的德国工业 4.0 战略。它们能整合人才、企业、机构创新资源，引领产业研发方向，促进产业提升发展。世界各国对大数据、云计算、物联网等的投入，对 NBIC 即纳米技术、生物技术、信息技术和人工智能等的投入，将能开拓新的民生经济增长点。

（三）提升民生领域金融配套能力

民生领域应成为金融服务和创新的重点领域，社会保障、教育、乡村振兴、助残等民生领域，亟须金融的支撑和创新服务，打造一流惠民金融服务品牌、持续升级惠民金融业务，应是未来金融与民生结合发展的主要方向。尤其是随着金融机构数字化转型的加快，金融服务方面也在持续加大科技资源投入，服务智能化、线上化，社保、医疗、教育、公积金等民生领域的业务场景不断丰富，金融服务越来越便捷。例如，北京银行 2022 年推进了集成"智慧财政、智慧医保、智慧医疗、智慧教育"的智慧政务数字金融创新，在完善便民服务、升级公共服务、创新智慧服务等领域有了显著提升。

二、构建全球民生创新新引擎

一个区域、一个国家、一个世界，当其从寻找本域如何提高经济增长率转而进入经济发展模式的切换，从发挥企业竞争配置产业资源过程进入国家政府竞争配置城市资源的过程，从单一市场机制发挥作用到"有为政府"与"有效市场"的结合构建世界各国经济增长的投资新引擎时，必然涉及全球经济治理体系中的公平、公正原则保护，发展中国家在全球经济秩序中利益保护，开放经济体系的维持或扩大以抵制保护主义，应对经济新领域（如网络领域）实施规范，以及应对全球经济发展系列挑战的新问题。因此，面对以世界各国在竞争合作中历史地形成的协调并治理全球经济秩序的公共机制或公共产品——思想性公共产品、物质性公共产品、组织性公共产品和制度性公共产品,我们需要予以完善与创新。

（一）推进思想性公共产品理念创新

理念创新包括三个方面：①市场应是"有效市场"。现代市场体系是由市场要素体系、市场组织体系、市场法制体系、市场监管体系、市场环境体系和市场基础设施六个方面组成的完整系统。一些国家过分强调市场要素与市场组织的竞争而忽视法制监管体系的建设和市场信用体系等环境基础设施的健全，都将产生市场公开、公平、公正"三公"原则的偏离。②政府应是"有为政府"。各国政府不仅应对可经营性资源——产业资源配置实施规划、引导、扶持、调节、监督和管理，而且应对非经营性资源——社会公共产品提供实施基本托底、公平公正、有效提升，还应对准经营性资源——城市资源配置进行调节，参与竞争。③世界各国追求成熟的市场经济模式应是"有为政府"+"有效市场"。在市场经济大系统中，企业竞争配置产业资源，政府竞争配置城市资源。国家政府在全球经济增长中应发挥出重要作用。

（二）推进物质性公共产品技术创新

当前科技发展最典型的是用信息化融合工业化、城镇化、农业现代化及基础设施现代化。所以，当我们一个国家、一个城市向民众、向社会提供的公共交通、城管、教育、医疗、文化、商务、政务以及环保、能源和治安配置融合了智能化的时候，"有形要素"与"无形要素"结合而成的智能城市的安全、高效、便捷和绿色、和谐将不仅造福民众，还将推动各个城市或各个国家加快工业化转轨、城市化转型和国际化提升，促进新兴国家崛起。

（三）推进组织性公共产品管理创新

传统的城市建设和组织框架如摊大饼，即使城市道路有了一环、二环、三环、四环甚至五环，还会交通堵塞、空气污染、红绿灯失效、效率低下。现代城市发展要求组团式的布局，其与网络发展要求重塑空间秩序、全球供应链发展容易"抹掉国界"一样，城市组团式架构能有效解决传统摊大饼城市管理带来的系列问题。世界经济秩序的组织管理如城市架构一样需要从摊大饼模式向组团式布局改革创新发展，但它需要相应的新

规则和必要的"基础设施"投资,才能布局合理,实现世界均衡、协调可持续发展。

（四）推进制度性公共产品规则创新

一国建设有概念规划、城乡规划和土地规划"三位一体系",其形成的战略规划、布局定位、实施标准、政策评估、法制保障等产生了既系列严谨又层次细分的实施作用;全球经济治理有联合国宪章、联合国贸易和发展会议、经合组织和世贸组织等机构和规章机制,围绕着"让全球化带来更多机遇"和"让经济增长成果普惠共享",我们需要完善和创新经济增长理念和制度性相关规则,促进各国财政、货币和结构性改革政策相互配合,经济、劳动、就业和社会政策保持一致,需求管理和供给侧改革并重,短期政策与中长期政策结合,经济社会发展与环境保护共进,以及全球经济治理格局共商共建共享及全球经济的可持续增长。

三、构建全球规则新引擎

构建创新（Innovative）、活力（Invigorated）、联动（Interconnected）、包容（Inclusive）的"四I"世界经济,需要完善全球经济治理体系。与各国非经营性资源相对应的是国际公共产品供给体系,与各国可经营性资源相对应的是国际产业资源配置体系,与各国准经营性资源相对应的是世界城市资源配置体系,它们各自遵循客观存在的规则运行。

（一）国际安全秩序规则——和平、稳定

作为国际公共产品供给体系的基本准则,应构建和平、稳定的发展环境,加强国际安全合作,捍卫《联合国宪章》宗旨和原则,维护国际关系基本准则,营造和平稳定、公正合理的国际安全秩序。

（二）国际经济竞争规则——公平、效率

公平、效率是世界各国产业资源配置体系中企业竞争的基本准则。例如,2016年G20杭州峰会确定的"促进贸易和投资开放"指导原则,包括:减少关税和非关税贸易壁垒;减少对外国直接投资的壁垒和限制;实施贸易便利化措施以降低边境成本;适当减少贸易和投资的边境后限制,促进更广泛的跨境协调;通过多边、诸边和双边协议最小化对第三方的歧视性措施，减少贸易和投资壁垒。确定的"促进竞争并改善商业环境"指导原则，包括：强化竞争法律及落实；减少开办企业和扩大经营的行政及法律障碍；促进公平的市场竞争；实施高效的破产程序；减少妨碍竞争的限制性规定，减少额外的监管合规负担，并对监管政策进行有效监督；加强法治，提高司法效率，打击腐败。这些无不体现出各国企业竞争中所必须实施的公平与效率规则。

(三) 国际共同治理规则——合作、共赢

合作、共赢是世界各国城市资源配置体系中政府间竞争所需要遵循的基本准则。城市资源存在着"有形要素"和"无形要素"两方面，其中，新型城镇化，智能城市开发，以能源、交通、环保、信息、水利等为主体的基础设施现代化的投资，将是世界各国经济增长的新引擎，它能带来资本扩大、就业增加、技术革新、市场深化、经济可持续增长和社会受益、环境改善、国力提升等。由于各国城市化进程、政策举措和制度安排不一，其投资驱动增长与竞争结果也不一样。但作为各国之间政府的竞争，应该是合作竞争，应该是可持续发展的竞争，应该是共同提升全球经济治理体系的竞争和共同创新经济增长方式的竞争。其基本原则应是合作、共赢。构建以合作、共赢为核心的创新型、开放型、联动型和包容型世界经济体系，将能持续创新经济增长方式，提升全球经济治理体系，造福于各国，造福于世界。

✻ 本章小结 ✻

本章以陈云贤教授构建的"中观经济学"理论中的"三类九要素"竞争含义为出发点，提出了区域政府非经营性资源配置的竞争主要体现在民生项目竞争、民生产业链配套竞争、民生产品的进出口竞争、民生发展的人才科技竞争、民生财政竞争、民生基础设施竞争、民生环境体系竞争、民生政策体系竞争和民生管理效率竞争。

区域政府对非经营性资源的竞争来自两种途径：一是向上竞争来获得直接的非经营性资源。即通过向上级区域政府争取获得更多的项目、优惠政策，或更多的财政支持和转移支付来改变区域的硬环境。二是通过自我优化来间接获得非经营性资源。即通过理念的改变、文化的塑造、政策的

引导、服务的提供等来优化区域内的软环境,以吸引更多的经营性资源或非经营性资源的汇聚和容纳。不管哪种方式都有利于区域发展环境的改造。所以,从这个意义上说,区域政府对非经营性资源的配置作用,实质是在优化发展环境。

非经营性资源操之于区域政府之手,是区域政府在社会事业各项功能的集中反映,也是区域政府与区域政府之间竞争作为"优化环境制度"的主要对象。完善提升非经营性资源的配置功能有利于实现区域内社会公益和公共产品分布的均衡性,有利于提升区域内社会公益和公共产品的质量层次和规模档次,有利于营造更好的营商环境从而创造更多的财富。

世界格局和全球秩序正在重塑,而新一轮科技革命将加速世界秩序重塑的历史进程。2020年,新冠肺炎疫情肆虐全球,世界更需要在抗疫救助等民生领域加强合作,在人类共同危机面前仍然奉行单边主义和霸凌行径,一味强调区域竞争,会给世界民生发展带来更大的风险。当今世界需要构建全球民生经济发展新引擎。

思考讨论题

1. 区域政府竞争的理论依据有哪些?
2. 非经营性资源配置的区域政府竞争理论内涵是什么?
3. 区域政府非经营性资源配置竞争表现有哪些?
4. 区域政府竞争对非经营性资源配置管理有什么政策意义?
5. 如何构建全球民生经济发展新引擎?
6. 阅读以下材料并思考:新冠肺炎疫情防控中,中美两国政府的表现有何不同?美国政府防控疫情的效果如何?

如何重设美国的疫情应对

我们很容易找到美国新型冠状病毒应对措施的纰漏,或者更准确地说是严重缺失。否认、拖延,政治内斗和系统性失灵,导致超过10万名美国人死亡,并加剧了社会和经济危机。自3月以来已有超过4000万劳动者(占总量的四分之一)提交了失业救济申请。但如今美国人却被告知,自己的国家应当回到"正常状态",而且是在没有做好准备的情况下。

美国的应对失据,也已经超越了当今严重党派政治的范畴。这场国家灾难，其实有着更为深刻的根源。

首先要说明的是，大部分的错误都应归因于党派政治，只有民主党人尝试（在共和党人反对下）通过直接支持失业者、穷人、已患病者和其他弱势群体，来修补美国的社会安全网。但是民主党人也未能成功促使美国政府去指导和支付私营部门生产那些社会需要但市场本身无法也不会去交付的商品和服务。

每当提到必须促使国家"交付产品"，总会让人联想起那种决定鞋子应该生产哪种样式、形状甚至尺码的苏联式中央计划者。国家显然不会以这种方式去干涉私人产品市场。这样做只会让人回想到指令式经济所导致的人为短缺；但在资本主义经济中，政府在提供某些商品方面，其实也扮演直接的角色。

公共产品（例如国防）显然应该由政府提供，但实际上美国公共部门并不生产国防产品，而是由政府指示私营部门去做。援引1950年美国《国防生产法案》（该法案以在"二战"期间，授予总统罗斯福极大权力，去掌控美国经济的《战争权力法案》为蓝本）的做法并不罕见。军方每年会根据该法案下达约30万份订单，而这一做法在总统特朗普领导下依然延续。

但是，特朗普政府一直不愿依靠这项法案去缓解新型冠状病毒危机，仅仅在特定案例中动用过，比如指示3M公司优先处理美国政府的N95口罩订单并禁止将其出口国外，或是命令通用汽车公司制造呼吸机。

特朗普政府动用《国防生产法案》的方式，既过分干预，又干预不够。它依赖人们所谓的硬性命令和控制条款，并使用法案来"强压"3M和通用汽车，也就是政府给私营部门下达死命令。

而动用国家巨大权力的更好方式，其实是下达软性指令：政府为私营部门提供激励措施，以生产有益于社会的产品。比如德国就将政府购买担保，作为更广泛支持方案的一部分。其目标很明确：不去命令德国企业生产医疗设备，而是设置适当的激励措施让它们生产。

这并不是想抹杀有机的企业创新和企业家创造力。我们应当赞扬本地烈酒酿造者转产洗手液，或者咖啡滤纸制造商转产口罩的举动；但只靠市场自身调节，显然是无法生产足量个人防护设备、呼吸机和治疗药物的，未来也难以确保人们能普遍接种相关疫苗。

相对于德国，美国政府也不存在任何束缚。它可以根据《国防生产法

案》第三编动用相同的工具：联邦购买担保。政府不愿动用这一权力，反映了一种危险的意识形态认知混乱。

须知口罩、呼吸机和疫苗既不是私人物品，也不是公共物品。它们不像鞋子，某个人对超大号紫色高跟鞋的偏爱，可能会冒犯他人的时尚品位，但不会产生负面或正面的外部影响；它们也不像空气，是一种无可替代且非排他的公共物品。口罩、呼吸机和疫苗都是社会产品，供应这些产品对社会有利，同时政府必须毫不犹豫地确保充足的供应。

社会产品的供应常常需要政府提供强有力的激励措施，去鼓励私营部门。新型冠状病毒应对并不是唯一的案例，缓解或适应气候变化的技术也是如此；而这也是另一个私营部门本身，不会服务于所有人利益的系统性问题。

无论问题是新型冠状病毒还是气候变化，仅靠企业自愿服务和慈善事业，都是无法解决的。为了充分利用美国享誉世界的私营部门活力，就需要集结联邦政府的权力，以重新引导私人资本和能量，去支持大规模的社会事业。

到目前为止，美国联邦政府的应对接连错失了许多时机。首先是没有做好充分准备以检测和遏制疫情，也没有解决经济下行问题。虽然一开始被扩展到了2万亿美元的救济方案，却未能动用这些资金，去创设正确的激励措施，以动员私营部门力量，解决经济崩溃的根本原因。毕竟没什么刺激方案，能比击败新型冠状病毒更好的了。

实现这一成果，正如应对气候变化，必须重新思考政府所扮演的角色。苏联的指令式经济，在大多数时期是行不通的，但是正如新型冠状病毒危机所明确展现的那样，美国式资本主义经济也不足以满足人们对社会产品的需求；而确保实现这一点，需要一个积极行动且认真对待私营部门的国家政府。

（资料来源：罗曼·弗雷德曼、格诺特·瓦格纳《如何重设美国的疫情应对》，载《联合早报》2020年6月17日，有修改。）

参 考 文 献

一、中文文献

[1] 阿尔钦,登姆塞茨. 生产、信息费用与经济组织[M]//科斯,阿尔钦,诺斯,等. 财产权利与制度变迁:产权学派与新制度学派译文集. 上海:生活·读书·新知三联书店上海分店,1991.

[2] 阿马蒂亚·森. 以自由看待发展[M]. 任赜,于真,译. 北京:中国人民大学出版社,2002.

[3] 奥尔森. 集体行动的逻辑[M]. 陈郁,郭宇峰,李崇新,译. 上海:生活·读书·新知三联书店上海分店,1995.

[4] 奥斯本,盖布勒. 改革政府:企业家精神如何改革着公共部门[M]. 周敦仁,汤国维,寿进文,等译. 上海:上海译文出版社,2006.

[5] 奥斯本,盖布勒. 改革政府:企业精神如何改革着公营部门[M]. 上海市政协编译组,东方编译所,编译. 上海:上海译文出版社,1996.

[6] 贝利. 地方政府经济学:理论与实践[M]. 左昌盛,周雪莲,常志霄,译. 北京:北京大学出版社,2006.

[7] 波特. 国家竞争优势[M]. 李明轩,邱如美,译. 北京:华夏出版社,2002.

[8] 布坎南. 民主财政论:财政制度和个人选择[M]. 穆怀朋,译. 北京:商务印书馆,1993.

[9] 陈聪. 农村公共品供给对城乡收入差距影响的实证检验[J]. 统计与决策,2020(1).

[10] 陈云贤,顾文静. 区域政府竞争[M]. 北京:北京大学出版社,2017.

[11] 陈云贤,顾文静. 中观经济学:对经济学理论体系的创新与发展

[M]．北京：北京大学出版社，2015．

[12] 陈云贤，邱建伟．论政府超前引领：对世界区域经济发展的理论与探索［M］．北京：北京大学出版社，2013．

[13] 陈云贤．超前引领：对中国区域经济发展的实践与思考［M］．北京：北京大学出版社，2011．

[14] 陈云贤．经济新引擎：兼论有为政府与有效市场［M］．北京：外语教学与研究出版社，2019．

[15] 陈云贤．市场竞争双重主体论：兼谈中观经济学的创立与发展［M］．北京：北京大学出版社，2020．

[16] 杜雪君，黄忠华．以地谋发展：土地出让与经济增长的实证研究［J］．中国土地科学，2015（7）．

[17] 法玛．有效资本市场：理论与实证研究回顾［J］．金融杂志，1970（5）．

[18] 弗里曼．技术政策与经济绩效：日本国家创新系统的经验［M］．张宇轩，译．南京：东南大学出版社，2008．

[19] 高鸿业．西方经济学［M］．5版．北京：中国人民大学出版社，2011．

[20] 高培勇．公共经济学［M］．3版．北京：中国人民大学出版社，2012．

[21] 国家发展改革委宏观经济研究院社会发展研究所．民生：中国全面建设小康社会40年［M］．北京：人民出版社，2018．

[22] 哈耶克．自由秩序原理［M］．邓正来，译．北京：生活·读书·新知三联书店，1997．

[23] 何梦笔．政府竞争：大国体制转型理论的分析范式［J］．陈凌，译．广东商学院学报，2009（3）．

[24] 亨利．公共行政与公共事务［M］．张昕，等译．8版．北京：中国人民大学出版社，2002．

[25] 胡志平．经济高质量发展的公共服务动力［J］．社会科学研究，2018（6）．

[26] 黄睿．基于地方政府间竞争的区域经济发展研究：以成都、西安地方政府间竞争为例［D］．西安：西安理工大学，2009．

[27] 姜晓萍，肖育才．基本公共服务供给对城乡收入差距的影响机理与

测度［J］．中国行政管理，2017（8）．

［28］金耀武．习近平关于经济发展与民生改善关系的重要论述探析［J］．邓小平研究，2019（6）．

［29］凯恩斯．就业利息和货币通论［M］．徐毓枬，译．北京：商务印书馆，1963．

［30］柯武刚，史漫飞．制度经济学：社会秩序与公共政策［M］．韩朝华，译．北京：商务印书馆，2004．

［31］科斯，阿尔钦，诺斯，等．财产权利与制度变迁：产权学派与新制度学派译文集［M］．刘守英，等译．上海：上海人民出版社，1994．

［32］科斯，诺思，威廉姆森，等．制度、契约与组织：从新制度经济学角度的透视［M］．刘刚，冯健，杨其静，等译．北京：经济科学出版社，2003．

［33］科斯．社会成本问题［J］．法律与经济学杂志（第3卷），1960（10）．

［34］克鲁格曼．工业国家间贸易的新理论［J］．吴剑敏，译．国际经济评论，1984（4）．

［35］库兹涅茨．现代经济增长［M］．戴睿，易诚，译．北京：北京经济学院出版社，1989．

［36］李丹，裴育．城乡公共服务差距对城乡收入差距的影响研究［J］．财经研究，2019（4）．

［37］李宏，张向达．中国财政社会保障支出扩面效应的测算与比较［J］．经济学家，2020（4）．

［38］李猛，沈坤荣．地方政府行为对中国经济波动的影响［J］．经济研究，2010（12）．

［39］李延均．公共服务领域公私合作关系的契约治理［J］．理论导刊，2010（1）．

［40］林毅夫．经济发展与转型：思潮、战略与自生能力［M］．北京：北京大学出版社，2008．

［41］林毅夫．新结构经济学：反思经济发展与政策的理论框架［M］．苏剑，译．北京：北京大学出版社，2012．

［42］林毅夫．要素禀赋、比较优势与经济发展［J］．中国改革，1999（8）．

[43] 刘金石. 中国转型期地方政府双重行为的经济学分析［D］. 成都：西南财经大学，2007.

[44] 刘强，覃成林. 地方政府竞争与地区制度创新：一个制度分析的视角［J］. 中州学刊，2009（6）.

[45] 刘世锦. "新常态"下如何处理好政府与市场的关系［J］. 求是，2014（18）.

[46] 刘易斯. 经济增长理论［M］. 梁小民，译. 上海：生活·读书·新知三联书店上海分店，1994.

[47] 刘易斯. 无限劳动供给下的经济发展［J］. 曼彻斯特学报，1954（5）.

[48] 柳庆刚. 经济增长、地方政府竞争、国家能力和结构失衡［D］. 北京：北京大学，2013.

[49] 米尔顿·弗里德曼，罗斯·弗里德曼. 自由选择［M］. 胡骑，席学媛，安强，译. 北京：商务印书馆，1982.

[50] 缪勒. 公共选择理论［M］. 杨春学，李绍荣，罗仲伟，等译. 北京：中国社会科学出版社，1999.

[51] 缪小林，张蓉，于洋航. 基本公共服务均等化治理："从缩小地区间财力差距"到"提升人民群众获得感"［J］. 中国行政管理，2020（2）.

[52] 诺思. 经济史中的结构与变迁［M］. 上海：生活·读书·新知三联书店上海分店，1991.

[53] 诺思. 制度、制度变迁与经济绩效［M］. 杭行，译. 上海：格致出版社，2014.

[54] 钱颖一. 现代经济学与中国经济改革［M］. 北京：中国人民大学出版社，2003.

[55] 萨缪尔森，诺德豪斯. 经济学［M］. 12版. 高鸿业，等译. 北京：中国发展出版社，1992.

[56] 萨瓦斯. 民营化与公私部门的伙伴关系［M］. 周志忍，等译. 北京：中国人民大学出版社，2002.

[57] 斯蒂格利茨，等. 政府为什么干预经济：政府在市场经济中的角色［M］. 郑秉文，译. 北京：中国物资出版社，1998.

[58] 斯蒂格利茨. 公共部门经济学［M］. 3版. 郭庆旺，杨志勇，刘晓

路，等译. 北京：中国人民大学出版社，2005.

[59] 斯密德. 制度与行为经济学［M］. 刘璨，吴水荣，译. 北京：中国人民大学出版社，2004.

[60] 孙中山. 孙中山选集［M］. 2版. 北京：人民出版社，1981.

[61] 汪利锬. 地方政府公共服务支出均等化测度与改革路径：来自1995—2012年省级面板数据的估计［J］. 公共管理学报，2014（4）.

[62] 王道勇. 改革开放以来我国民生建设的基本经验［J］. 中国特色社会主义研究，2018（5）.

[63] 王焕祥. 新常态下政府有为与市场有效的协同演进［J］. 开放导报，2015（2）.

[64] 王世磊，张军. 中国地方官员为什么要改善基础设施？：一个关于官员激励机制的模型［J］. 经济学（季刊），2008（2）.

[65] 魏福成，胡洪曙. 我国基本公共服务均等化：评价指标与实证研究［J］. 中南财经政法大学学报，2015（5）.

[66] 文森特·奥斯特罗姆，比什，埃莉诺·奥斯特罗姆. 美国地方政府［M］. 井敏，陈幽泓，译. 北京：北京大学出版社，2004.

[67] 沃尔夫. 市场或政府［M］. 谢旭，译. 北京：中国发展出版社，1994.

[68] 武力超，林子辰，关悦. 我国地区公共服务均等化的测度及影响因素研究［J］. 数量经济技术经济研究，2014（8）.

[69] 习近平. 决胜全面建成小康社会 夺取新时代中国特色社会主义伟大胜利［M］. 北京：人民出版社，2017.

[70] 习近平. 推动形成优势互补高质量发展的区域经济布局［J］. 当代党员，2020（1）.

[71] 习近平. 习近平谈治国理政：第2卷［M］. 北京：外文出版社，2017.

[72] 习近平. 做焦裕禄式的县委书记［M］. 北京：中央文献出版社，2015.

[73] 夏天. 创新驱动过程的阶段特征及其对创新型城市建设的启示［J］. 科学学与科学技术管理，2010（2）.

[74] 项洋. 习近平关于民生系列重要论述的思想内涵与外延探析［J］.

河北工程大学学报（社会科学版），2019（4）.

［75］肖育才，钟大能. 基本公共服务供给对城乡收入差距影响：基于不同收入来源的视角［J］. 西南民族大学学报（人文社会科学版），2020（3）.

［76］熊彼特. 经济发展理论：对于利润、资本、信贷、利息和经济周期的考察［M］. 何畏，易家详，等译. 北京：商务印书馆. 1990.

［77］杨瑞龙，杨其静. 阶梯式的渐进制度变迁模型：再论地方政府在我国制度变迁中的作用［J］. 经济研究，2000（3）.

［78］杨颖，穆荣平. 基本公共服务与经济增长关系的理论与实证研究［J］. 科学学与科学技术管理，2012（11）.

［79］詹东新，倪李澜. 基于公共物品理论的后发地区PPP模式实施路径［J］. 福建金融，2016（5）.

［80］张军，高远，傅勇，等. 中国为什么拥有了良好的基础设施？［J］. 经济研究，2007（3）.

［81］张军，周黎安. 为增长而竞争：中国增长的政治经济学［M］. 上海：上海人民出版社，2008.

［82］张立群. 发展经济　改善民生　实现共同富裕［J］. 经济与管理，2018（2）.

［83］张五常. 中国的经济制度［M］. 北京：中信出版社，2009.

［84］中共中央马克思恩格斯列宁斯大林著作编译局. 马克思恩格斯选集：第1卷［M］. 北京：人民出版社，2012.

［85］中共中央宣传部. 习近平新时代中国特色社会主义思想学习纲要［M］. 北京：学习出版社，2019.

［86］周黎安. 中国地方官员的晋升锦标赛模式研究［J］. 经济研究，2007（7）.

［87］周玲. 省际资本流动是否影响了地区间经济差距？［J］. 经济问题，2020（3）.

［88］周其仁. 中国做对了什么：回望改革，面对未来［M］. 北京：北京大学出版社，2010.

［89］周业安，赵晓男. 地方政府竞争模式研究：构建地方政府间良性竞争秩序的理论和政策分析［J］. 管理世界，2002（12）.

［90］周业安. 地方政府竞争与经济增长［J］. 中国人民大学学报，2003（1）.

二、英文文献

［1］ALCHIAN A A, DEMSETZ H. Production, information costs, and economic organization［J］. The American economic review, 1972, 62（5）: 777-795.

［2］AL-FARIS A F. Public expenditure and economic growth in the Gulf Cooperation Council countries［J］. Applied economics, 2002, 34（9）: 1187-1193.

［3］ARROW K J, KURZ M. Optimal growth with irreversible investment in a Ramsey model［J］. Econometrica: journal of the econometric society, 1970, 38（2）: 331-344.

［4］BAIRAM E I, DEMPSTER G J. The Harrod foreign trade multiplier and economic growth in Asian countries［J］. Applied economics, 1991, 23（11）: 1719-1724.

［5］BARRO R J. Government spending in a simple model of endogeneous growth［J］. Journal of political economy, 1990, 98（5, Part 2）: S103-S125.

［6］BJORNSKOV C, DREHER A, FISCHER J A. The bigger the better? Evidence of the effect of government size on life satisfaction around the world［J］. Public choice, 2007, 130（3/4）: 267-292.

［7］BUCOVETSKY S. Public input competition［J］. Journal of public economics, 2005, 89（9/10）: 1763-1787.

［8］CARR J B, KARUPPUSAMY S. Reassessing the link between city structure and fiscal policy: is the problem poor measures of governmental structure?［J］. The American review of public administration, 2010, 40（2）: 209-228.

［9］CHARPE M, FLASCHEL P, HARTMANN F, et al. Stabilizing an unstable economy: fiscal and monetary policy, stocks, and the term structure of interest rates［J］. Economic modelling, 2011, 28（5）: 2129-2136.

［10］COASE R H. The lighthouse in economics［J］. Journal of law and economics, 1974, 17 (2): 357-376.

[11] CONTE M A, DARRAT A F. Economic growth and the expanding public sector: a reexamination [J]. The review of economics and statistics, 1988, 70 (2): 322-330.

[12] DAR A A, AMIRKHALKHALI S. Government size, factor accumulation, and economic growth: evidence from OECD countries [J]. Journal of policy modeling, 2002, 24 (7): 679-692.

[13] DEVARAJAN S, SWAROOP V, ZOU H F. The composition of public expenditure and economic growth [J]. Journal of monetary economics, 1996, 37 (2): 313-344.

[14] DITELLA R, MACCULLOCH R, OSWALD A J. Preferences over inflation and unemployment: evidence from surveys of happiness [J]. The American economic review, 2001, 91 (1): 335-341.

[15] FENGE R, EHRLICH M V, WREDE M. Public input competition and agglomeration [J]. Regional science and urban economics, 2009, 39 (5): 621-631.

[16] KAHNEMAND, KRUEGER A B. Developments in the measurement of subjective well-being [J]. Journal of economic perspectives, 2006, 20 (1): 3-24.

[17] SAMUELSON P A. The pure theory of public expenditure [J]. Review of economics and statistics, 1954, 36 (4): 387-389.

[18] SONG Z, STORESLETTEN K, ZILIBOTTI F. Growing like China [J]. American economic review, 2011, 101 (1): 196-233.

[19] WILSON J D, GORDON R H. Expenditure competition [J]. Journal of public economic thery, 2003, 5 (2): 399-417.

[20] WILSON J D, WILDASIN D E. Capital tax competition: bane or boon [J]. Journal of public economics, 2004, 88 (6): 1065-1091.

后　　记

当前的经济学理论研究和实践探索，都不能简单用微观经济学和宏观经济学理论进行有效概括和解读。市场的失效性、政府行为的主动性与竞争性、关键职能的多重性、市场与政府不同边界的产出率等问题，都对原有的微观经济学和宏观经济学原理提出挑战，仅从原有的政府和企业行为来解释所有的现实经济问题已显得力不能及，世界经济发展亟须一种新的理论体系来揭示现实经济发展规律，并对未来经济发展趋势做出有效引领。陈云贤教授一直致力于在区域政府层面构建一个全新的中观经济学研究体系，对经济学体系的理论架构提出了诸多创新性观点，丰富了现代市场经济理论体系。《民生经济概论》一书以陈云贤教授的《中观经济学》为理论出发点，对政府的非经营性资源配置职能及其影响进行了探讨，从中观经济的角度对民生经济、民生福祉、民生资源，以及民生资源配置、民生经济保障对产业经济、城市经济发展的促进作用做了阐述。

《民生经济概论》是系统性的中观经济学的基本理论的有机组成部分，为研究中观经济范畴下的民生经济提供了理论依据和基本分析框架。同时，这种以中观经济学为框架的民生经济分析，也跨越了地区和国家的界限，开启了各区域经济实践和理论研究不断融合和提升的新时代。本书所汇集的研究成果，不是单纯从书本到书本的逻辑推理，也不是单纯经院式的概念思辨，而是敏捷观察社会思潮后的对民生经济发展基本规律的把握。本书观点有助于人们全面正确地认识市场机制的功能和政府的作用，其理论研究的价值不仅限于经济学界中的经济学理论研究，而且对现实经济问题也有一定的启示作用。

  本书作为"中观经济学"系列教材之一，具有较强的实用性，有利于经济理论界吸收最新的经济学理论成果，并对实践中的政策定位和制度建设具有很好的启示作用，对于丰富和发展现代市场经济理论颇有裨益。

顾文静
2022 年 2 月